OAB

Questões comentadas

Direito Tributário

Luís de Gonzaga

OAB

Questões comentadas

Direito Tributário

Fechamento desta edição: 02 de fevereiro de 2009

ELSEVIER

CAMPUS JURÍDICO

Editoração Eletrônica
SBNIGRI Artes e Textos Ltda.

Copidesque
Livia Maria Giorgio

Revisão Gráfica
Marcelo Dias Almada

Coordenação acadêmica
Marcia Dinamarco
Sylvio Motta
Thereza Nahas

Projeto Gráfico
Elsevier Editora Ltda.
A Qualidade da Informação
Rua Sete de Setembro, 111 — 16º andar
20050-006 — Rio de Janeiro — RJ — Brasil
Telefone: (21) 3970-9300 Fax (21) 2507-1991
E-mail: info@elsevier.com.br
Escritório São Paulo
Rua Quintana, 753 – 8º andar
04569-011 – Brooklin – São Paulo – SP
Telefone: (11) 5105-8555

ISBN: 978-85-352-3338-4

Central de Atendimento
Tel: 0800-265340
Rua Sete de Setembro, 111, 16º andar – Centro – Rio de Janeiro
E-mail: info@elsevier.com.br
Site: www.campus.com.br

CIP-Brasil. Catalogação-na-fonte.
Sindicato Nacional dos Editores de Livros, RJ

G65d

Gonzaga, Luís de
Direito tributário / Luís de Gonzaga. – Rio de Janeiro: Elsevier, 2009.
248 p. – (OAB questões)

ISBN 978-85-352-3338-4

1. Direito tributário – Brasil – Problemas, questões, exercícios.
I. Ordem dos Advogados do Brasil. II. Título. III. Série.

08-5222. CDU: 34:351.713(81)

Ao meu pai, Luís de Gonzaga, presença e ausência marcantes.

À minha mãe, exemplo vivo de otimismo e perseverança.

À vovó Eli, cuja inteligência prestigiosa nem o tempo consegue destruir.

À Monika, Álvaro e André Luís, meus três amores.

À Ana, comadre, amiga e irmã de todas as horas.

Ao meu irmão Augustino, cuja convivência sempre me traz alegria.

Ao Edmac, pela infinita coerência e solidariedade.

Aos meus amigos Sérgio Carvalho e João Antônio, pelos valiosos incentivos.

Aos meus amigos Dorotthea, Myrson Lima, Lindalva Chaves, Wilmar, Manuel Bucão, Hortimann e Régis.

A todos os amigos da Receita Federal e em especial do Grupo de Ações Judiciais, pela cordial convivência.

Ao meu sobrinho Marcos, meus tios Oliveira e Raimundo Lima e minha irmã Adriana.

O autor

Luís de Gonzaga Mendes Chaves Filho

Auditor Fiscal da Receita Federal há dez anos e professor de direito para concursos públicos na área jurídica e fiscal. Graduado em Economia e Direito, mestre em Economia e doutorando em Direito Público.

Foi aprovado em diversos certames, tais como: Inspetor de Contas do TCE-CE, Analista do Bacen, Oficial de Justiça do TRT, Auditor Fiscal do Estado da Bahia, Auditor Fiscal da Receita Federal e Procurador do Ministério Público junto ao Tribunal de Contas do Estado do Ceará.

O autor

Luís de Gonzaga Mendes Chaves Filho

[illegible]

Siglas e abreviaturas

CESPE – Centro de Seleção e Promoção de Eventos
CIDE – Contribuição de intervenção no domínio econômico
COFINS – Contribuição para o financiamento da Seguridade Social
CSS – Contribuição Social para a Saúde
DCTF – Declaração de Débitos e Créditos Tributários Federais
DRJ – Delegacia Regional de Julgamento
EC-DE – Empréstimo Compulsório para despesa extraordinária
ESAF – Escola de Administração Fazendária
FCC – Fundação Carlos Chagas
ICMS – Imposto sobre operações relativas à circulação de mercadorias e sobre prestações de serviços de transporte interestadual e intermunicipal e de comunicação, ainda que as operações e as prestações se iniciem no exterior
IE – Imposto sobre exportação, para o exterior, de produtos nacionais ou nacionalizados
IG – Imposto de Guerra
IGF – Imposto sobre grandes fortunas
II – Imposto sobre importação de produtos estrangeiros
IOF – Imposto sobre operações de crédito, câmbio e seguro, ou relativas a títulos ou valores mobiliários
IPI – Imposto sobre produtos industrializados
IPTU – Imposto sobre a propriedade predial e territorial urbana
IPVA – Imposto sobre a propriedade de veículos automotores
IR – Imposto sobre renda e proventos de qualquer natureza
ISS – Imposto sobre serviços de qualquer natureza

ITBI – Imposto sobre a transmissão "inter vivos", a qualquer título, por ato oneroso, de bens imóveis, por natureza ou acessão física, e de direitos reais sobre imóveis, exceto os de garantia, bem como cessão de direitos à sua aquisição

ITCD – Imposto sobre transmissão causa mortis e doação de quaisquer bens ou direitos

ITR – Imposto sobre propriedade territorial rural

LC – Lei Complementar

LRF – Lei de Responsabilidade Fiscal

OTA – Obrigação Tributária Acessória

PA – Período de Apuração

PFN – Procuradoria da Fazenda Nacional

RGPS – Regime Geral de Previdência Social

RIR – Regulamento do Imposto de Renda

Simples – Regime Especial Unificado de Arrecadação de Tributos e Contribuições devidos pelas Microempresas e Empresas de Pequeno Porte, instituído pela Lei Complementar nº 123, de 14 de dezembro de 2006

Sumário

Capítulo 6

Capítulo 7

Capítulo 8

Capítulo 9

OAB

Questões comentadas

1 EXAME DE ORDEM 2008.3

Questão 58

A instituição, pela União, de benefício fiscal relativamente ao imposto de renda poderá ser feita:

a) Tanto em lei que trate de benefícios fiscais quanto em lei que trate do imposto de renda.
b) Em qualquer lei que disponha a respeito de matéria tributária.
c) Somente em lei que trate do imposto de renda.
d) Somente em lei que estabeleça benefícios fiscais.

COMENTÁRIOS

Essa questão explora o tema da exigência de lei específica para a concessão de benefício fiscal. O assunto está disciplinado no art. 150, § 6º, da CF, abaixo transcrito:

> *§ 6º Qualquer subsídio ou isenção, redução de base de cálculo, concessão de crédito presumido, anistia ou remissão, relativos a impostos, taxas ou contribuições, só poderá ser concedido mediante lei específica, federal, estadual ou municipal, que regule exclusivamente as matérias acima enumeradas ou o correspondente tributo ou contribuição, sem prejuízo do disposto no art. 155, § 2.º, XII, g.* (Redação dada pela Emenda Constitucional nº 3, de 1993)

Observe, da leitura do artigo, que qualquer dos benefícios fiscais elencados (subsídio ou isenção, redução de base de cálculo, concessão de crédito presumido, anistia ou remissão) **somente pode ser concedido por lei**. Assim, um decreto, um convênio, uma portaria não podem conceder uma isenção, por exemplo. A exceção a essa regra fica por conta do ICMS, em que as isenções, incentivos e benefícios fiscais são concedidos e revogados através de deliberação dos estados e do distrito federal.

Observe ainda que não é qualquer lei que pode conceder os benefícios elencados. **Exige-se lei específica.** Assim, seria inconstitucional uma lei geral tratando, por exemplo, do regime jurídico dos servidores públicos, conceder uma isenção de imposto de renda. Busca-se, com essa regra, evitar que um benefício fiscal ingresse no ordenamento jurídico escondido em uma lei que trate de assunto completamente diverso.

É importante destacar que **não se deve** confundir lei específica com lei complementar ou lei ordinária. Uma lei específica pode assumir a forma de lei ordinária ou de lei complementar. Se foi criado mediante lei complementar um imposto residual (o imposto residual somente pode ser instituído através de lei complementar), caberá a uma lei complementar específica conceder uma isenção desse imposto. Por outro lado, uma isenção do imposto de renda (não é necessário lei complementar para criar o imposto de renda) pode ser concedida através de lei ordinária específica.

Acompanhe ainda da leitura da CF que a lei específica deverá regular exclusivamente o benefício fiscal ou o correspondente tributo ou contribuição. Dessa forma, a instituição, pela União, de benefício fiscal relativamente ao imposto de renda poderá ser feita tanto em lei que trate de benefícios fiscais quanto em lei que trate do imposto de renda. **A resposta, portanto, é a letra "A".**

Questão 59

A taxa de inspeção sanitária cobrada de estabelecimentos que possuem instalações sanitárias, como restaurantes e bares, destinada à realização de fiscalização pelo poder público, tem como fato gerador:

a) A utilização efetiva, por parte da população, do serviço específico e divisível.
b) A atividade da administração pública que regula a prática de ato concernente à higiene, no exercício de atividade econômica dependente de concessão ou autorização do poder público.
c) A necessidade de utilização do serviço pelo contribuinte.
d) A cobrança do tributo pela intervenção no domínio econômico realizada pelo Estado.

COMENTÁRIOS

As taxas têm por fato gerador o exercício regular do poder de polícia, ou a utilização, efetiva ou potencial, de serviço público específico e divisível.

Existem, portanto, duas modalidades de taxas: as taxas de polícia e as taxas de serviços.

A taxa de inspeção sanitária é um exemplo clássico de taxa cobrada com base no exercício regular do poder de polícia.

O conceito de poder de polícia está inserido no art. 78 do CTN, abaixo transcrito:

> *Art. 78. Considera-se poder de polícia* ***atividade da administração pública que****, limitando ou disciplinando direito, interêsse ou liberdade,* ***regula a prática de ato*** *ou abstenção de fato, em razão de interêsse público* ***concernente*** *à segurança,* ***à higiene****, à ordem, aos costumes, à disciplina da produção e do mercado,* ***ao exercício de atividades econômicas dependentes de concessão ou autorização do Poder Público****, à tranqüilidade pública ou ao respeito à propriedade e aos direitos individuais ou coletivos.* (Redação dada pelo Ato Complementar nº 31, de 28.12.1966)

Assim, **a única hipótese correta é a letra "B".**

Questão 60

Promove a extinção do crédito tributário relativo a imposto devido por contribuinte:

a) o advento de lei que estabeleça anistia relativa ao referido imposto;

b) a conversão, caso sobrevenha, de depósito em renda pública;

c) o depósito do montante integral da dívida, se efetuando em ação promovida pelo contribuinte;

d) o advento de lei que crie isenção relativa ao referido imposto.

COMENTÁRIOS

As modalidades de suspensão (art. 151, CTN), extinção (art. 156, CTN) e exclusão (art. 175, CTN) do crédito constituem temas que são explorados em quase todas as provas de Direito Tributário. Assim, o candidato deve obrigatoriamente conhecê-las. Visando facilitar a visualização, disponibilizamos na correção da prova da OAB 2006-1, questão 93, uma tabela, resumindo as hipóteses de suspensão, extinção e exclusão.

Analisando as opções, pode-se identificar que:

A alternativa "A" está errada, uma vez que a anistia é modalidade de exclusão do crédito tributário.

A alternativa "B" é a correta, uma vez que a conversão do depósito em renda constitui modalidade de extinção do crédito tributário. O tema foi explicado na correção da prova 2006-3, questão 95. A fundação legal está no art. 156, inciso VI, do CTN, abaixo transcrito:

> *"Art. 156. Extinguem o crédito tributário:*
> *(...)VI - a conversão de depósito em renda;*
> *(...)".*

A alternativa "C" está errada, uma vez que o depósito do montante integral é modalidade de suspensão da exigibilidade do crédito tributário.

A alternativa "D" está errada, uma vez que a isenção é modalidade de exclusão do crédito tributário.

Questão 61

Considerando que Júnior, Júlio e Augusto tenham diferentes ocupações profissionais, exerçam diferentes funções e percebam remunerações de diferentes denominações jurídicas, assinale a opção correta à luz do princípio constitucional tributário da isonomia.

a) Caso um dos indivíduos citados ocupe função pública especial, o benefício quanto à carga do imposto de renda poderá ser-lhe concedido.
b) As normas somente permitem diferenciar a carga tributária de imposto de renda em prejuízo de um dos indivíduos citados, em razão da denominação jurídica de sua remuneração.
c) Os três devem ser tributados com a mesma carga do imposto de renda.
d) As normas somente permitem diferenciar a carga tributária de imposto de renda em benefício de um dos três indivíduos citados em razão da ocupação profissional.

COMENTÁRIOS

A questão explora o princípio da isonomia que está delineado no art. 150, II, da CF, abaixo transcrito:

> *Art. 150. Sem prejuízo de outras garantias asseguradas ao contribuinte, é vedado à União, aos Estados, ao Distrito Federal e aos Municípios:*
>
> *II – instituir tratamento desigual entre contribuintes que se encontrem em situação equivalente, proibida qualquer distinção em razão de ocupação profissional ou função por eles exercida, independentemente da denominação jurídica dos rendimentos, títulos ou direitos;*

O art. 150 proíbe aos entes políticos estabelecerem qualquer distinção em razão de **ocupação profissional ou função** por eles exercida, independentemente da **denominação jurídica** dos rendimentos, títulos ou direitos. Com base nisso, pode-se concluir que a União não pode estabelecer diferenças em razão da função pública, da denominação jurídica ou da ocupação profissional, portanto, as alternativas "A", "B" e "D" estão erradas.

Assim, **restou somente a opção "C" como resposta correta.**

Apesar de ser uma questão fácil de o candidato acertar, a forma como foi redigida, entretanto, tornou-a vulnerável a críticas. A resposta deveria afirmar apenas que a União não pode estabelecer diferenças na tributação do imposto de renda em função da ocupação profissional, das funções ou das denominações jurídicas.

Entretanto, a resposta afirma que os três devem ser tributados com a mesma carga do imposto de renda. Ora, a carga do imposto de renda varia em decorrência de inúmeras outras variáveis não discutidas na questão. Dessa forma, a rigor, não se pode afirmar que os três indivíduos terão a mesma carga tributária, porque têm diferentes ocupações profissionais, exercem diferentes funções e percebem remunerações de diferentes denominações jurídicas. Pode-se afirmar, apenas, que a carga tributária não oscilará em decorrência dessas variáveis, mas não existe nenhum obstáculo que impeça que a carga do imposto de renda varie em virtude de outras variáveis, tais como despesas médicas, despesas com educação, número de dependentes, valor da remuneração recebida etc.

Questão 62

Supondo que tenha sido deferido, pela secretaria de fazenda de um estado da Federação, a contribuinte devedor de tributo já vencido, pedido de pagamento em parcela do referido imposto, assinale a opção correta:

a) O deferimento do pedido do contribuinte causa a extinção do crédito tributário.
b) O deferimento do pleito causa a exclusão do crédito tributário.
c) O benefício concedido pela administração denomina-se moratória.
d) O instituto tributário a ser utilizado pelo contribuinte para quitar a dívida caracteriza-se como remissão .

COMENTÁRIOS

A moratória e o parcelamento são modalidades de suspensão da exigibilidade do crédito tributário, portanto, as alternativas "A" e "B" estão erradas.

A remissão é uma modalidade de extinção do crédito tributário. A alternativa "D", por conseguinte, está errada.

Assim, **somente restou como correta a alternativa "C", que afirma que o benefício concedido pela administração denomina-se moratória.**

O art. 153, III, *b*, do CTN prevê a possibilidade de moratória parcelada. Segue abaixo transcrição do artigo:

> *Art. 153. A lei que conceda **moratória** em caráter geral ou autorize sua concessão em caráter individual especificará, sem prejuízo de outros requisitos:(...)*
> *III – sendo caso:*
> *(...)*
> *b) **o número de prestações e seus vencimentos**, dentro do prazo a que se refere o inciso I, podendo atribuir a fixação de uns e de outros à autoridade administrativa, para cada caso de concessão em caráter individual;*
> *(...) (destaque nosso)*

Muitos autores discutem as diferenças entre a moratória e parcelamento. Antes da Lei Complementar nº 104 existia um relativo consenso de que o parcelamento constituía uma espécie de moratória. Assim, existiriam duas modalidades de moratória:

a) a moratória que consistiria na dilação do prazo para pagamento de todo o crédito tributário; e
b) a moratória em que a dilação do prazo ocorreria em várias parcelas (moratória parcelada ou parcelamento).

A Lei Complementar nº 104, acrescentou o inciso VI ao art. 151 estipulando o parcelamento como uma nova modalidade de suspensão da exigibilidade do crédito tributário. Assim, com base nessa modificação, existe uma corrente que sustenta que após a LC nº 104, o parcelamento deixou de ser uma modalidade de moratória. Prevalece, entretanto, o entendimento de que o parcelamento é uma modalidade de moratória. Nesse sentido, é oportuno citar trecho do autor cearense Hugo de Brito Machado[1]:

> A Lei Complementar nº 104, de 10/01/2001, incluiu um novo inciso no art. 151 do CTN, prevendo como hipótese de suspensão da exigibilidade do crédito tributário o parcelamento. É mais uma inovação inteiramente inútil porque o parcelamento nada mais é do que uma modalidade de moratória.

Leandro Paulsen, em seu *Curso de Direito Tributário*, manifesta-se sobre o tema:

> A moratória (art. 151, I) é a dilação do prazo de vencimento do tributo. O parcelamento é espécie de moratória através da qual se permite o pagamento do débito ao longo do tempo, de modo que, a cada mês, só seja exigível uma parcela, e não o todo. Há quem distinga parcelamento, de um lado, de moratória, de outro, entendendo que aquele pressupõe dívida vencida, abrangendo multa e juros e que esta se dá antes do vencimento. O entendimento predominante, contudo, é no sentido de que a moratória é prorrogação do prazo para pagamento, com ou sem parcelamento.

Paulo de Barros Carvalho, Misabel Abreu Machado Derzi e Sacha Calmon Navarro Coelho também afirmam que o parcelamento é uma espécie do gênero moratória.

Assim, a resposta "C" está em perfeita harmonia com a doutrina dominante e com o CTN.

Registre-se, entretanto, que existem autores que não aceitam a tese de que o parcelamento é uma espécie de moratória. Alexandre Rossato da Silva Ávila, em seu *Curso de Direito Tributário*[2], afirma que "a moratória consiste na concessão

---

1 Hugo de Brito Machado, *Curso de Direito Tributário*, 22. ed. São Paulo: Malheiros.

2 Alexandre Rossato da Silva Ávila, *Curso de Direito Tributário*, 4. ed. Porto Alegre: Ed. Verbo Jurídico, 2008.

de um novo prazo para o pagamento do tributo, enquanto o parcelamento é a decomposição do crédito tributário em prestações".

Marcelo Alexandrino e Vicente Paulo também não concordam com a tese de que o parcelamento é uma espécie de moratória. Veja pequeno trecho de sua obra[3]:

> "Antes da LC nº 104/2001, o parcelamento era considerado uma espécie de moratória. Hoje não podemos afirmar isso. O parcelamento é uma modalidade de suspensão do crédito tributário independente da moratória.
> Aliás, ficou difícil a interpretação do art. 153, II, *b*, do CTN, que apresentou como requisito para a concessão da moratória, 'sendo o caso, o número de prestações e seus vencimentos', dentro do prazo de duração do favor. Existe, portanto, uma hipótese teórica de moratória em prestações que não é parcelamento! Não conseguimos imaginar a diferença..."

Questão 63

Para que um município crie um tributo, é necessário, além da competência para fazê-lo, o atendimento às normas limitadoras, que lhe são impostas:

a) Pela CF e pela lei orgânica do próprio município, somente.
b) Pela CF, apenas.
c) Pela CF, pela constituição do respectivo estado, pelas normas gerais tributárias e pela lei orgânica do próprio município.
d) Pela CF e pela constituição estadual, apenas.

COMENTÁRIOS

Dispõe o art. 6º do CTN:

> *"A atribuição constitucional de competência tributária compreende a competência legislativa plena, ressalvadas as limitações contidas na Constituição Federal, nas Constituições dos Estados e nas Leis Orgânicas do Distrito Federal e dos Municípios, e observado o disposto nesta Lei".*

Assim, a lei municipal deve observar as limitações impostas na Constituição Federal (CF), na constituição do respectivo estado, na lei orgânica do município. Deve observar ainda as limitações impostas no próprio Código Tributário Nacional (CTN). A referência ao CTN está na parte final do art. 6º (observado o disposto nesta Lei). A questão apenas substituiu a referência ao CTN feita no artigo pela referência às normas gerais tributárias. Ora, as normas gerais de direito tributário estão dispostas no CTN. **Assim, a resposta correta é a letra "C".**

---

3 Marcelo Alexandrino e Vicente Paulo, *Manual de Direito Tributário*, 3. ed. Niterói: Impetus, 2006.

Essa questão é muito parecida com a questão 62 da prova da OAB de 2008-1. A diferença é que na prova de 2008-1 o CESPE exemplificou com um imposto estadual. Daí a importância de solucionar as provas anteriores.

Questão 64

A fixação, por lei complementar, de limite máximo para o estabelecimento de valor de remissão e anistia é constitucionalmente prevista para a contribuição:

a) destinada ao Programa de Integração Social;
b) patronal sobre a folha de pagamento;
c) específica de financiamento da seguridade social sobre o faturamento das empresas;
d) social sobre o lucro líquido.

COMENTÁRIOS

O art. 195, § 11, da Constituição Federal, combinado com o art. 195, I, *a*, veda que se conceda remissão ou anistia das contribuições sociais do empregador incidentes sobre a folha de salários para débitos em montante superior ao fixado em lei complementar.

Assim, **a resposta correta é a letra "B".** Observe que não se proíbe que seja concedida remissão ou anistia das contribuições sociais do empregador incidentes sobre a folha de salários. Proíbe-se, sim, que seja concedida remissão ou anistia em níveis superiores ao fixado em lei complementar. Assim, a lei complementar fixa um limite máximo, um teto acima do qual não se pode conceder remissão ou anistia.

Questão 65

Supondo que seja lavrado o auto de infração e constituído o crédito tributário em decorrência da autuação, pelo fisco, de contribuinte que deixou de emitir nota fiscal e recolher o ICMS, assinale a opção correta:

a) O fisco deve realizar o lançamento por homologação, pois, em se tratando de ICMS, cabe ao contribuinte apurar o valor de tributo devido.
b) O lançamento efetuado pelo fisco não poderia ter sido feito por meio de auto de infração.
c) A modalidade de lançamento adequada a essa situação é a mista, dada a necessidade de informação constante dos documentos da referida empresa.
d) Nessa situação, em que se constata conduta ilícita do não-recolhimento pelo contribuinte, deve ser realizado o lançamento de ofício.

COMENTÁRIOS

Existem três modalidades de lançamento: o lançamento de ofício, o lançamento por declaração ou misto e o lançamento por homologação.

No lançamento por homologação, o próprio contribuinte calcula o valor do imposto, antecipa o pagamento, e esse pagamento fica sujeito a uma homologação posterior do fisco.

Cabe lembrar, todavia, que se a autoridade administrativa identificar erro no procedimento do contribuinte, lavrará um auto de infração e o auto de infração representa a formalização de um lançamento de ofício. **Assim, a alternativa correta é a letra "D".**

Questão 66

Considere que um estabelecimento empresarial seja alienado e que o adquirente continue a exploração da mesma atividade, mas sob outra razão social, e o alienante volte a ter atividade empresarial somente após 6 meses, contados da data de alienação. Nessa situação hipotética,

a) a responsabilidade do adquirente pelo pagamento dos tributos devidos é subsidiária, visto que a dívida foi contraída antes da alienação;
b) o adquirente terá responsabilidade integral pelo pagamento dos tributos devidos até a data da alienação;
c) a responsabilidade pelos tributos devidos até a data da alienação é exclusiva do alienante;
d) o alienante terá responsabilidade integral pelo pagamento dos tributos devidos caso, dentro de 6 meses, contados da data de alienação, inicie outra atividade empresarial.

COMENTÁRIOS

Esta questão aborda o assunto da responsabilidade do adquirente de fundo de comércio ou estabelecimento comercial e está disciplinada no art. 133 do CTN, abaixo transcrito:

> *Art. 133. A pessoa natural ou jurídica de direito privado que adquirir de outra, por qualquer título, fundo de comércio ou estabelecimento comercial, industrial ou profissional, e continuar a respectiva exploração, sob a mesma ou outra razão social ou sob firma ou nome individual, responde pelos tributos, relativos ao fundo ou estabelecimento adquirido, devidos até a data do ato:*
> *I – integralmente, se o alienante cessar a exploração do comércio, indústria ou atividade;*
> *II – subsidiariamente com o alienante, se este prosseguir na exploração ou iniciar dentro de seis meses a contar da data da alienação, nova atividade no mesmo ou em outro ramo de comércio, indústria ou profissão. (destaque nosso)*

Na questão em análise o adquirente continuou a exploração da atividade. **Quando o adquirente continua a exploração da atividade ele poderá responder integralmente ou subsidiariamente, dependendo do comportamento do alienante.**

O adquirente responderá integralmente se o alienante cessar a exploração do comércio ou reiniciar somente após seis meses.

O adquirente responderá subsidiariamente se o alienante prosseguir na exploração da atividade ou iniciar dentro de seis meses nova atividade.

Observe que o marco de tempo é de seis meses. Nesse sentido, é indiferente para o adquirente se o alienante vai cessar suas atividades ou vai reiniciar somente após 6 meses. Em ambos os casos, o adquirente responderá integralmente. **A questão analisada se insere nesse caso e a resposta, portanto, é a letra "B".** Da mesma forma é indiferente para o adquirente se o alienante vai continuar a exploração da atividade ou vai reiniciar dentro de seis meses. Em ambos os casos o adquirente responderá subsidiariamente.

Essa questão é semelhante à questão 64 da prova da OAB 2008-2.

Questão 67

O parcelamento do pagamento de dívida tributária contraída por pessoa jurídica

a) não pode ser concedido de forma geral;
b) prescinde de despacho de autoridade administrativa;
c) não exclui, por si só, a aplicação de juros e multa;
d) exige a edição de decreto que o possibilite.

COMENTÁRIOS

O art. 155-A, § 1º, do CTN dispõe que, salvo disposição em contrário, "*o parcelamento do crédito tributário não exclui a incidência de juros e multas*". Desta forma é correto afirmar que o parcelamento do pagamento da dívida tributária contraída por pessoa jurídica não exclui, por si só, a aplicação de juros e multa. **A resposta, portanto, é a letra "C".**

GABARITO DA PROVA 2008-3

58-A	62-C	66-B
59-B	63-C	67-C
60-B	64-B	
61-C	65-D	

Obs: Essa prova foi realizada em 18 de janeiro de 2009.

OAB

Questões comentadas

2 EXAME DE ORDEM 2008.2

Questão 58

Suponha que uma unidade federativa tenha instituído uma taxa pela utilização do serviço público. Para que essa taxa atenda aos requisitos constitucionais mínimos, é indispensável que a utilização desse serviço seja

a) efetiva e potencial.
b) específica e divisível.
c) específica ou divisível.
d) efetiva ou potencial.

COMENTÁRIOS

Sempre converso com os candidatos após a prova e pude constatar que nessa questão a maioria marcou erroneamente a opção B.

Explico o motivo do erro: o serviço público que autoriza a cobrança de taxa é específico e divisível (os serviços públicos universais não autorizam a cobrança de taxa), mas a **utilização desse serviço pode ser efetiva ou potencial**, conforme explicita o texto da Constituição Federal e do Código Tributário Nacional:

> *Art. 145. A União, os Estados, o Distrito Federal e os Municípios poderão instituir os seguintes tributos:*
>
> *II – taxas, em razão do exercício do poder de polícia ou pela* ***utilização, efetiva ou potencial****, de serviços públicos específicos e divisíveis, prestados ao contribuinte ou postos a sua disposição; (CF)*
>
> *Art. 77. As taxas cobradas pela União, pelos Estados, pelo Distrito Federal ou pelos Municípios, no âmbito de suas respectivas atribuições, têm como fato gerador o exercício regular do poder de polícia, ou a* ***utilização, efetiva ou potencial****, de serviço público específico e divisível, prestado ao contribuinte ou posto à sua disposição." (CTN) (Grifamos)*

A resposta, portanto, é a letra D, que dispõe que é indispensável que a utilização desse serviço seja efetiva ou potencial.

Explicada a questão, vamos diferenciar os conceitos de serviços públicos universais ou singulares e utilização efetiva ou potencial.

Os serviços públicos universais (*uni universi*) ou gerais são aqueles prestados à coletividade como um todo, sem usuários específicos e determinados. São exemplos de serviços públicos universais a segurança pública, a defesa das fronteiras, a iluminação pública, a limpeza dos logradouros públicos, os serviços diplomáticos e outros do gênero. Os serviços públicos universais não autorizam a cobrança de taxa. Assim, com base nesse fundamento, o STF sumulou o seguinte entendimento: "Súmula 670 – O serviço de iluminação pública não pode ser remunerado por taxa".

Os serviços públicos singulares (*uti singuli*) são aqueles em que se pode aferir e mensurar a utilização do serviço por usuários determinados. São exemplos de serviços públicos singulares os serviços domiciliares de energia elétrica, de fornecimento de água, de uso de linha telefônica, de coleta domiciliar de lixo[1]. Constitui ainda exemplo ilustrativo o serviço público de funerária fornecido pelo Município (o responsável pelo falecido utiliza o serviço de funerária disponibilizado pelo Município e paga uma taxa pela utilização do serviço). Os serviços públicos singulares justificam a criação de taxas ou de tarifas.

Conforme explicitado na CF e no CTN, os serviços públicos específicos e divisíveis **podem ser de utilização efetiva ou potencial.**

Assim, por exemplo, o serviço de coleta domiciliar de lixo constitui fato gerador da taxa, ainda que esse usuário esteja na Europa e não produza lixo, pois o fundamento da taxa pode ser a utilização efetiva ou potencial do serviço. Nesse caso, portanto, o importante é que o serviço esteja à disposição do contribuinte, independentemente da sua efetiva utilização.

Anote-se, entretanto, que existem taxas, tal como a taxa judiciária, que somente é cobrada com a efetiva utilização do serviço.

---

1 Não há que se confundir a taxa pela coleta domiciliar de lixo com a taxa pela limpeza de espaços públicos (limpeza de bueiros, varrição de ruas, limpeza de praias etc.). Enquanto na primeira o serviço é singular e a cobrança de taxa é constitucional, na segunda o serviço é universal e a cobrança de taxa é inconstitucional.

O quadro seguinte resume informações sobre as taxas:

As taxas não podem ter base de cálculo própria dos impostos (145, § 2º, CF)	"É inconstitucional a taxa municipal de estradas de rodagem cuja base de cálculo seja idêntica à do imposto territorial rural" Súmula 595, STF. Em 04/12/2008 foi noticiado no *site* do STF que, julgando o RE 576.321, a Suprema Corte decidiu que o município de Campinas poderá cobrar taxas de coleta, remoção e destinação de lixo tendo por base de cálculo a metragem dos imóveis, assim como já ocorre na cobrança de Imposto de Propriedade Territorial Urbana (IPTU).
"Viola a garantia constitucional de acesso à jurisdição a taxa judiciária calculada sem limite sobre o valor da causa". Súmula 667, STF	De acordo com o STF, não é vedado que a taxa judiciária seja calculada tomando-se como base de cálculo o valor da causa ou o valor da condenação, desde que haja um limite (um teto) para sua cobrança, de tal forma que se evite que o valor excessivo inviabilize o acesso à jurisdição.
"Preços de serviços públicos e taxas não se confundem, porque estas, diferentemente daqueles, são compulsórias e têm sua cobrança condicionada à prévia autorização orçamentária, em relação à lei que as instituiu" Súmula 545, STF. Essa súmula foi publicada em 1969, época em que o princípio da anualidade (prévia autorização orçamentária) ainda tinha aplicabilidade ao Direito Tributário.	As taxas são tributos e, obviamente, sujeitam-se aos princípios constitucionais tributários. Os preços públicos e as tarifas não são tributos e têm origem usualmente em um contrato. Distingue-se o preço público da tarifa pelo fato de o preço público ser cobrado pelo Estado, ao passo que a tarifa é cobrada por empresa concessionária ou permissionária de serviço público[2].
Taxas são tributos.	Preços Públicos e tarifa não são tributos.

2 Essa distinção está na obra de Bernardo Ribeiro de Moraes

Taxas constituem receitas derivadas.	Preços Públicos e tarifas são receitas originárias.
Taxas são obrigatórias e o vínculo jurídico origina-se da lei.	Preços Públicos e tarifas são voluntárias, uma vez que a vontade é elemento imprescindível na formação do vínculo jurídico.

Questão 59

Supondo que a União tenha criado dois territórios federais em determinada área da região amazônica: o primeiro localizado em área não dividida em municípios e o segundo, em área onde há três municípios, assinale a opção correta relativamente à competência para a arrecadação dos tributos nos dois territórios.

a) No primeiro território, a arrecadação dos tributos estaduais caberia ao governo do próprio território, e a dos tributos municipais, à União.

b) No primeiro território, tanto a arrecadação dos tributos estaduais quanto a dos municipais caberiam à União.

c) No segundo território, a arrecadação dos tributos estaduais caberia ao governo do próprio território, e a dos tributos municipais, à União.

d) No segundo território, tanto a arrecadação dos tributos estaduais quanto a dos municipais caberiam à União.

COMENTÁRIOS

Certa vez, cerca de quinze anos atrás, um aluno me fez a seguinte indagação: "professor, pode-se afirmar que a União jamais terá competência para legislar sobre o IPTU?" Ao que respondi negativamente. O IPTU é um imposto de competência dos Municípios e do Distrito Federal. A União terá competência para legislar sobre os impostos municipais se for criado um Território Federal e esse Território não for dividido em Municípios.

Essa prova do CESPE trata justamente da competência para legislar sobre os impostos em Território Federal.

O assunto está disciplinado no art. 147 da Constituição Federal:

> *Art. 147. Competem à União, em Território Federal, os impostos estaduais e, se o Território não for dividido em Municípios, cumulativamente, os impostos municipais; ao Distrito Federal cabem os impostos municipais.*

Assim, da leitura do art. 147 deduzem-se as seguintes regras:

1) **Território Federal dividido em Municípios:**

União: Impostos Estaduais

Municípios: Impostos Municipais

2) **Território Federal não dividido em Municípios**:

União: Impostos estaduais e municipais

Examinando-se as respostas verifica-se que a única hipótese que se harmoniza com as regras constitucionais é a **alternativa B**. Uma vez que no primeiro Território localizado em área não dividida em Municípios, tanto a arrecadação dos tributos estaduais quanto dos tributos municipais caberiam à União.

Questão 60

Com relação à CIDE incidente sobre petróleo e derivados, caso um cidadão brasileiro decida importar derivados de petróleo, ele, consoante disposição constitucional,

a) deverá ser, por meio de lei, isento do pagamento do tributo sobre a importação, pois a CIDE se restringe às pessoas jurídicas.
b) deverá pagar a CIDE em dobro, visto que estará isento do pagamento de outros tributos.
c) poderá optar pelo enquadramento como pessoa física ou jurídica, consoante a lei.
d) poderá ser equiparado a pessoa jurídica, na forma da lei.

COMENTÁRIOS

Um cidadão brasileiro que decida importar derivados de petróleo poderá ser equiparado a pessoa jurídica, na forma da lei, conforme prevê o § 3º do art. 149 da Constituição Federal:

> *Art. 149. Compete exclusivamente à União instituir contribuições sociais, de domínio econômico e de interesse das categorias profissionais ou econômicas, como instrumento de sua atuação nas respectivas áreas, observado o disposto nos arts. 146, III, e 150, I e III, e sem prejuízo do previsto no art. 195, § 6º, relativamente às contribuições a que alude o dispositivo.*
>
> ***§ 3º A pessoa natural destinatária das operações de importação poderá ser equiparada a pessoa jurídica, na forma da lei.*** (Incluído pela Emenda Constitucional nº 33, de 2001) (Grifamos)

Assim, a resposta é letra D.

Questão 61

Na hipótese de o Brasil decretar estado de guerra, a CF oferece algumas formas de incrementar a receita federal, entre as quais não se inclui a criação de

a) impostos extraordinários por meio de medidas provisórias.
b) impostos extraordinários por meio de lei ordinária.
c) empréstimos compulsórios por meio de lei complementar.
d) empréstimos compulsórios por meio de medidas provisórias.

COMENTÁRIOS

Em caso de Guerra Externa ou sua iminência, a Constituição Federal previu a possibilidade de a União criar dois tributos: o empréstimo compulsório do art. 148, I, e o imposto extraordinário de guerra do art. 154, II.

O empréstimo compulsório somente pode ser criado por lei complementar. Portanto, na hipótese de o Brasil decretar estado de guerra, a CF não inclui a possibilidade de criação do empréstimo compulsório por medida provisória. **A resposta, portanto, é a letra D.**

Transcrevo abaixo o art. 148 da CF:

> *Art. 148. A União, mediante lei complementar, poderá instituir empréstimos compulsórios:*
>
> *I – para atender a despesas extraordinárias, decorrentes de calamidade pública, de guerra externa ou sua iminência;*
>
> *II – no caso de investimento público de caráter urgente e de relevante interesse nacional, observado o disposto no art. 150, III, "b".*
>
> *Parágrafo único. A aplicação dos recursos provenientes de empréstimo compulsório será vinculada à despesa que fundamentou sua instituição.*

Em caso de guerra externa, portanto, inclui-se a possibilidade do incremento da arrecadação federal de imposto extraordinário de guerra instituído por lei ordinária ou medida provisória, o que afasta as opções "A" e "B", e empréstimo compulsório por lei complementar, o que afasta a opção "C".

Questão 62

O princípio da progressividade tributária não se aplica ao imposto

a) sobre a renda e proventos de qualquer natureza.
b) predial e territorial urbano.
c) sobre a transmissão onerosa de bens imóveis.
d) territorial rural.

COMENTÁRIOS

A tabela seguinte resume as características dos impostos enumerados na questão:

	PROGRESSIVIDADE
IR	Será informado pelo critério da progressividade.
ITR	Será progressivo.
IPTU	Poderá ser progressivo em razão do valor do imóvel.
ITBI	É inconstitucional a lei que estabelece alíquotas progressivas com base no valor venal do imóvel.

Observe que o princípio da progressividade não se aplica ao ITBI, conforme estabelece a Súmula 656 do STF: " É inconstitucional a lei que estabelece alíquotas progressivas para o imposto de transmissão 'inter-vivos' de bens imóveis – ITBI com base no valor venal do imóvel".

Assim, **o gabarito da questão é a letra "C"**.

Analisada a questão, comentaremos agora a progressividade do Imposto de Renda (IR), do Imposto Territorial Rural (ITR) e do Imposto Predial e Territorial Urbano (IPTU).

O art. 153, § 2º, I, da CF dispõe que o **Imposto de Renda** será informado pelos critérios da generalidade, da universalidade e da progressividade, na forma da lei.

Assim, a lei que instituir o Imposto de Renda deverá obrigatoriamente estabelecer alíquotas progressivas, sob pena de inconstitucionalidade. Uma lei que estabelecesse, por exemplo, uma alíquota fixa de imposto de renda de 10% seria flagrantemente inconstitucional.

O art. 153, § 4º, da CF estabelece que o **ITR será progressivo** e terá alíquotas fixadas de forma a desestimular a manutenção de propriedades improdutivas. Assim, uma lei que fixasse uma alíquota fixa de ITR seria inconstitucional. Observe a finalidade extrafiscal do ITR de incentivar que a propriedade seja produtiva. A lei nº 9.393 fixou as alíquotas do ITR de acordo com o grau de utilização do imóvel (quanto maior o grau de utilização, menor a alíquota) e com o tamanho do imóvel (quanto maior o tamanho do imóvel, maior a alíquota), de tal forma que imóveis cuja área total seja de até 50 hectares com grau de utilização maior que 80% tem uma alíquota de apenas 0,03%, e imóveis cuja área total seja superior a 5.000 hectares com grau de utilização de até 30% tem uma alíquota de 20%.

O art. 156, I, § 1º da CF autoriza a lei municipal a estabelecer **a progressividade do IPTU**[3] em razão do valor do imóvel (além da progressividade fiscal, existe a progressividade extrafiscal do IPTU prevista no § 4º do art. 182 da CF). Observe que no caso do IPTU inexiste a obrigatoriedade de a lei municipal estabelecer alíquotas progressivas para o IPTU. Trata-se apenas de uma autorização constitucional estabelecida pela Emenda Constitucional nº 29. Veja o texto constitucional:

> *Art. 156. Compete aos Municípios instituir impostos sobre:*
>
> *I – propriedade predial e territorial urbana;*
>
> *§ 1º Sem prejuízo da progressividade no tempo a que se refere o art. 182, § 4º, inciso II, o imposto previsto no inciso I **poderá**:* (Redação dada pela Emenda Constitucional nº 29, de 2000)

3 A progressividade fiscal e extrafiscal do IPTU está explicada no resumo gráfico das principais características dos impostos, contido na prova 2006-1.

I – ser progressivo em razão do valor do imóvel; e (Incluído pela Emenda Constitucional nº 29, de 2000) (Grifamos)

O texto constitucional acima transcrito estabelece que, sem prejuízo da progressividade extrafiscal (progressividade no tempo), o IPTU **poderá** ser progressivo em razão do valor do imóvel. Assim, não se trata de uma imposição constitucional. A lei municipal pode estabelecer alíquotas progressivas em razão do valor do imóvel ou pode simplesmente estabelecer alíquotas fixas independentemente do valor do imóvel.

Com base nessa linha de raciocínio, a ESAF, na prova de AFRF de 2005, na área Tecnologia de Informação, considerou errada a seguinte assertiva sobre o IPTU: "terá alíquotas progressivas em razão do valor do imóvel".

Questão 63

Se o governo criar um tributo sobre a utilização dos serviços públicos de defesa nacional destinado a cobrir os custos de manutenção das forças armadas, nesse caso, a natureza jurídica de tal exação

a) será de imposto, porque servirá ao serviço público não divisível.
b) será de taxa, porque se destinará ao exercício do poder de polícia.
c) não será de contribuição de melhoria, porque não haverá obra envolvida.
d) não será de contribuição social, porque estará vinculada.

COMENTÁRIOS

Essa questão faz referência a quatro modalidades distintas de tributos, a saber: **imposto, taxa, contribuição de melhoria** e **contribuição social** (a contribuição social é uma modalidade de contribuição especial).

Analisaremos inicialmente cada uma delas para, em seguida, voltarmos à análise das opções apresentadas. Começaremos pelo estudo da contribuição de melhoria.

A contribuição de melhoria é um tributo que tem por fato gerador a valorização do imóvel decorrente de uma obra pública. Assim, a simples obra pública não autoriza por si só a cobrança. Uma obra pública pode não gerar a valorização do bem imóvel e, portanto, não autorizar a cobrança. Pode-se afirmar que a obra pública é condição necessária (sem obra pública não há possibilidade de se cobrar contribuição de melhoria), mas não suficiente (mesmo existindo obra pública, se ela não valorizar o bem imóvel do contribuinte, não há possibilidade de se cobrar contribuição de melhoria) para abrir a possibilidade da cobrança.

A contribuição de melhoria está prevista no art. 145, III, da CF, nos arts. 81 e 82 do CTN e no Decreto-Lei nº 195/1967. A CF restringiu-se a afirmar que a contribuição de melhoria decorre de obra Pública. O art. 145, III, da CF prescreve:

"Art. 145. A União, os Estados, o Distrito Federal e os Municípios poderão instituir os seguintes tributos: (...) III – contribuição de melhoria, decorrentes de obras públicas".

Apesar do texto sucinto da CF, a doutrina majoritária sustenta que o art. 81 do CTN, que explicita a necessidade de valorização do bem imóvel e impõe o limite total e o individual para contribuição de melhoria, foi todo ele recepcionado pela Constituição Federal.

O limite total é a despesa realizada na obra. Assim, por exemplo, se o Estado da Bahia realizou uma obra pública consistente na abertura de uma via pública e teve com despesa total o valor de dez milhões de reais, o limite máximo que o Estado poderá cobrar de todos os contribuintes do tributo é o valor de dez milhões de reais. Obviamente, o Estado poderá cobrar um valor inferior ao custo total da obra.

O limite individual é o acréscimo de valor que da obra resultar para cada imóvel beneficiado. Assim, por exemplo, se o bem imóvel do contribuinte valia 50 mil reais e passou a valer 90 mil reais em decorrência da construção da obra, o máximo que se poderá cobrar desse contribuinte individual é o valor de 40 mil reais.

Explicado o limite total e individual, é importante destacarmos que a idéia subjacente à contribuição de melhoria é evitar o enriquecimento sem causa do proprietário do imóvel. Ou, sendo mais preciso, objetiva-se afastar uma injusta repartição dos benefícios gerados pela obra pública. Baseado nessa idéia, a ESAF considerou correta a alternativa que afirmava que o "fundamento ético-jurídico da contribuição de melhoria é o não enriquecimento injusto" (ESAF- PA/2002/FTE).

Analisaremos agora a taxa. A taxa tem por fato gerador o exercício regular do poder de polícia, ou a utilização, efetiva ou potencial, de serviço público específico e divisível, prestado ao contribuinte ou posto à sua disposição. Existem, portanto, as **taxas de polícia e as taxas de serviço.**

São exemplos de **taxas de polícia,** ou seja, taxas cobradas com base no exercício regular do poder de polícia: **taxa de inspeção sanitária**, **taxa de alvará de construção**, **taxa de fiscalização de anúncios** (RE 216.207), **taxa florestal** (RE 239.397), **taxa de fiscalização do mercado de títulos e valores mobiliários** (STF, Súmula 665[4]) que tem por fato gerador o exercício regular do poder de polícia atribuído à Comissão de Valores Mobiliários, **taxa de fiscalização na renovação**

4 STF, Súmula 665. "É constitucional a Taxa de Fiscalização dos Mercados de Títulos e Valores Mobiliários instituída pela Lei 7.940/1989.

de licença para localização de estabelecimento comercial ou industrial[5], **taxa de licenciamento de veículos, taxa de aferição de pesos e medidas.**

O exercício do poder de polícia[6] está definido no art. 78 do CTN, consistindo basicamente na faculdade do Poder Público de restringir o uso e gozo de direito da liberdade e da propriedade em razão do interesse público.

Di Pietro conceitua Poder de Polícia como a atividade do Estado consistente em limitar o exercício dos direitos individuais em função do interesse coletivo.

Hely Lopes Meirelles define Poder de Polícia como a faculdade de que dispõe a Administração Pública para condicionar e restringir o uso e gozo de bens, atividades e direitos individuais, em benefício da coletividade e do próprio Estado.

José dos Santos Carvalho Filho conceitua Poder de Polícia como a prerrogativa de direito público que, calcada na lei, autoriza a Administração Pública a restringir o uso e o gozo da liberdade e da propriedade em favor do interesse da coletividade.

Marcelo Caetano foi extremamente didático quando definiu poder de polícia como o modo de atuar da autoridade administrativa consistente em intervir no exercício das atividades individuais suscetíveis de fazer perigar interesses gerais, tendo por objeto evitar que se produzam, ampliem ou generalizem os danos sociais que a lei procura prevenir.

Observa-se que todas as definições traduzem a possibilidade de a administração fiscalizar, controlar ou restringir atividades individuais em prol do interesse coletivo. A fundamentação do poder de polícia reside em última instância no princípio da supremacia do interesse público. Assim, por exemplo, um indivíduo é proprietário de um restaurante e paga uma taxa de fiscalização sanitária porque o poder público quer coibir que o exercício dessa atividade possa acarretar prejuízo à saúde da sociedade[7].

A pessoa paga, portanto, uma taxa porque exerce uma atividade que gera a necessidade de uma fiscalização por parte do Estado, fiscalização essa que busca assegurar a preservação do interesse coletivo.

---

5 A Súmula 157 do STJ que considerava ilegítima referida taxa foi cancelada em 2005. Assim, é legítima a cobrança da taxa desde que haja fiscalização efetiva.

6 O poder de polícia administrativa é o que autoriza a cobrança de taxa. Não se trata da polícia judiciária nem a de manutenção da segurança pública.

7 Todas as vezes que estou no restaurante e peço carne mal passada lembro-me das taxas de polícia e acredito, talvez por excesso de otimismo, que o Poder Público esteja cobrando taxas de polícia e exercendo efetiva fiscalização nos açougues e restaurantes.

A taxa é um tributo vinculado a uma atividade estatal. Se essa atividade estatal consistir no exercício regular do poder de polícia, trata-se de uma taxa de polícia. Por outro lado, se essa atividade consistir na prestação de serviço público específico e divisível, cuida-se de uma taxa de serviço.

Não se pode afirmar que na taxa de polícia o contribuinte está pagando porque está usufruindo de uma atividade estatal. Talvez o contribuinte preferisse nem ser controlado. Entretanto, existe claramente a vinculação entre o pagamento da taxa e a atividade estatal de fiscalização e controle exercida pelo Estado, daí tratar-se de um tributo vinculado.

Por outro lado, na taxa de serviço existe claramente a idéia de contraprestação. A pessoa paga a taxa, mas em contrapartida dispõe de um serviço público singular à sua disposição.

Analisada a taxa, vamos ao estudo do imposto. O imposto é um tributo não vinculado. O art. 16 do CTN define imposto como tributo cuja obrigação tributária tem por fato gerador uma situação independente de qualquer atividade estatal específica relativa ao contribuinte. Acompanhe a diferença entre o imposto, a taxa e a contribuição de melhoria refletindo sobre as seguintes perguntas:

1) Por que a pessoa paga contribuição de melhoria? A pessoa paga a contribuição de melhoria porque o poder público fez uma obra pública que valorizou o seu imóvel, ou seja, a contribuição de melhoria é um tributo vinculado a uma atividade estatal.
2) Por que a pessoa paga taxa? A pessoa paga uma taxa porque o poder público desenvolveu uma atividade consistente na prestação de serviços públicos específicos e divisíveis ou no exercício regular do poder de polícia.
3) Por que a pessoa paga imposto? A pessoa paga imposto porque ela se enquadrou na hipótese prevista na lei, independentemente de qualquer atividade estatal vinculada àquele contribuinte que está efetuando o pagamento do imposto. Assim, por exemplo, se ela é proprietária de um veículo automotor, como regra ela será contribuinte do IPVA; se é proprietária de um bem imóvel dentro da área urbana, como regra, ela será contribuinte do IPTU; se aufere rendimentos, como regra ela será contribuinte do imposto de renda. Observe que a lei elege determinadas manifestações de riquezas como hipóteses de incidência, e quem se enquadrar nessas hipóteses será contribuinte do imposto.

Sintetizamos as explicações anteriores no quadro seguinte:

IMPOSTO	TAXA	CONTRIBUIÇAO DE MELHORIA
Não vinculado	Vinculado	Vinculado
Tributam-se manifestações de riqueza do contribuinte que se enquadrem nas hipóteses previstas na lei. Independe de atividade estatal vinculada ao contribuinte.	É um tributo vinculado ao exercício regular do poder de polícia ou a prestação de serviços públicos específicos e divisíveis.	É um tributo vinculado a valorização imobiliária decorrente de obra pública.

Explicado porque o imposto é um tributo não vinculado[8], cabe agregar mais uma característica do imposto: o imposto é um tributo cuja receita, como regra, não é vinculada a uma finalidade específica.

O art. 167, IV, da CF, explicita essa característica do imposto: "*São vedados: IV – a vinculação de receita de impostos a órgão, fundo, ou despesa, ressalvadas...*"

Essa inexistência de vinculação de suas receitas a finalidades específicas é o que permite diferenciar os impostos das denominadas contribuições especiais. As contribuições especiais, ao contrário dos impostos, têm suas receitas afetadas a finalidades específicas.

Analisadas as espécies tributárias, vamos nos deter nas opções apresentadas:

A opção "A" é falsa, uma vez que o imposto é um tributo cuja receita, como regra, não é vinculada a nenhuma finalidade específica e a receita desse tributo é vinculada à manutenção dos custos das forças armadas.

A opção "B" é falsa, uma vez que o serviço público de defesa nacional constitui um exemplo típico de serviço público universal e, portanto, não autoriza a cobrança de taxa.

A opção "C" é a opção correta. Como estudamos, o fato gerador da contribuição de melhoria é a valorização imobiliária decorrente de obra pública. No caso em análise não existe nem a obra pública, o que já afasta de imediato a possibilidade de o tributo tratar de contribuição de melhoria.

8 Todo tributo é cobrado mediante atividade administrativa plenamente vinculada. O imposto é uma modalidade de tributo e, portanto, é cobrado mediante atividade administrativa plenamente vinculada. Entretanto, o imposto é um tributo não vinculado a atividade estatal voltada para o contribuinte. Não há que se confundir: a cobrança de qualquer tributo é feita de forma integralmente vinculada à lei, entretanto, existem tributos que têm por fato gerador uma situação vinculada a uma atividade estatal (ex: taxa e contribuição de melhoria) e existem tributos que independem de uma atividade estatal voltada para o contribuinte (ex: imposto).

A opção "D" é falsa, uma vez que a contribuição social é um tributo de arrecadação vinculada a determinadas finalidades sociais.

Questão 64

João adquiriu de Pedro uma das lojas de tecidos que este possuía e que funcionava no mesmo endereço havia vinte anos. João continuou, então, aquela atividade comercial, mas criou, para tanto, nova empresa, com novo registro empresarial. Certo dia, recebeu do fisco estadual uma notificação para pagamento de ICMS relativo a vendas ocorridas na loja que comprara, sendo elas realizadas em data anterior à da operação de compra da loja. Considerando-se a situação hipotética apresentada, é correto afirmar que João

a) não responderá pela dívida tributária anterior porque não foi constituída por ele, mas por Pedro.
b) não responderá pela dívida tributária anterior porque a ele só pertence a nova pessoa jurídica.
c) responderá integralmente pela dívida tributária anterior porque, com a compra da loja, adquiriu a totalidade dos direitos e deveres relativos àquele estabelecimento.
d) responderá pela dívida tributária anterior subsidiariamente com Pedro, desde que este continue a explorar a venda de tecidos em suas outras lojas.

COMENTÁRIOS

Esta questão explora o tema da responsabilidade do adquirente de fundo de comércio ou estabelecimento comercial e está disciplinada no art. 133 do CTN abaixo transcrito:

> *Art. 133. A pessoa natural ou jurídica de direito privado que adquirir de outra, por qualquer título, fundo de comércio ou estabelecimento comercial, industrial ou profissional, e continuar a respectiva exploração, sob a mesma ou outra razão social ou sob firma ou nome individual, responde pelos tributos, relativos ao fundo ou estabelecimento adquirido, devidos até à data do ato:*
>
> *I – integralmente, se o alienante cessar a exploração do comércio, indústria ou atividade;*
>
> *II – subsidiariamente com o alienante, se este prosseguir na exploração ou iniciar dentro de seis meses a contar da data da alienação, nova atividade no mesmo ou em outro ramo de comércio, indústria ou profissão.*

A questão afirma inicialmente que **João adquiriu de Pedro** uma loja de tecidos e continuou a exploração da atividade. Assim, se o adquirente (João) continuou a exploração da atividade[9], ele poderá responder pelas dívidas anteriores à aquisição integralmente ou subsidiariamente, a depender do comportamento do alienante (Pedro).

---

9 João não responderia pelas dívidas tributárias anteriores à aquisição se não houvesse continuado a exploração da atividade. Assim, por exemplo, se João houvesse comprado a loja de tecidos e montasse ali um restaurante, não responderia pelas dívidas tributárias da antiga loja de tecidos, pois não haveria continuado a exploração da atividade.

Se Pedro cessasse a exploração da atividade ou reiniciasse somente depois de seis meses, João responderia integralmente pelas dívidas tributárias constituídas anteriormente a aquisição. Nesse caso, João seria integralmente responsável (responsabilidade por transferência) pelas dívidas constituídas na época em que ele nem era proprietário.

Por outro lado, se Pedro prosseguisse na exploração da atividade ou iniciasse dentro de seis meses, a contar da data da alienação, nova atividade no mesmo ou em outro ramo de comércio, indústria ou profissão, Pedro responderia prioritariamente (a dívida seria cobrada em primeiro lugar de Pedro), e João responderia subsidiariamente.

Com base nessas explicações já estamos habilitados a solucionar a questão.

As alternativas "A" e "B" estão incorretas, pois João responderá pelas dívidas anteriores, uma vez que continuou a exploração da atividade.

A alternativa "C" está incorreta, uma vez que João somente responderia integralmente se Pedro parasse a exploração da atividade ou reiniciasse somente depois de seis meses. A assertiva não diz que Pedro parou a exploração da atividade. A alternativa afirma que Pedro vendeu apenas um dos estabelecimentos que possuía.

A alternativa "D" é a correta, uma vez que João responderá subsidiariamente, se Pedro continuar a explorar a venda de tecidos em suas outras lojas.

Questão 65

O indivíduo a quem a lei atribua dever de pagar determinado tributo é considerado, segundo o CTN,

a) contribuinte, porque, independentemente de ter relação pessoal e direta com a situação que constitua o fato gerador, sua obrigação decorre da lei.
b) sujeito passivo, independentemente de ter ou não relação pessoal e direta com a situação que constitua o fato gerador.
c) sujeito ativo, independentemente de ter ou não relação pessoal e direta com a situação que constitua o fato gerador.
d) responsável, em razão de ter relação pessoal e direta com a situação que constitua o fato gerador.

COMENTÁRIOS

O art. 121 do CTN estabelece que **o sujeito passivo** da obrigação principal é a pessoa obrigada ao pagamento do tributo ou penalidade pecuniária, e essa pessoa obrigada ao pagamento do tributo ou multa pode ser **o contribuinte ou responsável.**

Assim, **o indivíduo a quem a lei atribua dever de pagar determinado tributo é considerado sujeito passivo**, independentemente de ser contribuinte (ou seja, independentemente de ter relação pessoal e direta com situação que constitua o fato gerador) ou de ser responsável. Isso posto, **a opção "B" é a única correta.**

Solucionada a questão, vamos relembrar os seguintes conceitos:

1) A obrigação tributária principal tem por objeto o pagamento de tributo ou penalidade pecuniária (art. 113, CTN).
2) O **sujeito passivo** da obrigação tributária principal (OTP) **pode ser o contribuinte ou responsável.**
3) O sujeito passivo da OTP será **o contribuinte quando tenha relação pessoal e direta com a situação que constitua o fato gerador.**
4) Quando o CTN dispõe que o contribuinte é aquele que tem relação pessoal e direta com a situação que constitua o fato gerador, o Código está afirmando que o contribuinte é o personagem principal do denominado fato gerador. Dessa forma, como regra, descrito o fato gerador, deduz-se quem poderá ser o contribuinte. Assim, por exemplo, no imposto sobre a propriedade de veículo automotor, o contribuinte será o proprietário.
5) **O responsável é o sujeito passivo da obrigação que não é o contribuinte.** Ou, em outras palavras, o responsável é aquele que sem ser contribuinte (ou seja, sem ser o personagem principal do fato gerador), apresenta algum vínculo com o fato gerador e a lei atribuiu a ele responsabilidade pelo pagamento do tributo ou penalidade pecuniária.
6) Um exemplo bastante didático de contribuinte e responsável ocorre no imposto de renda da pessoa física. Configure-se o caso de o empregado que recebe salário de uma empresa. Nessa situação, o contribuinte do imposto de renda será o empregado e a fonte pagadora (a empresa que tem a obrigação de efetuar a retenção do imposto de renda por ocasião do pagamento) será a responsável.
7) O responsável não pode ser uma pessoa totalmente estranha ao fato gerador. O responsável tem que apresentar algum vínculo com a situação que constitua o fato gerador (art. 128, CTN). Esse vínculo, entretanto, não pode ser pessoal e direto (art. 121, II, CTN).

Questão 66

Com base no que dispõe o CTN, um indivíduo de um mês de idade

a) já tem total capacidade tributária.
b) tem capacidade tributária restrita até completar dezesseis anos de idade.
c) tem capacidade tributária restrita até completar dezoito anos de idade.
d) não tem qualquer capacidade tributária, porque é menor.

COMENTÁRIOS

A capacidade tributária passiva independe de capacidade civil das pessoas naturais, conforme dispõe o art. 126, I, do CTN. Assim, um bebê de um mês de idade já tem total capacidade tributária passiva, **o que torna a assertiva "A" a opção correta.**

Todas as vezes que leio o art. 126, I, do CTN lembro um caso curioso que presenciei no interior do Ceará. Um senhor recebeu uma notificação referente à exigência do IPTU e, olhando para mim, exclamou indignado: "por qual razão estou recebendo essa notificação do IPTU? Nunca fui à prefeitura, não fiz nenhum acordo com o prefeito e agora enviaram essa cobrança para mim." A perplexidade desse senhor reside em uma confusão sobre a origem da relação jurídica tributária. O IPTU tem origem na lei e não em acordo. O tributo é uma obrigação *ex-lege*, que independe da vontade da parte. Ora, se independe da vontade da parte, independe também da capacidade para manifestá-la, daí um bebê de um mês de idade ter capacidade tributária passiva.

Questão 67

Ocorrido determinado fato gerador, Augusto deveria pagar o respectivo tributo. Entretanto, uma lei editada posteriormente ao fato deu por extinta, sem pagamento, metade da dívida das pessoas que se enquadravam na situação de Augusto. Passaram-se seis anos, e o fisco nem mesmo constituiu o crédito tributário contra Augusto, relativamente à outra metade do crédito. Nessa hipótese, configura-se a situação de extinção da dívida por

a) transação e remissão.
b) transação e prescrição.
c) remissão e decadência.
d) prescrição e compensação.

COMENTÁRIOS

A transação (art. 171, CTN), a compensação (art. 170, CTN), a remissão (art. 172, CTN), a decadência (art. 173, CTN) e a prescrição (art. 174, CTN) são modalidades de extinção do crédito tributário, todas previstas no rol do art. 156 do CTN.

A transação é um acordo, autorizado pela lei, realizado entre o sujeito ativo e o sujeito passivo que, mediante concessões recíprocas, importe no fim do litígio e, conseqüentemente, na extinção do crédito tributário.

A decadência e a prescrição são modalidades de extinção relacionadas ao tempo e à inércia. A decadência ocorrerá quando o sujeito ativo não fizer o lançamento no prazo previsto na lei[10], e a prescrição se consumará quando, após a

10 O prazo decadencial é de cinco anos. Entretanto, o termo inicial de contagem do prazo decadencial está submetido a várias regras, conforme estudamos no resumo de decadência e prescrição.

constituição definitiva do crédito tributário, o sujeito ativo não promover a ação para cobrança do crédito tributário no prazo de cinco anos.

A **remissão** é a extinção do crédito tributário consistente no perdão legal da dívida tributária. Assim, por exemplo, uma lei perdoa todos os créditos tributários de valores inferiores a 500 reais (perdão devido à diminuta importância do crédito tributário). Ou, em outro exemplo, uma lei perdoa a dívida tributária de determinados contribuintes que se encontram em uma região atingida por uma calamidade natural.

A questão em análise apresenta duas situações distintas:

1) Na primeira situação, uma lei, posterior ao fato gerador, deu por extinta metade da dívida de pessoas que deveriam pagar o tributo. Obviamente não se trata, nesse caso, de transação, nem tampouco de prescrição. Trata-se, portanto, de um perdão da dívida tributária concedida pela lei, ou seja, trata-se de **remissão.** Na questão não se falou se essa metade da dívida que foi perdoada já estava constituída pelo lançamento, devendo-se, portanto, abstrair esse questionamento na resolução da questão.
2) Na segunda situação, o fisco deixou transcorrer seis anos sem constituir o crédito tributário relativamente à outra metade da dívida. Ou seja, ocorreu o fato gerador, mas o lançamento não foi constituído no prazo legal, consumando-se, dessa forma, a decadência.

A resposta, portanto, é a opção "C".

Por derradeiro, cabe analisar as diferenças existentes entre a remissão e a anistia, resumidas no quadro seguinte[11]:

REMISSÃO (PERDÃO)	**ANISTIA** (PERDÃO)
Modalidade de extinção do crédito tributário.	Modalidade de exclusão do crédito tributário.
Como regra, o crédito tributário já está constituído.	O crédito tributário ainda não está constituído. A lei que concede anistia perdoa a infração antes da constituição do crédito tributário, daí a anistia constituir modalidade de exclusão do crédito tributário.
A remissão perdoa todo o crédito tributário constituído, incluindo o tributo e as penalidades.	A anistia perdoa a infração cometida mediante a não aplicação da penalidade.

11 As diferenças apontadas no quadro estão de acordo com a doutrina majoritária.

O CTN elencou a remissão (art. 156, IV) como modalidade de extinção do crédito, e a anistia como modalidade de exclusão do crédito tributário (art. 175, II). Essa distinção está estabelecida no Código e não é suscetível a maiores controvérsias. Entretanto, os demais pontos de dessemelhanças relacionados não encontram unanimidade na doutrina.

Pode-se, entretanto, reunir as distinções apontadas em dois argumentos: O primeiro argumento afirma que a anistia se refere à penalidade, ao passo que a remissão abrange o tributo e as penalidades[12]. O segundo argumento sustenta que a remissão é o perdão do crédito tributário já constituído pelo lançamento, enquanto a anistia é o perdão da infração cometida antes de se efetuar o lançamento[13]. Daí a anistia excluir o crédito tributário, ou seja, evita que ele se constitua. Nesse sentido vale transcrever trecho da obra de Hugo de Brito Machado:

> Pela anistia, o legislador extingue a punibilidade do sujeito passivo infrator da legislação tributária, impedindo a constituição do crédito. Se já está o crédito constituído, o legislador poderia dispensá-lo pela *remissão*, mas não pela *anistia*. Esta diz respeito exclusivamente à penalidade e há de ser concedida antes da constituição do crédito. A remissão é forma de extinção do crédito tributário, quer decorrente de penalidade, quer decorrente de tributo[14].

GABARITO DA PROVA 2008-2

58-D	62-C	66-A
59-B	63-C	67-C
60-D	64-D	
61-D	65-B	

12 Existe, porém. uma corrente minoritária que afirma que a remissão abrange apenas o tributo e a anistia refere-se apenas às penalidades.

13 Luciano da Silva Amaro, entretanto, afirma que é necessário aceitar a remissão independentemente de ter havido ou não o lançamento. Entendo mais consistente o posicionamento de Luciano Amaro, entretanto não é o majoritário.

14 Hugo de Brito Machado, *Curso de Direito Tributário*. 22 ed., São Paulo: Malheiros, p. 207.

3 EXAME DE ORDEM 2008-1

Questão 58

Não constitui matéria de direito tributário reservada pela Constituição Federal (CF) à lei complementar a

a) definição dos contribuintes e das alíquotas dos impostos discriminados pela CF.
b) definição dos tributos.
c) definição dos fatos geradores e da base de cálculo dos impostos discriminados pela CF.
d) definição das espécies tributárias.

COMENTÁRIOS

Cabe a lei complementar definir os fatos geradores, bases de cálculo e contribuintes de todos os impostos.

A CF disciplina o tema no art. 146 abaixo colacionado:

> *Art. 146. Cabe à lei complementar:*
>
> *I – dispor sobre conflitos de competência, em matéria tributária, entre a União, os Estados, o Distrito Federal e os Municípios;*
>
> *II – regular as limitações constitucionais ao poder de tributar;*
>
> *III – estabelecer normas gerais em matéria de legislação tributária, especialmente sobre:*
>
> *a) definição de tributos e de suas espécies, bem como,* ***em relação aos impostos discriminados nesta Constituição, a dos respectivos fatos geradores, bases de cálculo e contribuintes****;* (destacamos)

Da leitura do artigo observa-se que a Constituição não reserva a lei complementar.a definição das alíquotas dos impostos. Assim, a única **alternativa *parcialmente* correta é a letra A**.

Essa questão, entretanto, foi mal formulada.

Se nós escrevêssemos a pergunta e a resposta, a redação da questão ficaria assim: Não constitui matéria de Direito Tributário reservada pela Constituição Federal (CF) a lei complementar a definição dos contribuintes e das alíquotas dos impostos discriminados pela CF.

Ora, a definição dos contribuintes dos impostos é matéria reservada a lei complementar, e a definição de alíquotas dos impostos discriminados pela CF não é matéria reservada a lei complementar. Assim, a afirmação contida no parágrafo anterior, que foi o gabarito da questão, não pode ser tida como verdadeira.

Na verdade, essa questão merecia ser anulada.

Entretanto, o candidato experiente não erraria essa questão. O candidato marcaria a alternativa menos incorreta, que no caso é a letra A. As demais alternativas foram extraídas do texto da CF.

A alternativa "B" não é a resposta porque a definição de tributos é matéria reservada a lei complementar.

A alternativa "C" não é a resposta porque a definição dos fatos geradores e da base de cálculo dos impostos discriminados pela CF é matéria reservada a lei complementar. A alternativa "D" não é a resposta porque a definição das espécies tributárias é matéria reservada a lei complementar.

GRÁFICO DA QUESTÃO

Questão 59

De acordo com a Constituição Federal, as contribuições sociais e de intervenção no domínio econômico podem

a) ter alíquotas específicas, com base no faturamento, na receita bruta ou no valor da operação.
b) incidir sobre as receitas de exportação.
c) incidir sobre as receitas de importação.
d) ter alíquotas *ad valorem*, com base na unidade de medida adotada.

COMENTÁRIOS

Dispõe o § 2º do art. 149 da Constituição Federal, incluído pela Emenda Constitucional nº 33/2001:

§ 2º As contribuições sociais e de intervenção no domínio econômico de que trata o "caput" deste artigo:
*I – **não incidirão sobre as receitas decorrentes de exportação;***
*II – **incidirão também sobre a importação de produtos estrangeiros ou serviços;***
*III – **poderão ter alíquotas:***
*a) **ad valorem, tendo por base o faturamento, a receita bruta ou o valor da operação** e, no caso de importação, o valor aduaneiro;*
*b) **específica, tendo por base a unidade de medida adotada.***
§ 3º A pessoa natural destinatária das operações de importação poderá ser equiparada a pessoa jurídica, na forma da lei.
§ 4º A lei definirá as hipóteses em que as contribuições incidirão uma única vez.
(destacamos)

Da leitura do texto constitucional, constata-se que:

a) A alternativa "A" está errada. A alíquota específica tem como base a unidade de medida adotada. Assim, por exemplo, cobram-se 10 Reais por 100 litros ou por 1000 reais por tonelada, ou 100 reais por metro.
b) A alternativa "B" está errada. As contribuições sociais e de intervenção no domínio econômico não incidem sobre receitas decorrentes de exportação.
c) **A alternativa "C" é a correta**. As contribuições sociais e de intervenção no domínio econômico podem incidir sobre as receitas de importação.
d) A alternativa "D" está errada. A alíquota ***ad valorem*** tem por base o faturamento, a receita bruta ou o valor da operação. A alíquota ***ad valorem*** é um percentual que incide sobre o valor global. Assim, por exemplo, quando se cobra 10% sobre a receita bruta está-se utilizando uma alíquota ***ad valorem***.

GRÁFICO DA QUESTÃO

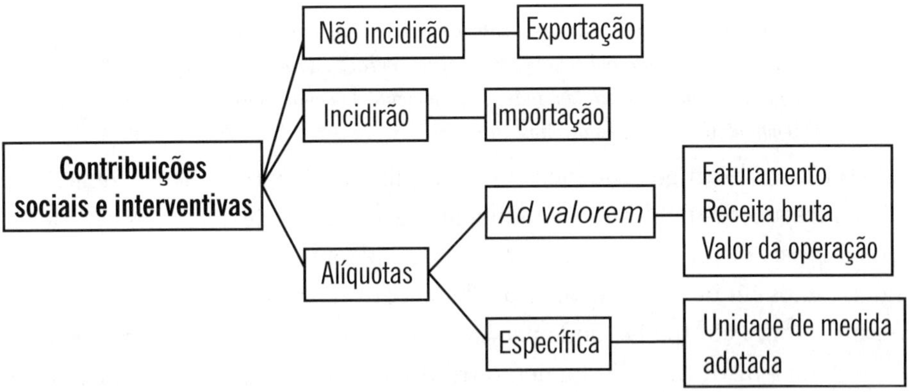

Questão 60

Consoante o princípio da igualdade tributária, é vedado conferir tratamento desigual a contribuintes que se encontrem em situação equivalente. No texto constitucional, são enumerados critérios em razão dos quais é proibida a distinção de tratamento tributário. Entre esses critérios **não** estão incluídos

a) direitos decorrentes da ocupação de diferentes funções públicas.
b) rendimentos decorrentes de diferentes ocupações profissionais.
c) rendimentos decorrentes de diferentes nacionalidades.
d) direitos decorrentes de diferentes ocupações profissionais.

COMENTÁRIOS

O princípio da isonomia ou igualdade consiste em tratar os iguais de forma igual e os desiguais de forma desigual. A dificuldade reside amiúde em saber quais os critérios discriminadores que podem ser utilizados no caso concreto para diferenciar as pessoas, ou, no caso do Direito Tributário, para tratar de forma diferenciada os contribuintes.

A capacidade contributiva é o critério discriminador mais utilizado no Direito Tributário para diferenciar os contribuintes. Assim, por exemplo, uma pessoa que ganha mil reais por mês é isenta do imposto de renda e uma pessoa que ganha R$ 100.000,00 paga uma alíquota efetiva muita próxima de 27,5%.

A CF veda a utilização de determinados critérios discriminadores, tais como ocupação profissional ou função exercida pelo contribuinte.

O art. 150 veicula o princípio da isonomia no Direito Tributário e explicita os critérios discriminadores que não podem ser utilizados:

> *Art. 150. Sem prejuízo de outras garantias asseguradas ao contribuinte, é vedado à União, aos Estados, ao Distrito Federal e aos Municípios:*
>
> *(...)*
>
> ***II – instituir tratamento desigual entre contribuintes que se encontrem em situação equivalente, proibida qualquer distinção em razão de ocupação profissional ou função por eles exercida, independentemente da denominação jurídica dos rendimentos, títulos ou direitos;*** (destacamos)

Da leitura do artigo, evidencia-se que os direitos decorrentes da ocupação de diferentes funções públicas, os rendimentos decorrentes de diferentes ocupações profissionais ou os direitos decorrentes de diferentes ocupações profissionais são critérios em razão dos quais é proibida a distinção de tratamento tributário. Assim, a única alternativa onde não está incluído um critério em razão do qual é proibida a distinção de tratamento tributário é a C. **O gabarito, portanto, é a letra "C".**

Questão 61

Carlos, proprietário de uma loja de máquinas fotográficas, está decidido a deixar de vender o produto e passar a oferecer serviços de assistência técnica em equipamentos fotográficos.

Nessa situação, caso Carlos, de fato, passe a oferecer somente esse novo serviço, ele deixará de pagar

a) IPI e passará a pagar ICMS.
b) IPI e passará a pagar ISS.
c) imposto de renda sobre o lucro real e passará a pagar o imposto sobre o lucro presumido.
d) ICMS e passará a pagar ISS.

COMENTÁRIOS

A venda de máquinas fotográficas é fato gerador do ICMS, conforme prevê o art. 2º da Lei Complementar nº 87/1996 (art. 2º). **O imposto incide sobre: I – operações relativas à circulação de mercadorias**, inclusive o fornecimento de alimentação e bebidas em bares, restaurantes e estabelecimentos similares).

O ISS incide sobre serviços de qualquer natureza definidos em lei complementar, conforme prevê o art. 156, III, da CF (naturalmente o ISS não incide sobre transporte interestadual e intermunicipal e de comunicações, uma vez que esses serviços estão inseridos no campo de incidência do ICMS).

A Lei Complementar nº 116/2003 dispõe em seu art. 1º que o Imposto Sobre Serviços de Qualquer Natureza, de competência dos Municípios e do Distrito Federal, tem como fato gerador a prestação de serviços constantes da lista anexa, ainda que esses não se constituam como atividade preponderante do prestador

A lista anexa prevê no item 14.02 o serviço de assistência técnica. Assim, o serviço de assistência técnica em equipamentos fotográficos é fato gerador do ISS.

Observa-se, portanto, que caso Carlos deixe de vender máquinas fotográficas e passe a oferecer serviços de assistência técnica em equipamentos fotográficos, ele deixará de pagar o ICMS e passará a pagar somente o ISS. **O gabarito, portanto, é a letra "D".**

Questão 62

Dado que a Constituição Federal atribuiu competência para os estados legislarem sobre o IPVA, essa prerrogativa envolve o pleno poder de legislar sobre esse tributo. Todavia, essa competência, consoante o Código Tributário Nacional (CTN), está em tese submetida às limitações

a) dos tratados internacionais, da Constituição Federal e da respectiva constituição estadual.
b) do próprio CTN, da Constituição Federal e da respectiva constituição estadual.
c) do próprio CTN, da Constituição Federal e dos tratados internacionais.
d) do próprio CTN, dos tratados internacionais e da respectiva constituição estadual.

COMENTÁRIOS

Essa questão foi elaborada com base no art. 6º do CTN:

> *Art. 6º A atribuição constitucional de competência tributária compreende a competência legislativa plena, ressalvadas as limitações contidas na Constituição Federal, nas Constituições dos Estados e nas Leis Orgânicas do Distrito Federal e dos Municípios, e observado o disposto nesta Lei.*

Conforme estipula o art. 6º, a competência tributária compreende a competência de legislar sobre o tributo. Esse poder de legislar sobre o tributo, entretanto, encontra limitações nas regras contidas na Constituição Federal, nas Constituições dos Estados e nas leis Orgânicas do Distrito Federal e dos Municípios e no CTN (a referência ao CTN no art. 6º está contida na expressão final: *e observado o disposto nesta Lei*).

Observa-se, da leitura do art. 6º, que a **alternativa "B" é a correta**, pois é única opção que faz referência apenas a limitações descritas no artigo. É importante, por derradeiro, destacar que a competência traduz um poder político, mas um poder delimitado. A CF quando outorga competência está conferindo um poder, mas simultaneamente impondo limites a esse poder.

Questão 63

Consoante o CTN, a base de cálculo do imposto de renda da pessoa jurídica correspondente ao montante de renda e dos proventos tributários. Nesse caso, não está prevista no CTN a base de cálculo na forma de lucro

a) arbitrado.
b) líquido.
c) presumido.
d) real.

COMENTÁRIOS

Dispõe o art. 43 do CTN: "*Art. 44. A base de cálculo do imposto é o montante, real, arbitrado ou presumido, da renda ou dos proventos tributáveis*".

Assim, não está prevista a base de cálculo na forma do lucro líquido. O **gabarito, portanto, é a letra B**. Apresento abaixo o gráfico da questão:

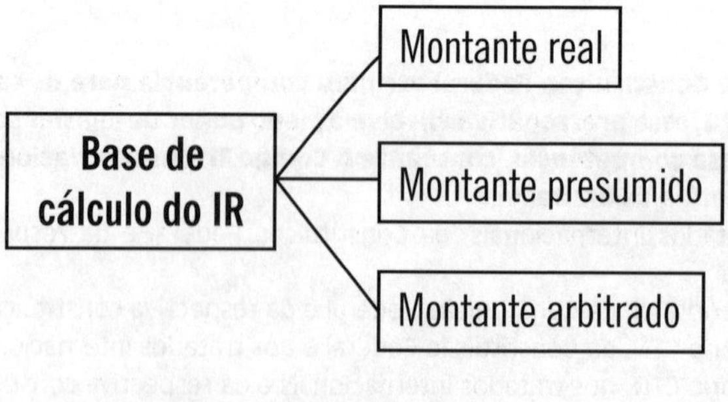

Questão 64

Não constitui matéria tributária exclusiva de lei a

a) cominação de penalidades para as ações ou omissões contrárias a dispositivos de lei.
b) atualização do valor monetário da base de cálculo do tributo.
c) hipótese de exclusão tributária.
d) definição do fato gerador da obrigação tributária principal.

COMENTÁRIOS

Não é necessário lei para atualizar o valor monetário da base de cálculo do tributo, conforme estabelece o § 2º do art. 97 do CTN. As alternativas A, C e D prevêem hipóteses em que a lei é necessária. O art. 97 do CTN estipula que somente a lei pode estabelecer a definição do fato gerador da obrigação tributária principal, a cominação de penalidades e as hipóteses de exclusão do crédito tributário. Transcrevi o art. 97 do CTN:

> *Art. 97.* ***Somente a lei pode estabelecer:***
> *I – a instituição de tributos, ou a sua extinção;*
> *II – a majoração de tributos, ou sua redução, ressalvado o disposto nos arts. 21, 26, 39, 57 e 65;*
> *III –* ***a definição do fato gerador da obrigação tributária principal****, ressalvado o disposto no inciso I do § 3º do art. 52, e do seu sujeito passivo;*
> *IV – a fixação de alíquota do tributo e da sua base de cálculo, ressalvado o disposto nos arts. 21, 26, 39, 57 e 65;*
> *V –* ***a cominação de penalidades para as ações ou omissões contrárias a seus dispositivos, ou para outras infrações nela definidas;***
> *VI –* ***as hipóteses de exclusão, suspensão e extinção de créditos tributários****, ou de dispensa ou redução de penalidades.*
> *§ 1º Equipara-se à majoração do tributo a modificação da sua base de cálculo, que importe em torná-lo mais oneroso.*
> ***§ 2º Não constitui majoração de tributo, para os fins do disposto no inciso II deste artigo, a atualização do valor monetário da respectiva base de cálculo.***
> (destacamos)

Conforme se extrai da leitura do § 2º do art. 97, não constitui matéria tributária exclusiva de lei a atualização do valor monetário da base de cálculo do tributo. O **gabarito, portanto, é a letra B**. O gráfico seguinte evidencia situações em que a lei não se faz necessária:

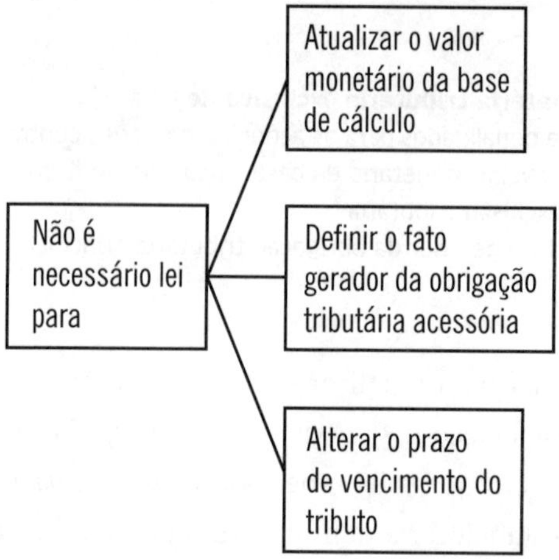

Questão 65

Ricardo, proprietário de um imóvel avaliado, em 2007, em R$ 100.000,00, não pagou o IPTU de 2007 e, neste ano de 2008, pretende vender o imóvel para um interessado com quem firmou, em 2007, um contrato de promessa de compra e venda. Em janeiro de 2008, entrou em vigor uma lei que alterou, de 3% para 4%, a alíquota do ITBI e o imóvel passou a ser avaliado em R$120.000,00.

Considerando a situação hipotética descrita, assinale a opção que representa, respectivamente, o valor da base de cálculo do IPTU de 2007 e alíquota do ITBI que deverão ser pagos.

a) R$ 100.000,00 3%.
b) R$ 120.000,00 3%.
c) R$ 100.000,00 4%.
d) R$ 120.000,00 4%.

COMENTÁRIOS

O valor da base e da alíquota do imposto se regem pela lei da época do fato gerador. **O fato gerador do IPTU relativo ao ano-calendário de 2007 ocorreu em 2007 e, portanto, a base de cálculo do IPTU é de R$ 100.000,00.**

Em relação ao ITBI existe uma velha controvérsia sobre se o contrato de promessa de compra e venda pode ser considerado fato gerador do imposto. De acordo com a Jurisprudência do STJ (REsp 327.188), o fato gerador do ITBI somente se configura com a transmissão da propriedade no registro do Cartório de Imóveis. Assim, **o contrato de promessa de compra e venda realizado em 2007 não caracteriza o fato gerador do ITBI, que somente ocorrerá com a efetiva transmissão da propriedade imobiliária que será efetuada em 2008**. **A alíquota do ITBI será**, portanto, a alíquota em vigor no ano calendário de 2008, ou seja, **4%.**

Em vista do exposto, conclui-se que a base de cálculo de IPTU será de R$ 100.000,00 (base de cálculo de 2007, uma vez que se refere ao fato gerador de

2007) e a alíquota do ITBI será de 4% (alíquota em vigor no ano-calendário de 2008, uma vez que o fato gerador do ITBI ocorrerá em 2008).

Assim, o **gabarito da questão é a letra C**.

Questão 66

Considere que Pedro e Tiago sejam, por lei, considerados sujeitos passivos solidários em relação a determinada dívida tributária. Nessa situação

a) se a lei conceder a interrupção da prescrição em prejuízo de Tiago, não será afetada a prescrição para Pedro.

b) se Pedro pagar a metade da dívida, somente Tiago permanecerá devedor.

c) se Pedro quem deu razão à dívida, o fisco deve primeiramente cobrar dele e, somente após esgotados os esforços, deve cobrar de Tiago.

d) se a lei conceder remissão pessoal a Tiago, o saldo da dívida passa todo para Pedro.

COMENTÁRIOS

O art. 125 do CTN disciplina o tema da solidariedade tributária nos termos seguintes:

> *Art. 125. Salvo disposição de lei em contrário, são os seguintes os efeitos da solidariedade:*
>
> *I – o pagamento efetuado por um dos obrigados aproveita aos demais;*
>
> *II – a isenção ou remissão de crédito exonera todos os obrigados, salvo se outorgada pessoalmente a um deles, subsistindo, nesse caso, a solidariedade quanto aos demais pelo saldo;*
>
> *III – a interrupção da prescrição, em favor ou contra um dos obrigados, favorece ou prejudica aos demais.*

Baseados no texto legal e na doutrina, comentaremos as afirmações contidas nas alternativas.

a) A alternativa "A" está errada. O inciso III do art. 125 estabelece que a interrupção da prescrição, em favor ou contra um dos obrigados, favorece ou prejudica aos demais. Assim, a prescrição para Pedro será afetada, se a lei conceder a interrupção da prescrição em prejuízo de Tiago.

b) A alternativa "B" está errada. Se Pedro pagar a metade da dívida, Pedro continuará solidariamente responsável pela outra metade da dívida. Uma característica da solidariedade passiva é que todos os devedores são responsáveis por toda a dívida. Assim, no exemplo extremo e ilustrativo, se existem dez devedores solidários por uma dívida de dez milhões de reais e, um único devedor paga nove milhões da dívida, esse devedor que pagou 90% da dívida continuará solidariamente responsável pelos 10% restantes.

c) A alternativa "C" é falsa. Uma das características da solidariedade é a inexistência de benefício de ordem.

d) A **alternativa "D" é correta**. Dispõe o inciso II do art. 125 que a isenção ou remissão exonera todos os obrigados, salvo se outorgado pessoalmente a um deles, subsistindo, nesse caso, a solidariedade quanto aos demais pelo saldo. Observe que o legislador distinguiu a remissão objetiva da remissão subjetiva. No caso da remissão subjetiva ou remissão pessoal subsiste a dívida e a solidariedade quanto aos demais pelo saldo. Configure-se o seguinte exemplo: três irmãos, co-proprietários de uma casa, são solidariamente obrigados por uma dívida de IPTU de R$ 9.000,00. Surge uma lei municipal que concede remissão (a remissão é uma modalidade de extinção do crédito tributário consistente no perdão do crédito) de IPTU a todas as pessoas portadoras do vírus HIV. O irmão caçula, portador do vírus, é beneficiado pela remissão. Os outros dois irmãos continuarão solidariamente responsáveis pela dívida do IPTU quanto ao saldo. Ou seja, os dois irmãos mais velhos continuarão solidariamente responsáveis pela dívida de IPTU no valor de R$ 6.000,00.

No exemplo da questão somente existiam dois devedores solidários: Pedro e Tiago. Se a lei conceder remissão pessoal a Tiago, o saldo da dívida passa todo para Pedro.

Outra seria a solução se a remissão fosse objetiva. Assim, por exemplo, uma remissão de IPTU para todos os proprietários de imóveis cuja área seja inferior a 40m², beneficiaria, indistintamente, todos os devedores solidários de IPTU.

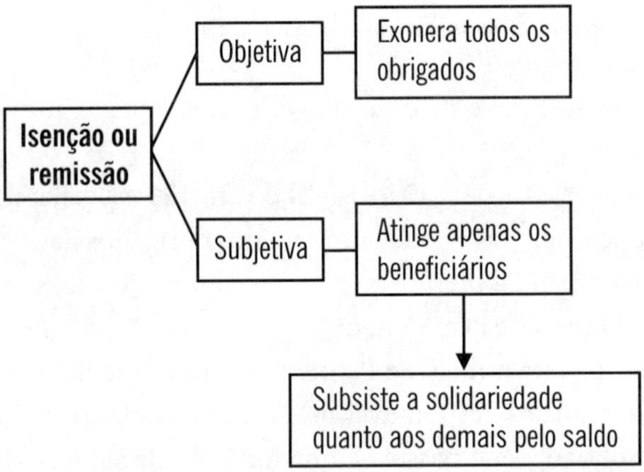

Questão 67

As hipóteses previstas no CTN para suspensão da exigibilidade do crédito tributário, não incluem

a) o parcelamento.

b) o pagamento parcial do tributo.

c) o depósito do seu montante integral

d) a medida liminar em ação judicial.

COMENTÁRIOS

Consoante o disposto no art. 151 do CTN, são as seguintes as modalidades de suspensão da exigibilidade do crédito tributário: a moratória, o depósito do montante integral, as reclamações e recursos, a concessão de liminar em mandado de segurança, a tutela antecipada e o parcelamento. Assim, o pagamento parcial do tributo não é modalidade de suspensão da exigibilidade do crédito tributário. O **gabarito, portanto, é a letra B**.

O CESPE tem sempre demandado em suas provas a identificação das modalidades de suspensão da exigibilidade do crédito tributário, as modalidades de extinção e as modalidades de exclusão do crédito tributário (na correção da prova 2006-1, questão 93, apresentei uma tabela com as modalidades de suspensão, extinção e exclusão do crédito tributário).

Apresentarei uma tabela apenas com as modalidades de suspensão da exigibilidade previstas no art. 151 e as modalidades de exclusão do crédito tributário fixadas no art. 175, ambos do CTN.

SUSPENSÃO (151)	EXCLUSÃO (175)
Moratória	Anistia
Depósito de seu montante integral	Isenção
Reclamações e recursos	
Concessão de liminar em mandado de segurança	
Tutela antecipada	
Parcelamento	
NÃO DISPENSA OTA*	NÃO DISPENSA OTA*
INTERPRETA-SE LITERALMENTE	INTERPRETA-SE LITERALMENTE

* OTA: Obrigação Tributária Acessória

GABARITO DA PROVA 2008-1

58. A	62. B	65. C
59. C	63. B	66. D
60. C	64. B	67. B
61. D		

4 EXAME DE ORDEM 2007-3

Questão 86

Wilson foi ao DETRAN, no dia 17/12/2007, para proceder à transferência da Propriedade de seu veículo a Airton. Lá, foi informado de que a transferência dependia da quitação do IPVA daquele ano, e que ele deveria ir à Secretaria da Fazenda para providenciar o pagamento. Na Secretaria da Fazenda, relatou o fato e, após assinar o requerimento da segunda via do documento de arrecadação do imposto sobre a propriedade de veículos automotores (IPVA), recebeu a notificação para pagamento do respectivo imposto. A situação hipotética acima configura caso de lançamento tributário

a) por declaração.
b) por homologação.
c) de ofício.
d) por requerimento.

COMENTÁRIOS

Essa questão aborda o tema lançamento tributário, que está disciplinado entre os arts. 142 e 150 do CTN.

O lançamento é o ato administrativo que quantifica e qualifica a obrigação tributária[1]. O lançamento é declaratório da obrigação tributária e constitutivo do crédito tributário.

Observe o gráfico seguinte:

HI —— FG-OT ———— LANÇAMENTO ———————— CT

HI: Hipótese de Incidência (é a previsão abstrata da lei)

FG: Fato Gerador (é a materialização no mundo dos fatos da hipótese de incidência. Com o fato gerador nasce a obrigação tributária)

---

1 O CTN define lançamento como o procedimento administrativo tendente a verificar a ocorrência do fato gerador da obrigação correspondente, determinar a matéria tributável, calcular o montante do tributo devido, identificar o sujeito passivo e, sendo caso, propor a aplicação da penalidade cabível.

OT: Obrigação Tributária

CT: Crédito Tributário

Observe que antes do lançamento existe a obrigação tributária e após o lançamento aparece o crédito tributário. A obrigação tributária e o crédito tributário expressam a relação jurídica que existe entre o sujeito ativo (normalmente o Estado) e o sujeito passivo (normalmente o contribuinte). Ocorre, entretanto, que o crédito situa-se no momento seguinte. Pode-se dizer, então, que o crédito tributário é a obrigação tributária formalizada pelo lançamento.

Existem três modalidades de lançamento: o lançamento de ofício, o lançamento por declaração ou misto e o lançamento por homologação.

De ofício (art. 149)	Por declaração ou misto (arts. 147 e 148)	Por homologação (art. 150)
– A autoridade administrativa promove o lançamento sem nenhuma colaboração do sujeito passivo. – O IPTU, o IPVA e as taxas normalmente são lançadas de ofício. – O auto de infração representa a formalização de um lançamento de ofício.	– A autoridade administrativa promove o lançamento com base na declaração do sujeito passivo ou de terceiro. – O sujeito passivo ou terceiro presta informações sobre matéria de fato indispensáveis à efetivação do lançamento.	O contribuinte calcula o valor do imposto, antecipa o pagamento e fica sujeito a uma homologação posterior do fisco. A homologação pode ser expressa ou tácita.

No lançamento de ofício o sujeito ativo calcula o valor do imposto e notifica o contribuinte a efetuar o pagamento. A questão em análise retrata um exemplo de lançamento de ofício. A Fazenda Pública calculou o valor do imposto sem nenhuma colaboração do sujeito passivo e notificou o contribuinte para efetuar o pagamento. **Assim, a resposta da questão é a letra "C".**

No lançamento por homologação o próprio contribuinte calcula o valor do imposto, antecipa o pagamento e esse pagamento fica sujeito a uma homologação posterior do fisco. A homologação pode ser expressa ou tácita.[2]

2 O CTN prevê a homologação expressa no *caput* do art. 150, e a homologação tácita, no § 4º do mesmo artigo. Art. 150. "O lançamento por homologação, que ocorre quanto aos tributos cuja legislação atribua ao sujeito passivo o dever de antecipar o pagamento sem prévio exame da autoridade administrativa, opera-se pelo ato em que a referida autoridade, tomando conhecimento da atividade assim exercida pelo obrigado, expressamente a homologa".

Observe que o lançamento de ofício e o por homologação são procedimentos opostos. No lançamento de ofício a autoridade administrativa calcula o valor do imposto e notifica o contribuinte. No lançamento por homologação, o próprio contribuinte, sem nenhuma manifestação da Administração Tributária, calcula o valor do imposto, efetua o pagamento e esse pagamento do contribuinte fica sujeito a uma confirmação (ratificação, homologação) posterior do fisco.

Em regra, todos os impostos federais são submetidos ao lançamento por homologação. O ICMS e o ISS também se submetem, como regra, ao lançamento por homologação. Observa-se, portanto, que o lançamento por homologação tornou-se a modalidade mais usual de lançamento.

Cabe destacar, entretanto, que se a autoridade administrativa identificar erro no procedimento lavrará um auto de infração e o auto de infração representa a formalização de um lançamento de ofício.

Assim, por exemplo, no caso de um fiscal estadual verificar que o contribuinte recolheu um valor a menor de ICMS e lavrar um auto de infração, ocorrerá um lançamento de ofício. Pode-se afirmar, portanto, que todos os tributos podem eventualmente ser objeto de lançamento de ofício.

Seguindo essa lógica, divide-se o lançamento de ofício em duas modalidades: o lançamento de ofício previsto na própria lei do tributo (como ordinariamente ocorre para o IPTU, o IPVA e as taxas) e o lançamento de ofício efetuado em razão da identificação de algum erro no lançamento anterior.

Questão 87

Do conceito de competência residual deduz-se que

a) os estados não podem criar taxas que tenham base de cálculo idêntica à dos impostos.
b) os estados só podem criar impostos que não tenham fato gerador ou base de cálculos idênticos aos dos impostos previstos na Constituição.
c) a União não pode criar empréstimos compulsórios que tenham base de cálculo idêntica à dos impostos previstos na Constituição.
d) a União não pode criar impostos cumulativos.

COMENTÁRIOS

A competência residual tributária está prevista no art. 154, I, da Constituição Federal, que assim dispõe:

(...)

§ 4º Se a lei não fixar prazo à homologação, será ele de cinco anos, a contar da ocorrência do fato gerador; expirado esse prazo sem que a Fazenda Pública se tenha pronunciado, considera-se homologado o lançamento e definitivamente extinto o crédito, salvo se comprovada a ocorrência de dolo, fraude ou simulação.

Art. 154. A União poderá instituir:

I – mediante lei complementar, impostos não previstos no artigo anterior, desde que sejam não-cumulativos e não tenham fato gerador ou base de cálculo próprios dos discriminados nesta Constituição;

Da leitura desse artigo evidenciam-se as seguintes **características da competência residual**:

Somente a União tem competência para criar o imposto residual.
O imposto residual tem de ser diferente dos demais impostos já criados. Isto é, o imposto residual não pode ter fato gerador ou base de cálculo próprio dos já discriminados na Constituição.
O imposto residual tem de ser criado através de lei complementar.
O imposto residual tem de ser não cumulativo.

Considerando-se que se a União decidir criar um novo imposto, diferente de todos os demais já criados, esse novo imposto, criado no exercício da competência residual, terá de ser não-cumulativo, o CESPE considerou que do conceito de competência residual deduz-se que a União não pode criar impostos cumulativos. **Assim, a alternativa correta é a letra "D".** (Obs.: nos estudos complementares 1, inseri comentários sobre o tema competência tributária).

Questão 88

Entre as seguintes vedações, não tem exceção expressa no texto constitucional

a) a instituição de tributo sem lei que o estabeleça.
b) a majoração de tributo sem lei que o estabeleça.
c) a cobrança de tributo novo no mesmo exercício financeiro em que haja sido publicada a lei que o criou.
d) a cobrança de tributo novo em menos de 90 dias a partir da publicação da lei que o criou.

COMENTÁRIOS

O princípio da legalidade está explicitamente delineado na Constituição Federal (CF) no art. 150, I:

Art. 150. Sem prejuízo de outras garantias asseguradas ao contribuinte, é vedado à União, aos Estados, ao Distrito Federal e aos Municípios:

I – exigir ou aumentar tributo sem lei que o estabeleça;

Observe que a CF veda aos entes federativos exigir (criar, instituir) ou majorar (aumentar) tributo sem lei.

No que diz respeito à criação do tributo, a CF não estabeleceu ressalvas. Todo tributo tem de ser criado por lei ou medida provisória (pode-se aplicar à medida provisória o que disse Pontes de Miranda sobre o decreto-lei: é uma lei sob condição resolutória). Não existe exceção a essa regra. **Portanto, a alternativa correta é a letra "A".**

As letras "B", "C" e "D" (majoração de um tributo; a cobrança de tributo novo no mesmo exercício financeiro em que haja sido publicada a lei que o criou; a cobrança de tributo novo em menos de 90 dias a partir da publicação da lei que o criou) retratam situações em que existem expressas exceções no texto constitucional. Trataremos nos estudos complementares das exceções aos princípios da legalidade, da anterioridade e da noventena.

Questão 89

O taxista João recebeu do fisco estadual uma correspondência na qual lhe foi informado que, mesmo tendo ocorrido o fato gerador do IPVA, ele não precisaria pagar o tributo, uma vez que fora aprovada uma lei, pela respectiva assembléia legislativa, que excluía o crédito tributário dos taxistas, relativamente ao IPVA. Nessa situação hipotética, pode-se dizer que a citada lei estabeleceu uma

a) remissão.
b) transação.
c) isenção.
d) anistia.

COMENTÁRIOS

A remissão e a transação são modalidades de extinção do crédito tributário, ao passo que a isenção e a anistia são modalidades de exclusão do crédito tributário.

O CTN prevê apenas duas modalidades de exclusão do crédito tributário: a anistia e a isenção.

O caso em análise fala em lei que exclui o crédito tributário, o que afasta a remissão e a transação.

A anistia refere-se ao perdão das infrações cometidas anteriormente à vigência da lei. Afasta, portanto, a aplicação de multas. No caso em questão o contribuinte não precisaria mais pagar o tributo. Não se trata, portanto, de anistia, mas de isenção. Dessa forma, **a resposta da questão é a alternativa "C"**.

Aproveitaremos a oportunidade para esclarecer as diferenças entre a anistia e a remissão.

A anistia consiste no perdão das infrações cometidas anteriormente à vigência da lei. A anistia é perdão e, portanto, olha para o passado.

Anistia e remissão são modalidades diferenciadas de perdão.

A anistia é modalidade de exclusão do crédito tributário, e a remissão é modalidade de extinção do crédito tributário. A anistia ocorre antes da constituição do crédito. A lei concessiva da anistia evita que o crédito tributário se constitua, afastando a aplicação de multa. Na anistia o sujeito passivo cometeu uma infração e uma lei posterior perdoou a infração, deixando de aplicar a multa.

A remissão ocorre após a constituição do crédito tributário. Na remissão já ocorreu o lançamento e uma lei posterior perdoa todo o crédito tributário já constituído. A lei concessiva de remissão perdoa o tributo e a multa eventualmente aplicada.

Questão 90

Osvaldo, que foi notificado pelo fisco para o pagamento de um imposto de R$ 10.000,00 e multa de 20%, impugnou o lançamento e, no curso do processo, declarou-se devedor dos R$ 10.000,00 e requereu a exclusão da multa, por denúncia espontânea. Ainda no curso do processo, advieram duas leis: uma que alterou a alíquota da multa para o correspondente a 10%, e outra, posterior, que alterou a alíquota para 15%.

Nessa situação, o percentual de multa que Osvaldo terá de pagar é igual a

a) 0%.
b) 10%.
c) 15%.
d) 20%.

COMENTÁRIOS

Essa questão aborda dois temas do Direito Tributário: a denúncia espontânea, prevista no art. 138, e a retroatividade benigna, estipulada no art. 106, II, ambos do CTN.

A denúncia espontânea[3] consiste na possibilidade do contribuinte, espontaneamente, procurar o fisco, confessar a infração cometida e pagar o tributo e juros de mora eventualmente devidos. A denúncia espontânea afasta a aplicação de penalidades[4]. Ressalte-se que **não há falar em denúncia espontânea após o início de qualquer procedimento administrativo ou medida de fiscalização relacionados com a infração**. No caso em tela, Osvaldo perdeu a possibilidade de beneficiar-se do instituto da denúncia espontânea no momento em que foi notificado pelo fisco para o pagamento de imposto e multa.

Outro assunto exigido na questão é o tema da retroatividade benigna no Direito Tributário prevista no art. 106, II, alínea *c* do CTN, abaixo transcrita:

> *Art. 106. A lei aplica-se a ato ou fato pretérito:*
>
> *(...)*
>
> *II – tratando-se de ato não definitivamente julgado:*

3 Sobre a denúncia espontânea é importante conhecer a súmula 360 do STJ publicada em 08/09/2008: "o benefício da denúncia espontânea não se aplica aos tributos sujeitos a lançamento por homologação regularmente declarados, mas pagos a destempo".

4 Afasta, de acordo com a visão adotada pelo fisco, apenas a multa de ofício, remanescendo a multa de mora.

> (...)
>
> *c) quando lhe comine penalidade menos severa que a prevista na lei vigente ao tempo da sua prática.*

No caso em análise, Osvaldo recebeu uma multa de 20% e impugnou o lançamento. Posteriormente, uma lei, ainda no curso do processo, reduziu a multa para 10%. Essa lei posterior retroagirá, uma vez que o ato não estava definitivamente julgado (Osvaldo havia impugnado e estava no curso do processo) e a lei nova reduziu a penalidade (cominava penalidade menos severa). A lei superveniente, que majorou a multa de 10% para 15%, não será aplicada, uma vez que se a aplicássemos estaríamos admitindo a possibilidade de uma lei retroagir para majorar a multa, o que não é admitido pelo ordenamento jurídico.

Assim, o percentual de multa será de 10% e **a resposta, portanto, é a letra "B"**.

Nos estudos complementares 2, aprofundaremos a análise da retroatividade no Direito Tributário.

Questão 91

Acerca do sistema tributário nacional, assinale a opção incorreta.

a) Fere preceito constitucional a instituição de taxa sobre serviços de engenharia prestados por particulares.

b) Caso seja criado um território federal, caberá à União instituir o IPVA sobre os veículos licenciados no referido território.

c) Todos os impostos instituídos pela União têm caráter pessoal e são graduados segundo a capacidade econômica dos contribuintes.

d) As contribuições de intervenção no domínio econômico instituídas pela União não incidirão sobre receitas decorrentes de exportação.

COMENTÁRIOS

a) A alternativa "A" está correta. A Constituição Federal prevê a possibilidade de os entes políticos (União, Estados-Membros, Distrito Federal e Municípios) instituírem taxas em razão do exercício do poder de polícia ou prestação de serviços públicos singulares. Obviamente agrediria o texto constitucional a instituição de taxas em razão de serviços de engenharia prestados por particulares. A fundamentação está no art. 145 da CF, abaixo transcrito:

> *Art. 145. A União, os Estados, o Distrito Federal e os Municípios poderão instituir os seguintes tributos:*
>
> *(...)*
>
> *II – taxas, em razão do exercício do poder de polícia ou pela utilização, efetiva ou potencial, de serviços públicos específicos e divisíveis, prestados ao contribuinte ou postos a sua disposição;*

b) A alternativa "B" está correta. Dispõe o art. 147 da CF:

> *Art. 147. Competem à União, em Território Federal, os impostos estaduais e, se o Território não for dividido em Municípios, cumulativamente, os impostos municipais; ao Distrito Federal cabem os impostos municipais.*

Destaque-se que, caso seja criado um Território Federal, caberá à União instituir os impostos estaduais no Território Federal. Ora, como o IPVA é um imposto estadual, competirá à União instituir o IPVA sobre os veículos licenciados no referido território.

Anote-se ainda que o art. 147 introduz a possibilidade de a União instituir e, conseqüentemente, legislar sobre impostos estaduais e municipais. Atualmente, inexistem Territórios Federais no Brasil, entretanto, se um dia for criado um Território Federal, caberá à União fixar os impostos estaduais, e se os territórios não forem divididos em municípios, cumulativamente os impostos municipais.

	CRIADO UM TERRITÓRIO FEDERAL
IMPOSTOS ESTADUAIS	Competem à União
IMPOSTOS MUNICIPAIS	Competem à União, se o Território não for dividido em Municípios. Se o Território for dividido em Municípios, a competência será dos próprios Municípios existentes dentro dos territórios federais.

c) A **alternativa "C" é a incorreta**. Dispõe o § 1º do art. 145 da CF:

> *§ 1º – Sempre que possível, os impostos terão caráter pessoal e serão graduados segundo a capacidade econômica do contribuinte, facultado à administração tributária, especialmente para conferir efetividade a esses objetivos, identificar, respeitados os direitos individuais e nos termos da lei, o patrimônio, os rendimentos e as atividades econômicas do contribuinte.*

O comando constitucional é no sentido de o legislador atribuir um caráter pessoal aos impostos sempre que for viável. Assim, é incorreto afirmar que sempre os impostos terão caráter pessoal. O Imposto de Renda, por exemplo, tem caráter pessoal, pois leva em consideração uma série de atributos pessoais do contribuinte, tais como despesas com saúde, educação, número de dependentes etc. Os impostos aduaneiros, por seu turno, não apresentam caráter pessoal.

d) A alternativa "D" está correta e reproduz o inciso I, do § 2º do art. 149 da CF, abaixo transcrito:

> *Art. 149. Compete exclusivamente à União instituir contribuições sociais, de intervenção no domínio econômico e de interesse das categorias profissionais ou econômicas,*

como instrumento de sua atuação nas respectivas áreas, observado o disposto nos arts. 146, III, e 150, I e III, e sem prejuízo do previsto no art. 195, § 6º, relativamente às contribuições a que alude o dispositivo.

(...)

*§ 2º **As contribuições sociais e de intervenção no domínio econômico** de que trata o" caput" deste artigo:*

(...)

*I – **não incidirão sobre as receitas decorrentes de exportação**;* (destacamos)

Questão 92

Assinale a opção correta no que se refere aos impostos de competência dos municípios.

a) Um município que institui lei estabelecendo alíquotas progressivas para o imposto sobre a propriedade predial e territorial urbana (IPTU) em razão do valor do imóvel e, também, alíquotas diversas de acordo com o uso do imóvel, contraria dispositivo constitucional que, tendo como parâmetro o uso do bem imóvel, veda o estabelecimento de alíquotas diversas para o IPTU.

b) Considere-se um ato de compra e venda de bem imóvel localizado no DF, sendo o comprador domiciliado em Goiânia – GO e o vendedor, em Imperatriz – MA. Nesse caso, será devido ao DF o imposto sobre transmissão *inter vivos*, a qualquer título, por ato oneroso, de bem imóvel.

c) Compete à lei ordinária fixar as alíquotas mínimas do imposto sobre serviços de qualquer natureza (ISS), e à lei complementar, fixar as alíquotas máximas.

d) Considere-se que certo município edite lei excluindo o ISS sobre exportações de serviços para países da América Latina. Nesse caso, a lei municipal contraria o texto constitucional, pois apenas a Constituição Federal pode dispor acerca da exclusão da incidência do ISS sobre a exportação de serviços.

COMENTÁRIOS

a) A alternativa "A" está incorreta. A Emenda Constitucional nº 29 introduziu a possibilidade de o IPTU ser progressivo em razão do valor do imóvel e ter alíquotas diferentes de acordo com a localização e uso do imóvel.

Art. 156. Compete aos Municípios instituir impostos sobre:

*I – **propriedade predial e territorial urbana;***

(...)

§ 1º Sem prejuízo da progressividade no tempo a que se refere o art. 182, § 4º, inciso II, o imposto previsto no inciso I poderá:

*I – **ser progressivo em razão do valor do imóvel; e***

*II – **ter alíquotas diferentes de acordo com a localização e o uso do imóvel.***

(destacamos)

Atualmente, portanto, é perfeitamente possível o município estabelecer, por exemplo, uma alíquota de 0,2% para imóveis de até R$ 30.000,00 e uma alíquota de 0,5% para imóveis de valor superior a R$ 30.000,00. A seguir a ilustração gráfica da questão:

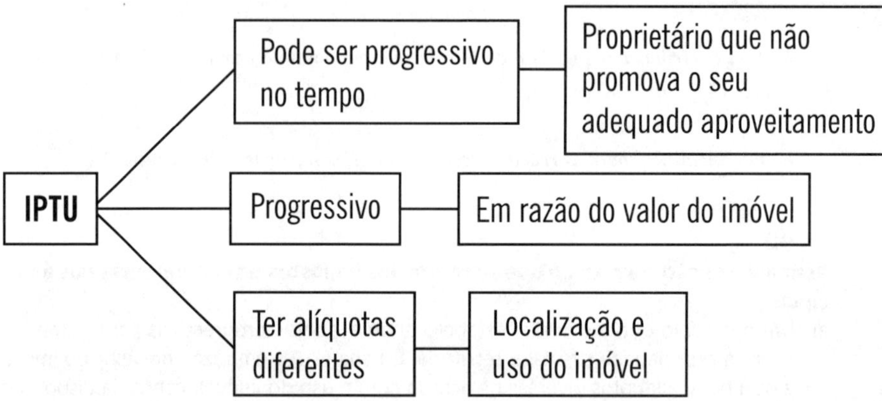

b) **A alternativa "B" é a correta**. O ITBI é um imposto de competência dos Municípios e do Distrito Federal. O ente político competente (Município ou Distrito Federal) será aquele em que estiver localizado o bem imóvel. No caso em análise, o ITBI será devido ao Distrito Federal, uma vez que o bem imóvel localiza-se no Distrito Federal. O assunto está disciplinado no art. 156 da CF:

> *Art. 156. Compete aos Municípios instituir impostos sobre:*
> (...)
> II – *transmissão "inter vivos", a qualquer título, por ato oneroso, de bens imóveis, por natureza ou acessão física, e de direitos reais sobre imóveis, exceto os de garantia, bem como cessão de direitos a sua aquisição;*
> (...)
> *§ 2º O imposto previsto no inciso II:* **(O ITBI)**
> (...)
> ***II – compete ao Município da situação do bem.*** (destacamos)

O gráfico seguinte resume essa idéia;

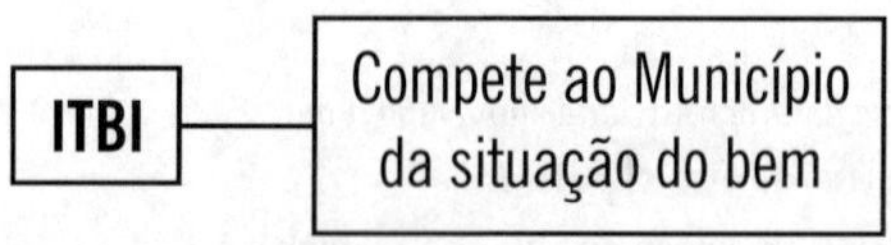

c) A alternativa "C" está incorreta, uma vez que cabe a uma lei complementar federal fixar as alíquotas máxima e mínima do ISS.

d) A alternativa "D" está incorreta, uma vez que cabe a uma lei complementar federal dispor acerca da exclusão da incidência do ISS sobre a exportação de serviços.

Questão 93

Suponha-se que determinada sociedade limitada, estando em débito com a fazenda pública estadual em razão do não recolhimento do imposto sobre operações referentes à circulação de mercadorias relativa aos dois últimos anos, promova o parcelamento do valor devido. Nessa situação, o parcelamento

a) extingue o crédito tributário.
b) suspende a exigibilidade do crédito tributário.
c) concede remissão ao crédito tributário.
d) exclui o crédito tributário.

COMENTÁRIOS

O parcelamento suspende a exigibilidade do crédito tributário, conforme prevê o art. 151 do CTN. O **gabarito, portanto, é a letra B**. O CESPE tem sempre demandado em suas provas a identificação das modalidades de suspensão da exigibilidade do crédito tributário, as modalidades de extinção e as modalidades de exclusão do crédito tributário. Na questão 93 da prova 2006-1 disponibilizamos uma tabela com as modalidades de suspensão da exigibilidade do crédito tributário, de extinção de crédito tributário e de exclusão do crédito tributário, previstas nos arts. 151, 156 e 175 do Código Tributário Nacional. Apresento agora uma tabela apenas com as modalidades de suspensão da exigibilidade do crédito tributário e de exclusão do crédito tributário:

CRÉDITO TRIBUTÁRIO

SUSPENSÃO (art. 151)	EXCLUSÃO (art. 175)
Moratória	Anistia
Depósito de seu montante integral	Isenção
Reclamações e recursos	
Concessão de liminar em mandado de segurança	
Tutela antecipada	
Parcelamento	
NÃO DISPENSA OTA*	NÃO DISPENSA OTA*
INTERPRETA-SE LITERALMENTTE	INTERPRETA-SE LITERALMENTE

* OTA: Obrigação Tributária Acessória

É importante destacar as seguintes informações contidas no quadro acima:

1) As modalidades de suspensão da exigibilidade do crédito tributário e de exclusão do crédito tributário não dispensam o cumprimento das obrigações tributárias acessórias. Assim, por exemplo, o contribuinte pode ser isento e estar obrigado a cumprir inúmeras obrigações acessórias. O contribuinte pode vender uma mercadoria isenta e ter obrigação de emitir a nota fiscal, o contribuinte pode ser isento do imposto de renda e estar obrigado a entregar a declaração de isenção.
2) As modalidades de suspensão da exigibilidade do crédito tributário e de exclusão do crédito tributário interpretam-se literalmente, conforme estabelece o art. 111 do CTN

Questão 94

Considere-se que a União conceda anistia tributária abrangendo infrações cometidas por pessoas jurídicas domiciliadas em certa região brasileira, em razão de condições que lhes são peculiares. Nessa situação hipotética e de acordo com as normas atinentes ao crédito tributário, assinale a opção correta.

a) A anistia abrange as infrações administrativas e as contravenções penais cometidas pelas pessoas jurídicas beneficiadas.
b) Não se aplica a anistia às infrações cometidas anteriormente à vigência da lei.
c) Não se aplica a anistia a atos praticados com simulação pelas pessoas jurídicas beneficiadas.
d) A lei concessiva da anistia abrange, também, as infrações cometidas com dolo ou culpa pelas pessoas jurídicas beneficiadas.

COMENTÁRIOS

Dispõe o art. 180 do Código Tributário Nacional (CTN):

> *Art. 180. A anistia abrange exclusivamente as infrações cometidas anteriormente à vigência da lei que a concede, não se aplicando:*
>
> *I – aos atos qualificados em lei como crimes ou contravenções e aos que, mesmo sem essa qualificação, sejam praticados com dolo, fraude ou simulação pelo sujeito passivo ou por terceiro em benefício daquele;*
>
> *II – salvo disposição em contrário, às infrações resultantes de conluio entre duas ou mais pessoas naturais ou jurídicas.*

Da leitura do artigo supracitado, chega-se às seguintes conclusões:

a) A alternativa "A" está incorreta, pois a anistia não se aplica aos atos qualificados em lei como crimes ou contravenções.
b) A alternativa "B" também está incorreta, uma vez que a anistia somente se aplica às infrações cometidas anteriormente à vigência da lei. Essa regra não tem ressalva. A anistia sempre se aplica somente às infrações cometidas an-

teriormente à vigência da lei que a concede. Essa característica faz parte da essência do próprio instituto. A anistia é o perdão de uma infração cometida. A infração foi cometida e deixa-se de aplicar uma multa em função de uma anistia concedida pela lei. Lembre-se que quem perdoa, perdoa o passado.

c) A **alternativa "C" é a correta**, visto que a anistia não se aplica a atos praticados com simulação pelas pessoas jurídicas beneficiadas.

d) A alternativa "D" está incorreta, umas vez que a lei concessiva da anistia não abrange as infrações cometidas com dolo.

GRÁFICO DA QUESTÃO

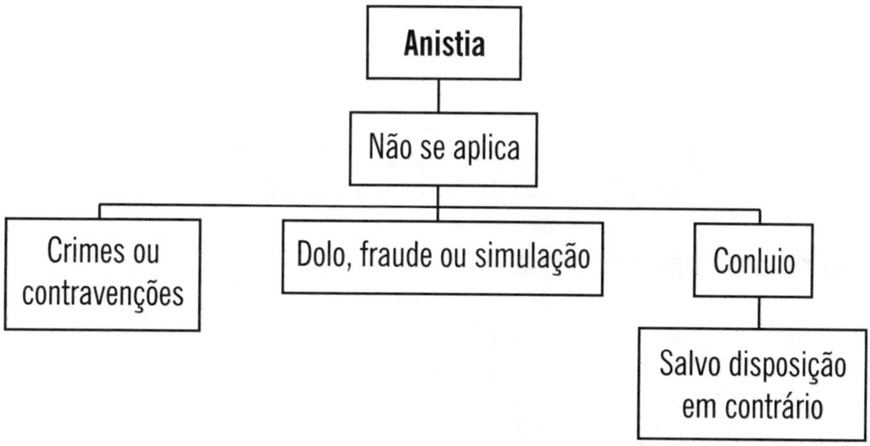

Questão 95

O imposto sobre produtos industrializados, de competência da União, não incide sobre

a) importação de produtos industrializados.

b) arrematação de produtos industrializados apreendidos e levados a leilão.

c) o retorno de mercadoria industrializada anteriormente exportada, independentemente do motivo do retorno.

d) a exportação de produtos industrializados.

COMENTÁRIOS

Mais uma questão extremamente fácil. O imposto sobre produtos industrializados não incide na exportação de produtos industrializados, portanto **o gabarito é a letra D**.

São as seguintes as principais características constitucionais do IPI:

É seletivo, em função da essencialidade do produto
É não-cumulativo
Não incide sobre produtos industrializados destinados ao exterior
Terá reduzido seu impacto sobre a aquisição de bens de capital pelo contribuinte do imposto, na forma da lei.

Cotejando as principais características do IPI e do ICMS, pode-se construir o seguinte gráfico:

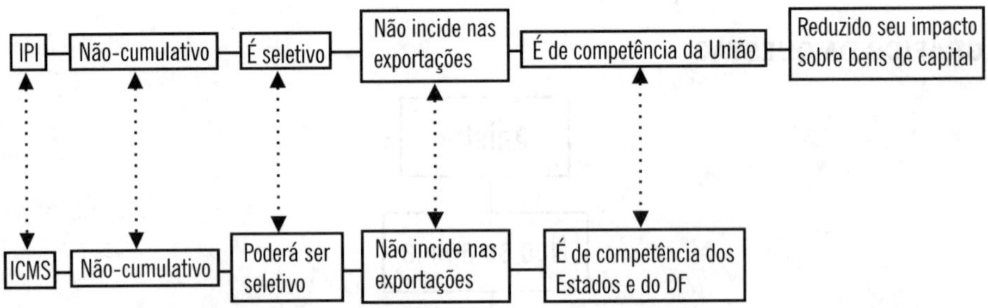

GABARITO DA PROVA 2007-3

86. C	90. B	93. B
87. D	91. C	94. C
88. A	92. B	95. D
89. C		

ESTUDOS COMPLEMENTARES

1 – O PRINCÍPIO DA LEGALIDADE, ANTERIORIDADE E NOVENTENA

Estudaremos o princípio da legalidade, da anterioridade e da noventena. Esse tema constitui, sem dúvida, um dos mais requisitados por todas as bancas examinadoras, particularmente no que diz respeito às exceções a esses princípios.

O princípio da legalidade está previsto no art. 150, I, da CF, que veda à União, aos Estados, ao Distrito Federal e aos Municípios exigir ou aumentar tributo sem lei que o estabeleça.

No que diz respeito à criação do tributo, a CF não estabeleceu ressalvas. Todo tributo tem de ser criado por lei ou medida provisória (pode-se aplicar à medida provisória o que disse Pontes de Miranda sobre o decreto-lei: é uma lei sob condição resolutória). Não existe exceção a essa regra.

Entretanto, no que se refere à majoração do tributo a CF estabeleceu algumas ressalvas.

De fato, o § 1º do art. 153 da CF faculta ao Poder Executivo, atendidas as condições e os limites estabelecidos em lei, alterar as alíquotas dos seguintes impostos: imposto de importação de produtos estrangeiros (II); imposto de exportação, para o exterior, de produtos nacionais ou nacionalizados (IE); imposto sobre produtos industrializados (IPI); imposto sobre operações de crédito, câmbio e seguro, ou relativas a títulos ou valores mobiliários (IOF).

Assim, por exemplo, se o Presidente da República decidisse alterar a alíquota do II através de decreto, essa medida estaria em perfeita harmonia com a CF. Na verdade, o STF decidiu (RE 225.655) que as alíquotas dos referidos impostos podem ser alteradas até mesmo por portaria ministerial.

Essas ressalvas foram previstas pelo Poder Constituinte Originário (Poder Constituinte Originário é aquele que elabora a nova Constituição) e vêm sendo exigidas em provas, desde 1988. Vejamos algumas questões de concurso explorando o tema:

(AFTN/91 – ESAF) O poder executivo, atendidas as condições e os limites estabelecidos em lei, pode alterar as alíquotas dos seguintes tributos:

a) IR, IPI, II e IE
b) ITR, IOF, II e IE
c) IOF, IPI, II e IE
d) II, IE, ICMS e ISS
e) Empréstimo Compulsório, II, IE, IPI

COMENTÁRIOS

A resposta é a letra C. A ESAF explorou esse tema dezenas de vezes em suas provas. Observe a questão seguinte para Auditor Fiscal da Receita Federal de 1996, que é praticamente igual à questão de 1991.

(AFTN/96 – Esaf) O princípio da legalidade não se aplica, em toda a sua extensão

a) aos impostos de importação e exportação, imposto sobre produtos industrializados e imposto extraordinário decorrente de guerra.
b) aos impostos de importação e exportação, ao imposto sobre produtos industrializados e ao impostos sobre operações financeiras.
c) às taxas e contribuições de melhoria.
d) aos impostos de importação e exportação, imposto sobre produtos industrializados e imposto extraordinário de guerra.
e) às taxas e contribuições sociais.

COMENTÁRIOS

A resposta é a letra B, que reproduz as ressalvas previstas no § 1º do art. 153 da CF.

Além dessas quatro ressalvas, o Poder Constituinte derivado, mediante a Emenda Constitucional nº 33, introduziu mais duas ressalvas. Uma diz respeito ao ICMS monofásico incidente sobre combustíveis e lubrificantes previstos em lei complementar (art. 155, § 4º, IV, *c*) e outra é relativa à contribuição de intervenção no domínio econômico sobre o setor de combustíveis cuja alíquota pode ser reduzida e restabelecida por ato do Poder Executivo (art. 177, § 4º, I, *b*).

No caso do denominado **ICMS-Combustíveis**, a CF dispõe que cabe a uma lei complementar definir os combustíveis e lubrificantes sobre os quais o imposto (ICMS) incidirá uma única vez, qualquer que seja a sua finalidade. As alíquotas do ICMS incidente sobre esses combustíveis, especificados em lei complementar, serão definidas por deliberação dos Estados e Distrito Federal. Ou, explicando em outras palavras, os estados e o DF, mediante convênio, definem as alíquotas do ICMS incidente sobre combustíveis especificados em lei complementar e essa definição da alíquota do imposto mediante convênio configura uma exceção ao princípio da legalidade. Nessa hipótese, **o convênio pode definir e modificar as alíquotas sem a necessidade de lei.**

A exceção ao princípio da legalidade da **CIDE-Combustíveis** é menos abrangente. A alíquota da contribuição de intervenção no domínio econômico relativa às atividades de importação ou comercialização de petróleo e seus derivados, gás natural e seus derivados e álcool combustível poderá ser reduzida e restabelecida por ato do Poder Executivo. Ou seja, **a exceção à legalidade**, nesse caso,

consiste apenas na possibilidade de o Poder Executivo reduzir a alíquota e restabelecê-la ao limite máximo fixado pela lei. Entretanto, a alíquota foi fixada inicialmente mediante lei.

É didático resumir as **exceções ao princípio da legalidade** na tabela abaixo:

II
IE
IOF
IPI
ICMS-Combustíveis
CIDE-Combustíveis

Observe a relação existente entre a finalidade extrafiscal do imposto e a maior liberdade conferida ao Poder Executivo para alterar suas alíquotas[5].

Os impostos aduaneiros (II e IE) sempre apresentaram uma forte função extrafiscal.

Se, por exemplo, existe uma ameaça inflacionária, o Poder Público poderá reduzir a alíquota do imposto de importação visando possibilitar a concorrência dos produtos estrangeiros. Da mesma forma, se existe uma crise de abastecimento interno de determinados produtos alimentícios, o Poder Público poderá majorar a alíquota do imposto de exportação para redirecionar os produtos alimentícios para o mercado interno.

O IOF também é usualmente utilizado como instrumento de política macroeconômica. Se o Governo identifica uma ameaça inflacionária oriunda do elevado grau de demanda (os agentes econômicos estão comprando muito devido às vendas financiadas pelas instituições financeiras) o Poder Público eleva a alíquotas do IOF incidente sobre operações de crédito, tornando mais onerosa a compra.

O IPI apresenta objetivos extrafiscais, mas a sua função arrecadatória também é muito relevante.

Os impostos sobre o comércio exterior (II e IE) e o IOF são exceções ao princípio da legalidade, da anterioridade e da noventena.

5 A função fiscal do tributo relaciona-se com o objetivo de levar dinheiro aos cofres públicos, enquanto a função extrafiscal vincula-se à intervenção na atividade econômica ou ao alcance de outros objetivos não relacionados com a arrecadação de recursos para o Tesouro.

Os princípios da anterioridade e da noventena vinculam-se à idéia da segurança jurídica. Objetivam proteger o contribuinte contra surpresas desagradáveis.

O **princípio da anterioridade** veda (proíbe) que se cobre tributo no mesmo exercício financeiro em que haja sido publicada a lei que o instituiu ou aumentou. Assim, por exemplo, se uma lei que cria ou aumenta o tributo é publicada em 2008, o tributo criado ou majorado somente poderá ser cobrado em 2009[6].

O princípio da anterioridade se revela muito frágil quando a lei é publicada no finalzinho do ano e o tributo já pode ser cobrado no dia 1º de janeiro do ano seguinte.

Identificada essa fraqueza do princípio da anterioridade, a Emenda Constitucional nº 42 introduziu o **princípio da noventena**, que veda a cobrança de tributos antes de decorridos noventa dias da data em que haja sido publicada a lei que os instituiu ou aumentou[7].

Os princípios da anterioridade e da noventena, como já falamos, apresentam várias exceções. Essas exceções estão sempre presentes nas provas. Aconselho a memorizá-las dividindo-as em três grupos.

O primeiro grupo é composto dos tributos que são exceções ao princípio da anterioridade e da noventena. Esses tributos podem ser cobrados imediatamente, uma vez que não obedecem nem ao princípio da anterioridade nem ao princípio da noventena.

II, IE, IOF
IG (Imp. de Guerra)
Emp. Comp.- DE[8]

Considerando que os impostos aduaneiros (imposto de importação e exportação) e o IOF apresentam uma relevante função de intervenção na atividade econômica (objetivo extrafiscal forte), o constituinte procurou conferir maior

6 Não há confundir anterioridade com anualidade. A anualidade exigia que o tributo estivesse previsto no orçamento. Atualmente não se aplica mais a exigência da anualidade no Direito Tributário.

7 Reproduzo agora uma pergunta feita em uma prova oral de Direito Tributário: qual o princípio que garante uma maior proteção contra a não-surpresa, o princípio da anterioridade ou o princípio da noventena? Resposta correta: Depende, se a lei for publicada no início do ano, o princípio da anterioridade assegura um lapso temporal maior, entretanto, se a lei for publicada no final do ano, a regra da noventena garante uma proteção mais efetiva.

8 Empréstimo Compulsório para despesa extraordinária decorrente de calamidade pública, guerra externa ou sua iminência.

liberdade ao Poder Executivo e estabeleceu a possibilidade de cobrança imediata desses impostos, no caso de instituição ou majoração[9].

O Imposto Extraordinário de Guerra e o Empréstimo Compulsório para despesa extraordinária decorrente de calamidade pública, guerra externa ou sua iminência também podem ser cobrados imediatamente. Aliás, não é necessário muito raciocínio para compreender que seria inviável estabelecer a necessidade de um lapso temporal nessas situações de guerra externa ou calamidade pública.

Convido-os agora a uma reflexão sobre o Empréstimo Compulsório.

O Empréstimo Compulsório é um tributo peculiar. É um tributo restituível. A União institui e cobra, mas terá de restituir no futuro o valor arrecadado do contribuinte. Observe que o Empréstimo do Direito Civil é voluntário. A pessoa empresta se quiser. No Direito Tributário, o Empréstimo Compulsório, desculpe a redundância, é obrigatório e, uma vez instituído, o contribuinte é obrigado a emprestar.

Existem duas modalidades de empréstimo compulsório[10]: O empréstimo compulsório para despesa extraordinária decorrente de calamidade pública, guerra externa ou sua iminência e o empréstimo para investimento público de caráter urgente e relevante interesse nacional. O empréstimo compulsório para despesa extraordinária é exceção ao princípio da anterioridade e da noventena. Assim, por exemplo, se o Brasil estiver na iminência de uma guerra com a Argentina, a União poderia instituir através de lei complementar um empréstimo compulsório e cobrar imediatamente os valores do contribuinte.

Entretanto, se a União instituísse em maio de 2008 um empréstimo compulsório para financiar um investimento público de caráter urgente e relevante interesse nacional, os valores somente poderiam ser cobrados em 1º de janeiro de 2009. Acompanhe que o constituinte, ao mesmo tempo que disse que o empréstimo compulsório para investimento público precisa ter caráter urgente, não o excepcionou da obrigação de respeitar o princípio da anterioridade e da noventena, o que, sem dúvida, demonstra uma certa incoerência. O gráfico seguinte resume essa idéia:

---

9 Anote-se, entretanto, que esses impostos (particularmente o II e o IOF) apresentam também uma função arrecadatória. Um exemplo disso ocorreu recentemente. O Presidente Lula, visando compensar a perda da arrecadação com o fim da CPMF, majorou a alíquota do IOF.

10 Não foi recepcionado pela Constituição de 1988 o inciso III do art. 15 do CTN, que estipulava a possibilidade de a União instituir empréstimo compulsório para absorção temporária do poder aquisitivo. Assim, após a CF de 1988, a União não pode criar empréstimo compulsório para absorção temporária do poder aquisitivo. Não é à toa, portanto, que após a Constituição de 1988 a União nunca criou um empréstimo compulsório,

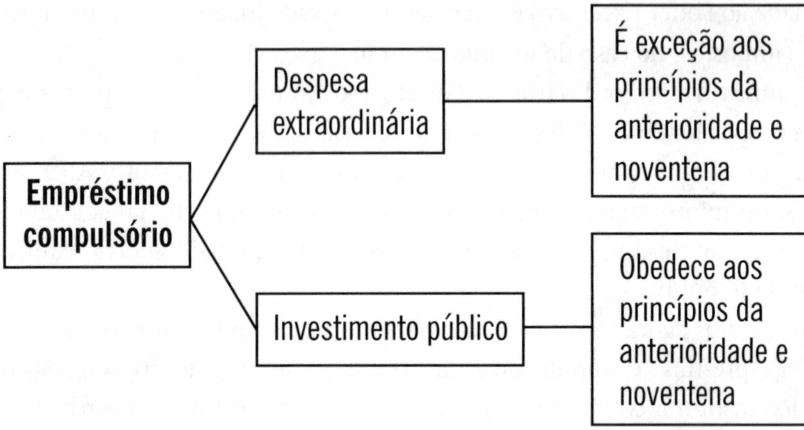

Pode-se afirmar, portanto, que existem duas modalidades de empréstimo compulsório e somente uma modalidade constitui exceção ao princípio da anterioridade e da noventena. Está errada, portanto, uma assertiva que afirme genericamente que o empréstimo compulsório é uma exceção ao princípio da anterioridade e da noventena.

Voltando à questão da memorização das exceções. É fácil memorizar os tributos que constituem exceções ao princípio da anterioridade e da noventena simultaneamente. Os três primeiros impostos formam praticamente uma nota musical (II, IE, IOF), em seguida temos o Imposto de Guerra[11] (não teria sentido impor um lapso temporal para o imposto de guerra) e o Empréstimo Compulsório[12] para despesa extraordinária decorrente de calamidade pública, guerra externa ou sua iminência.

O segundo grupo é composto daqueles tributos que são exceções ao princípio da anterioridade, mas obedecem ao princípio da noventena.

IPI
ICMS-Combustíveis
CIDE-Combustíveis
Contribuições de Seguridade Social

11 O Imposto de Guerra está previsto no inciso II do art. 154 da CF: "Art. 154. A União poderá instituir: (...) II – na iminência ou no caso de guerra externa, impostos extraordinários, compreendidos ou não em sua competência tributária, os quais serão suprimidos, gradativamente, cessadas as causas de sua criação".

12 O empréstimo compulsório está previsto no art. 148 da CF e apresenta as seguintes características: É um tributo restituível (é um empréstimo); é de competência exclusiva da União; somente pode ser instituído por lei complementar; está vinculado a despesa que fundamentou a sua instituição; é um tributo dividido em duas modalidades.

Assim, por exemplo, um decreto, em maio de 2008, aumenta a alíquota do IPI, essa majoração produzirá efeitos depois de noventa dias. Observe que não é necessário aguardar o 1º dia do exercício seguinte (o IPI é uma exceção ao princípio da anterioridade), mas é necessário esperar 90 dias.

O ICMS combustível também é exceção ao princípio da anterioridade, conforme estabelece o art. 155, § 4º, IV, *c*, da CF. É importante compreender o que estou designando como ICMS combustível. A CF dispõe que cabe a uma lei complementar definir os combustíveis e lubrificantes sobre os quais o imposto (ICMS) incidirá uma única vez, qualquer que seja a sua finalidade. Nesse caso, as alíquotas do ICMS incidente sobre esses combustíveis poderão ser reduzidas e restabelecidas sem a necessidade de obediência ao princípio da anterioridade. A exceção à anterioridade consiste no restabelecimento de alíquotas.

A CIDE-Combustíveis configura igualmente exceção ao princípio da anterioridade, consoante prevê o art. 177, § 4º, I, *b*. Da mesma forma que o ICMS-Combustíveis, a exceção da CIDE-Combustíveis ao princípio da anterioridade consiste apenas no restabelecimento de alíquotas[13].

As contribuições de seguridade social também constituem exceção ao princípio da anterioridade e igualmente obedecem ao princípio da noventena, conforme prevê o § 6º do art. 195 da CF:

> *§ 6º As contribuições sociais de que trata este artigo só poderão ser exigidas após decorridos noventa dias da data da publicação da lei que as houver instituído ou modificado, não se lhes aplicando o disposto no art. 150, III, "b".*

O terceiro grupo é composto daqueles tributos que são exceções ao princípio da noventena, mas obedecem ao princípio da anterioridade:

IR
BC do IPTU e IPVA

Assim, por exemplo, uma lei, publicada em 31 de dezembro de 2008, aumenta a alíquota do Imposto de Renda. Essa majoração da alíquota produzirá efeitos em 1º de janeiro de 2009, uma vez que o imposto de renda obedece apenas ao princípio da anterioridade, mas não se submete ao princípio da noventena.

13 Ressalte-se que a exceção ao princípio da legalidade do ICMS-Combustíveis é mais abrangente que a exceção ao princípio da legalidade da CIDE-Combustíveis. Entretanto, no que se refere ao princípio da anterioridade, a exceção do ICMS-Combustíveis e a da CIDE-Combustíveis consistem igualmente na possibilidade do restabelecimento de alíquotas produzir efeitos no mesmo exercício financeiro, sem precisar aguardar o exercício financeiro seguinte.

A fixação da base de cálculo do IPTU e do IPVA também são exceções ao princípio da noventena.

O gráfico seguinte sintetiza os três grupos de exceções:

GRÁFICO DAS EXCEÇÕES

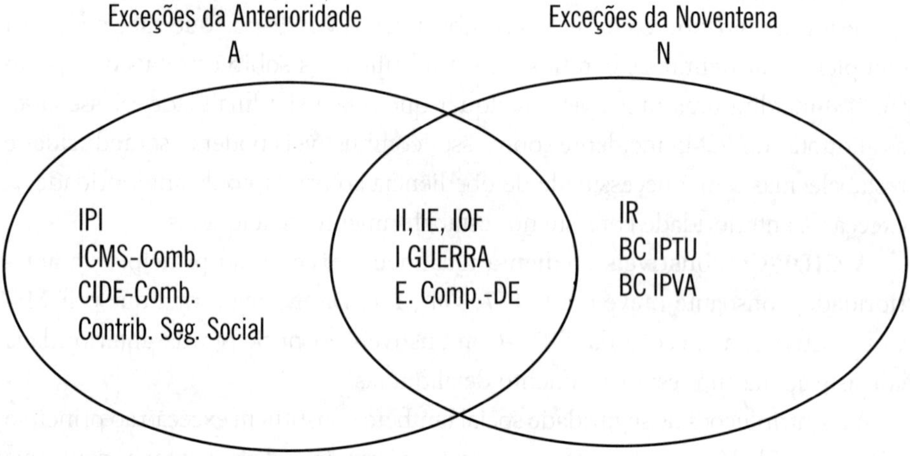

A área de interseção está composta de tributos que são exceções ao princípio da anterioridade e da noventena (II, IE, IOF, I Guerra, E. Comp-DE). Memorize primeiro esse grupo.

As exceções apenas ao princípio da noventena estão situadas na parte direita da circunferência N (IR e fixação da BC do IPTU e IPVA). Esses tributos obedecem ao princípio da anterioridade e não obedecem ao princípio da noventena. Observe que também não é difícil memorizar esse grupo, uma vez que é composto apenas do Imposto de Renda e da fixação da base de cálculo do IPTU e do IPVA.

As exceções apenas ao princípio da anterioridade estão situadas na parte esquerda da circunferência A (IPI, ICMS-Comb., CIDE-Comb., Contribuição de Seguridade Social). Esses tributos obedecem ao princípio da noventena e não obedecem ao princípio da anterioridade.

É importante destacar que se conhecendo esse gráfico com as exceções da anterioridade e da noventena, visualizam-se também facilmente as exceções ao princípio da legalidade (II, IE, IOF, IPI, ICMS-Comb. e CIDE-Comb.).

O gráfico apresentado facilita a memorização. Entretanto, apenas para esclarecer qualquer dúvida, apresento três tabelas com as exceções aos princípios da legalidade, anterioridade e noventena.

EXCEÇÕES AO PRINCÍPIO DA LEGALIDADE
II (Imposto de Importação)
IE (Imposto de Exportação)
IOF (Imposto s/ Operações Financeiras)
IPI (Imposto s/ Produtos Industrializados)
ICMS-Combustíveis
CIDE-Combustíveis

II, IE, IOF, IPI

1) A exceção à legalidade consiste na possibilidade de o Poder Executivo, atendidas as condições e os limites estabelecidos em lei, alterar as alíquotas desses impostos.

ICMS-Combustíveis

1) Cabe a uma lei complementar definir os combustíveis e lubrificantes sobre os quais o imposto (ICMS) incidirá uma única vez, qualquer que seja a sua finalidade.
2) As alíquotas do ICMS incidente sobre esses combustíveis, definidos em lei complementar, serão estabelecidas mediante deliberação dos Estados e Distrito Federal (convênio). Nessa hipótese, **o convênio pode definir e modificar as alíquotas sem a necessidade de lei.**

CIDE-Combustíveis

1) A alíquota da contribuição de intervenção no domínio econômico relativa às atividades de importação ou comercialização de petróleo e seus derivados, gás natural e seus derivados e álcool combustível poderá ser reduzida e restabelecida por ato do Poder Executivo. Ou seja, a exceção à legalidade, nesse caso, consiste apenas na possibilidade de o Poder Executivo reduzir a alíquota e restabelecer a alíquota ao limite máximo fixado pela lei. Entretanto, a alíquota foi fixada inicialmente mediante lei. Veja que a exceção ao princípio da legalidade da CIDE-Combustíveis é menos abrangente do que a exceção ao princípio da legalidade do ICMS-combustíveis.

EXCEÇÕES AO PRINCÍPIO DA ANTERIORIDADE
II (Imposto de Importação)
IE (Imposto de Exportação)
IOF (Imposto s/ Operações Financeiras)
Imposto de Guerra
Empréstimo Compulsório para Despesa Extraordinária
IPI (Imposto s/ Produtos Industrializados)
ICMS-Combustíveis
CIDE-Combustíveis
Contribuição de Seguridade Social

1) Todos os tributos que são exceções ao princípio da legalidade são também exceções ao princípio da anterioridade, mas nem todos os que constituem exceção à anterioridade são também exceção à legalidade (as exceções ao princípio da anterioridade são mais extensas).

2) A exceção ao princípio da legalidade do ICMS-Combustíveis é mais abrangente que a exceção ao princípio da legalidade da CIDE-Combustíveis. Entretanto, no que se refere ao princípio da anterioridade, as exceções do ICMS-Combustíveis e da CIDE-Combustíveis consistem igualmente na possibilidade de o restabelecimento de alíquotas produzir efeitos no mesmo exercício financeiro, sem precisar aguardar o exercício financeiro seguinte.

EXCEÇÕES AO PRINCÍPIO DA NOVENTENA
II (Imposto de Importação)
IE (Imposto de Exportação)
IOF (Imposto s/ Operações Financeiras)
Imposto de Guerra
Empréstimo Compulsório para Despesa Extraordinária
Fixação da Base de Cálculo do IPTU
Fixação da Base de Cálculo do IPVA
Imposto de Renda

ESTUDOS COMPLEMENTARES

2 – LEIS RETROATIVAS NO DIREITO TRIBUTÁRIO

Inicio o estudo da retroatividade das leis tributárias com a seguinte indagação: "as leis tributárias retroagem para beneficiar o contribuinte, da mesma forma que a lei penal retroage para beneficiar o réu?".

Aproveitarei essa indagação para comentar os casos de retroatividade no Direito Tributário.

Inicialmente alerto que a confusão é usual devido a uma idéia equivocada que o aluno assimila. A idéia equivocada pode ser resumida na frase seguinte: "da mesma forma que no direito penal a lei benéfica retroage para beneficiar o réu, no direito tributário a lei benéfica retroage para beneficiar o contribuinte".

Assim, é importante deixar bem claro que, enquanto no direito penal a retroatividade benigna é a regra, no direito tributário a lei nova somente retroagirá para beneficiar o contribuinte em casos muito específicos.

O seguinte exemplo ilustra a regra da irretroatividade da lei tributária: um Auditor da Receita Federal vai realizar, em 2007, uma auditoria do Imposto de Renda numa empresa referente ao ano-calendário de 2004. Em 2006 a lei do imposto de renda foi alterada reduzindo a alíquota do imposto de renda. Nesse caso, a lei nova que diminuiu a alíquota do imposto de renda não retroagirá para beneficiar o contribuinte, e o fiscal deverá aplicar a lei da época do fato gerador.

A Esaf sempre veicula esse tema em suas provas, como se constata na questão seguinte: (ESAF/TRF/2000) Uma nova lei do imposto de renda, reduzindo a alíquota de um imposto, entrou em vigor e há uma exigência tributária relativa a fatos ocorridos antes dessa lei. O lançamento do imposto deve levar em consideração a lei nova.

GABARITO: Falsa (Obviamente que a assertiva é falsa, uma vez que a lei tributária que reduz o tributo não retroage).

O CESPE também demanda esse assunto em suas provas: (CESPE/TJ-MT/2004) O princípio tributário da irretroatividade da lei, conforme disciplina legal, configura uma versão do princípio penal do mesmo nome, com as mesmas especificidades que ocorrem no direito tributário. GABARITO: Errada (conforme afirmei, a retroatividade da lei benéfica no Direito Penal é a regra, ao passo que no Direito Tributário é exceção).

Outro exemplo com uma questão da Esaf: (Esaf/AFTE-MG-2005) A lei tributária é aplicada a fato anterior à sua vigência quando extinguir tributo, já que vem em benefício do contribuinte. GABARITO: Falsa (A assertiva é falsa, uma vez que a lei tributária que extingue tributos não retroage).

Fixada a regra geral da irretroatividade da lei tributária, estudaremos os casos particulares em que a lei tributária retroage. O assunto está disciplinado no art. 106 do Código Tributário Nacional (CTN), que prevê duas modalidades de retroatividade: a retroatividade interpretativa (art. 106, I) e a retroatividade benigna (art. 106, II).

> *Art. 106. A lei aplica-se a ato ou fato pretérito:*
>
> *I – em qualquer caso, quando seja expressamente interpretativa, excluída a aplicação de penalidade à infração dos dispositivos interpretados;*
>
> *II – tratando-se de ato não definitivamente julgado:*
>
> *a) quando deixe de defini-lo como infração;*
>
> *b) quando deixe de tratá-lo como contrário a qualquer exigência de ação ou omissão, desde que não tenha sido fraudulento e não tenha implicado em falta de pagamento de tributo;*
>
> *c) quando lhe comine penalidade menos severa que a prevista na lei vigente ao tempo da sua prática.*

O inciso I trata da retroatividade interpretativa. Ocorrerá quando uma lei 2, posterior, surge para interpretar uma lei 1, anterior. É a denominada interpretação autêntica. Leia uma questão fácil da Esaf sobre retroatividade interpretativa lembrada na prova de Auditor de MG de 2005:

"A lei tributária aplica-se ao ato ou fato tributário, quando for interpretativa, ressalvadas as hipóteses em que redundar na aplicação de penalidade". Naturalmente a assertiva está correta e é quase um reprodução do art. 106, I.

O inciso II cuida da retroatividade benigna. Observa-se inicialmente que ela **somente se aplica às infrações e suas penalidades**. Como já foi explicitado, não há falar em retroatividade da lei que verse sobre o tributo.

Verifica-se ainda que a retroatividade benigna da lei nova que versa sobre infrações e penalidade somente existirá quando o ato não estiver definitivamente julgado. Assim, ilustrando:

Momento 1: foi aplicada com base na lei 1 uma multa de 75% ao contribuinte.

Momento 2: o contribuinte impugnou a multa.

Momento 3: entrou em vigor uma lei reduzindo a multa de 75% para 50%.

Conclusão: essa lei nova retroagirá beneficiando o contribuinte, uma vez que a lei nova lhe cominou penalidade menos severa e o caso ainda estava sendo discutido (não estava definitivamente julgado).

A lei nova não se aplicaria se o caso já estivesse encerrado. Por exemplo, o contribuinte foi multado, pagou a multa e posteriormente surge uma lei nova que reduz a multa. Nesse caso, o contribuinte não será beneficiado com a redução. Não prosperará, por conseguinte, qualquer pedido de restituição.

Resolva agora três questões de concursos para exercitar.

(FCC/Auditor Fiscal Municipal São Paulo/2007)

A aplicação da lei a ato ou fato pretérito

a) não ocorrerá em hipótese alguma.
b) ocorrerá sempre que houver previsão para sua retroatividade, em lei ordinária, e forem observados os princípios da anterioridade e da "noventena".
c) ocorrerá sempre que houver previsão para sua retroatividade, em lei complementar, e forem observados os princípios da anterioridade e da "noventena".
d) ocorrerá, em qualquer caso, quando deixar de definir o ato como infração.
e) ocorrerá, tratando-se de ato não definitivamente julgado, quando deixar de defini-lo como infração.

COMENTÁRIOS

O **gabarito é a alternativa** "E". A Fundação Carlos Chagas, como é habitual em suas provas, apenas transcreveu o art. 106, II, alínea *a*, do CTN[14]. Demandou, portanto, a literalidade do CTN.

(CESPE/Sefaz-AL/2002)

A lei aplica-se a fato pretérito sempre que lhe comine penalidade menos severa que a prevista na lei vigente ao tempo de sua prática.

COMENTÁRIOS:

A lei que lhe comine penalidade menos severa somente se aplicará a fato pretérito se o ato não estiver definitivamente julgado. Portanto, a assertiva está **errada**.

(CESPE/Titular de Serviços Notariais do TJDF/2000)

Considere a seguinte situação hipotética: Um contribuinte foi autuado pelo não pagamento de tributo e, no caso, a multa legalmente aplicada era de 75% do valor do tributo. O contribuinte, inconformado, recorreu na via administrativa. No curso do processo administrativo tributário sobreveio lei dispondo que, em casos como o correspondente àquela situação, a multa cabível seria de 50%. Nessa situação, não obstante o princípio da irretroatividade das leis e da proteção constitucional ao ato jurídico perfeito, a multa devida pelo contribuinte deveria ser recalculada segundo os parâmetros da nova lei.

---

14 Não estou criticando a FCC por transcrever artigos da lei. É preferível copiar a literalidade da lei e fazer questões claras e completas, a buscar dificultar elaborando questões confusas e cheia de lacunas.

COMENTÁRIOS

Essa questão trata de um caso típico de retroatividade benigna no Direito Tributário. A fundamentação legal é o art. 106, inciso II, alínea *c*, do CTN. Ou seja, tratando-se de ato não definitivamente julgado, a lei aplica-se a ato ou fato pretérito quando lhe comine penalidade menos severa que a prevista na lei vigente ao tempo da sua prática. No caso em análise, a lei nova diminuiu a penalidade de 75% para 50% e o ato não estava definitivamente julgado; portanto, a lei nova retroagirá, o que significa que a multa devida pelo contribuinte deveria ser recalculada segundo os parâmetros da nova lei. Assertiva correta.

RESUMO

Existe retroatividade no Direito Tributário em duas situações: 1) retroatividade interpretativa (106, I); 2) retroatividade benéfica para atos não definitivamente julgados no caso de infrações e penalidades.

Ainda sobre o princípio da irretroatividade cabem as seguintes observações finais:

Obs. 1: O princípio da irretroatividade, na forma em que ele está delineado na Constituição Federal, não comporta ressalvas. "*Art. 150. Sem prejuízo de outras garantias asseguradas ao contribuinte, é vedado à União, aos Estados, ao Distrito Federal e aos Municípios: (...) III – cobrar tributos: a) em relação a fatos geradores ocorridos antes do início da vigência da lei que os houver instituído ou aumentado;*". Assim, a Constituição proíbe aos entes federativos cobrar tributos em relação a fatos geradores ocorridos antes do início da vigência da lei que houver criado ou majorado o tributo. Não existe nenhuma exceção a essa regra. Entretanto, a Constituição não proíbe as duas modalidades de retroatividade previstas no CTN.

Obs. 2: Falei que a regra geral no direito penal é a retroatividade benéfica; se disse regral geral, é porque existe alguma ressalva. Explicitarei a ressalva nas linhas seguintes (essa observação é inteiramente dispensável para os candidatos que não precisam de Direito Penal para o seu concurso).

A retroatividade benéfica no Direito Penal está prevista no art. 5º, XL, da Constituição Federal:" "*a lei penal não retroagirá, salvo para beneficiar o réu*" e **no art. 2º do Código Penal**": "***Ninguém pode ser punido por fato que lei posterior deixa de considerar crime, cessando em virtude dela a execução e os efeitos penais da sentença condenatória***. Entretanto, o princípio da retroatividade benéfica da lei penal não se aplica no caso de leis intermitentes, isto é, leis feitas para durar um certo período de tempo. Existem duas modalidades de leis intermitentes: as leis temporárias e as leis excepcionais. As leis temporárias são aquelas editadas com período de tempo determinado (exemplo: elaboradas para valer por nove meses). As leis excepcionais são aquelas que serão revogadas quando cessadas as circunstâncias que as determinaram (Ex. de Guilherme de Souza Nucci: durante o estado de calamidade pública decretado em uma localidade devastada por alguma catástrofe, pode-se aumentar a pena dos crimes contra o patrimônio para buscar evitar os saques). As leis temporárias e excepcionais estão previstas no art. 4º do Código Penal: ***Lei excepcional ou temporária. Art. 3º A lei excepcional ou temporária, embora decorrido o período de sua duração ou cessadas as circunstâncias que a determinaram, aplica-se ao fato praticado durante sua vigência***. Comentando esse artigo Nucci assevera:

> As leis excepcionais ou temporárias são leis que não respeitam a regra prevista no artigo anterior, ou seja, o princípio da retroatividade benéfica. Damásio, com a precisão que lhe consagrou, destaca sabiamente: Na verdade, o problema deve ser colocado sob o prisma da tipicidade, e não do direito intertemporal.

5 EXAME DE ORDEM 2007-2

Questão 76

Para que determinada área seja considerada urbana, para fins de instituição e cobrança do IPTU, o Código Tributário Nacional (CTN) determina que o poder público promova e mantenha ali certos melhoramentos, entre os quais figura o

a) serviço de coleta de lixo.
b) serviço de correios e telégrafos.
c) transporte público coletivo.
d) abastecimento de água

COMENTÁRIOS

Compete aos Municípios e ao DF instituir imposto sobre a propriedade predial e territorial urbana (IPTU), ao passo que é de competência da União instituir imposto sobre a propriedade territorial rural (ITR). O IPTU, portanto, relaciona-se a área urbana enquanto que o ITR vincula-se a área rural.

A pergunta que usualmente se faz é: o que é área rural? Como se distingue a área rural da área urbana? Quando eu faço esta pergunta na sala de aula, alguns alunos respondem que a área rural se inicia quando se começa a ver vacas, bodes e mato na estrada. Obviamente esse não é o critério definido pelo CTN. De acordo com o CTN a área rural é aquela que não é urbana e a área urbana é aquela definida em lei municipal, de acordo com os critérios definidos no § 1º do art. 32 do CTN, abaixo transcrito:

> *Art. 32. O imposto, de competência dos Municípios, sobre a propriedade predial e territorial urbana tem como fato gerador a propriedade, o domínio útil ou a posse de bem imóvel por natureza ou por acessão física, como definido na lei civil, localizado na zona urbana do Município.*

> *§ 1º Para os efeitos deste imposto,* ***entende-se como zona urbana a definida em lei municipal, observado o requisito mínimo da existência de melhoramentos indicados em pelo menos 2 (dois) dos incisos seguintes, construídos ou mantidos pelo Poder Público****:*
>
> *I – meio-fio ou calçamento, com canalização de águas pluviais;*
>
> ***II – abastecimento de água;***
>
> *III – sistema de esgotos sanitários;*
>
> *IV – rede de iluminação pública, com ou sem posteamento para distribuição domiciliar;*
>
> *V – escola primária ou posto de saúde a uma distância máxima de 3 (três) quilômetros do imóvel considerado.*
>
> *§ 2º A lei municipal pode considerar urbanas as áreas urbanizáveis, ou de expansão urbana, constantes de loteamentos aprovados pelos órgãos competentes, destinados à habitação, à indústria ou ao comércio, mesmo que localizados fora das zonas definidas nos termos do parágrafo anterior.* (destacamos)

Assim, para a área ser considerada zona urbana deve observar a existência de pelo menos dois dos incisos acima, tais como: abastecimento de água e sistema de esgotos sanitários ou rede de iluminação pública e meio-fio ou calçamento, com canalização de águas pluviais.

Dos itens elencados na questão, apenas o abastecimento de água figura no §1º do art. 32 do CTN. **Daí a resposta ser a letra "D".**

Questão 77

De acordo com o CTN, para que uma instituição de educação sem fins lucrativos goze da imunidade tributária relativa ao pagamento de impostos sobre seu patrimônio, renda ou serviços, ela deve

a) aplicar ao menos 50% de seus recursos na manutenção dos seus objetivos institucionais.
b) manter escrituração de suas receitas e despesas em livros revestidos de formalidades que assegurem a exatidão das informações.
c) abster-se de distribuir mais do que 5% de seu patrimônio ou de suas rendas.
d) nomear apenas diretores brasileiros.

COMENTÁRIOS

A CF instituiu no art. 150, VI, *c*, imunidade de impostos para as instituições de educação sem fins lucrativos que atendem aos requisitos da lei. Assim, a instituição de educação somente gozará da imunidade se cumprir as condições impostas pela lei.

Os requisitos da lei estão previstos no art. 14, III, do CTN abaixo transcrito:

> *Art. 14. O disposto na alínea "c" do inciso IV do art. 9º é subordinado à observância dos seguintes requisitos pelas entidades nele referidas:*

I – não distribuírem qualquer parcela de seu patrimônio ou de suas rendas, a qualquer título;

II – aplicarem integralmente, no País, os seus recursos na manutenção dos seus objetivos institucionais;

III – manterem escrituração de suas receitas e despesas em livros revestidos de formalidades capazes de assegurar sua exatidão. (destacamos)

§ 1º Na falta de cumprimento do disposto neste artigo, ou no § 1º do art. 9º, a autoridade competente pode suspender a aplicação do benefício.

§ 2º Os serviços a que se refere a alínea "c" do inciso IV do art. 9º são exclusivamente os diretamente relacionados com os objetivos institucionais das entidades de que trata este artigo, previstos nos respectivos estatutos ou atos constitutivos

Da leitura do art. 14, evidencia-se que:

a) A alternativa "A" é incorreta, uma vez que o inciso II exige que as instituições de educação apliquem integralmente os seus recursos na manutenção dos seus objetivos institucionais;

b) A **alternativa "B" é a correta**, uma vez que a instituição de educação para gozar da imunidade deve manter escrituração de suas receitas e despesas em livros revestidos de formalidades capazes de assegurar sua exatidão, conforme estabelece o inciso III.

c) A alternativa "C" é incorreta, já que o inciso I exige que a instituição de educação para gozar da imunidade não distribua qualquer parcela de seu patrimônio ou de suas rendas, a qualquer título.

d) A alternativa "D" está incorreta, uma vez que o CTN não impõe como condição para gozar a imunidade a nomeação de diretores apenas brasileiros.

Solucionada a questão é didático destacar os seguintes tópicos sobre a imunidade prevista no art. 150, VI, *c*, da CF:

1) As instituições de educação e de assistência social que não apresentem finalidade lucrativa e atendam aos requisitos da lei gozarão dessa imunidade de impostos.

2) Apesar de o texto do art. 150 não fazer referência à necessidade de lei complementar, entendeu-se que cabe a lei complementar definir os requisitos necessários para o gozo da imunidade. Vamos entender a linha de raciocínio da tese vitoriosa que sustenta a necessidade de lei complementar:

1º passo) A CF dispõe que cabe a lei complementar estabelecer as limitações constitucionais ao poder de tributar (art. 146, II).

2º passo) A lei que estabelece os requisitos necessários para as instituições de educação e de assistência social gozarem da imunidade é uma lei que disciplina uma limitação constitucional ao poder de tributar.

3º passo) Logo, cabe a uma lei complementar prever os requisitos para o gozo da imunidade.

3) As instituições de assistência social, além de gozarem da imunidade de impostos prevista no art. 150, podem usufruir também da imunidade das contribuições para a seguridade social prevista no § 7º do art. 195: "*§ 7º São isentas de contribuição para a seguridade social as entidades beneficentes de assistência social que atendam às exigências estabelecidas em lei*".

GRÁFICO

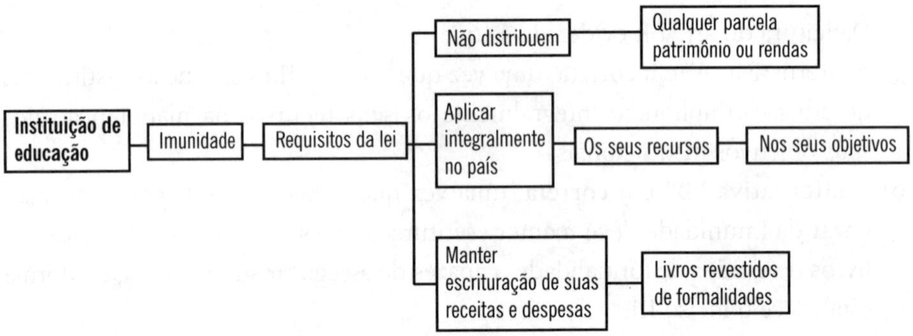

Questão 78

A Nuporanga Indústria e Comércio de Alimentos Ltda. atua no ramo de venda de produtos alimentícios e, pela natureza de sua atividade, deve cumprir várias obrigações tributárias, tais como prestar declarações ao fisco, emitir nota fiscal, recolher o imposto sobre operações relativas à circulação de mercadorias (ICMS) e, eventualmente, pagar penalidades pecuniárias.

Considerando a situação hipotética acima e as normas atinentes à obrigação tributária, assinale a opção correta.

a) Segundo o CTN, as obrigações tributárias, principal e acessória, decorrem da lei em sentido estrito.

b) A obrigação da Nuporanga de recolher o ICMS constitui obrigação tributária acessória.

c) A obrigação de empresas, como a Nuporanga, de pagar eventuais penalidades pecuniárias constitui obrigação tributária principal.

d) A obrigação tributária acessória é dependente da obrigação tributária principal.

COMENTÁRIOS

O assunto está disciplinado no Art. 113 do CTN:

Art. 113. A obrigação tributária é principal ou acessória.

§ 1º A obrigação principal surge com a ocorrência do fato gerador, tem por objeto o pagamento de tributo ou penalidade pecuniária e extingue-se juntamente com o crédito dela decorrente.

> *§ 2º A obrigação acessória decorre da legislação tributária e tem por objeto as prestações, positivas ou negativas, nela previstas no interesse da arrecadação ou da fiscalização dos tributos.*
>
> *§ 3º A obrigação acessória, pelo simples fato da sua inobservância, converte-se em obrigação principal relativamente à penalidade pecuniária.*

Da leitura do texto legal conclui-se que:

a) A alternativa "A" é incorreta, uma vez que a obrigação tributária acessória decorre da legislação tributária. Assim, é possível, por exemplo, a criação de obrigações acessórias através de decreto e o decreto não é lei em sentido estrito.

b) A alternativa "B" é incorreta, uma vez que a obrigação de recolher o ICMS constitui obrigação tributária principal.

c) A **alternativa "C" é a correta.** A obrigação tributária principal tem por objeto o pagamento de tributo ou penalidade pecuniária.

d) A alternativa "D" é incorreta, uma vez que pode existir obrigação acessória mesmo sem existir a obrigação tributária principal. Assim, por exemplo, uma instituição de assistência social pode gozar de imunidade tributária e ter inúmeras obrigações acessórias.

Analisadas as quadro alternativas, aprofundaremos o estudo sobre a obrigação tributária principal e acessória.

A obrigação tributária principal (OTP) tem por objeto o pagamento do tributo ou da penalidade pecuniária. O CTN, portanto, previu duas modalidades de obrigação principal: o pagamento do tributo e o pagamento da penalidade pecuniária. Vejamos alguns exemplos de obrigação principal: o pagamento de uma taxa, o pagamento do imposto de renda, o pagamento de uma contribuição de melhoria, o pagamento da Cofins, o pagamento do PIS, o pagamento de uma contribuição sobre a folha de salários, o pagamento de uma multa pelo atraso da entrega da declaração, o pagamento de uma multa pelo atraso do pagamento do imposto (Para memorizar lembre-se que as palavras "principal" e "pagar" iniciam com P).

A obrigação tributária acessória (OTA) tem por objeto prestações positivas ou negativas. São exemplos de obrigações acessórias: obrigação de entregar a declaração do imposto de renda, obrigação de escriturar o livro de apuração do ICMS, obrigação de emitir nota fiscal, obrigação do estabelecimento comercial de não comprar mercadorias desacompanhadas de documentação fiscal.

Outra diferença entre a obrigação principal e a acessória, presente no § 2º do art. 113, é que a obrigação principal decorre da lei e a obrigação acessória decorre da legislação tributária. O conceito de legislação tributária é mais amplo do que o conceito de lei e inclui os decretos e as normas complementares. Assim, é possível, por exemplo, criar uma obrigação acessória mediante decreto ou portaria, mas esses instrumentos não são idôneos a criar uma obrigação principal. A obrigação principal (tributo e multa) precisa estar definida na lei (ou medida provisória).

O § 3º do art. 113 do CTN dispõe que a obrigação acessória, pelo simples fato da sua inobservância, converte-se em obrigação principal relativamente à penalidade pecuniária.

A interpretação correta desse parágrafo é que o não-cumprimento da obrigação acessória pode gerar uma multa. Assim, por exemplo, o contribuinte tem a obrigação acessória de entregar a declaração do imposto de renda e se ele não a cumprir (não entregar a declaração) será penalizado com uma multa.

O gráfico seguinte ilustra essa idéia:

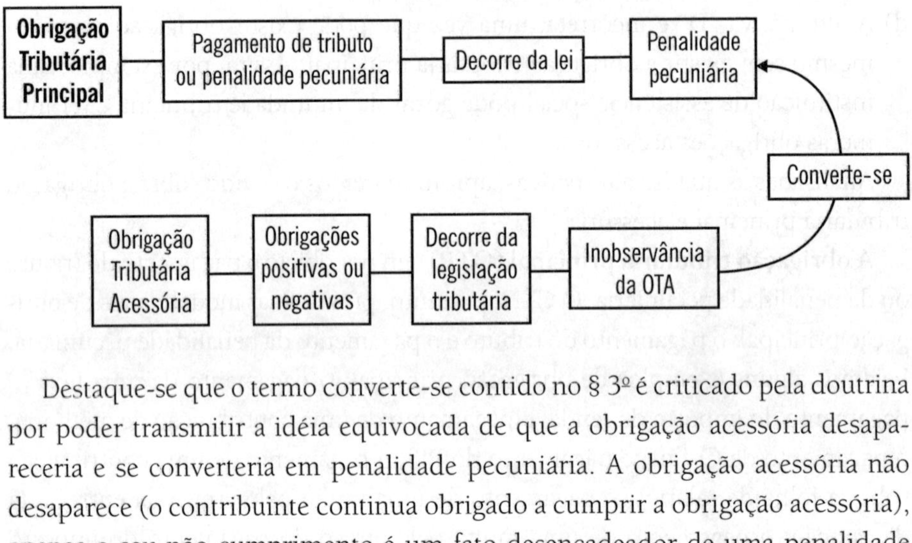

Destaque-se que o termo converte-se contido no § 3º é criticado pela doutrina por poder transmitir a idéia equivocada de que a obrigação acessória desapareceria e se converteria em penalidade pecuniária. A obrigação acessória não desaparece (o contribuinte continua obrigado a cumprir a obrigação acessória), apenas o seu não-cumprimento é um fato desencadeador de uma penalidade pecuniária.

Questão 79

Segundo o que dispõe o CTN, compete privativamente à autoridade administrativa constituir o crédito tributário pelo lançamento. A partir dessa informação, assinale a opção correta no que se refere a lançamento e suas modalidades.

a) O imposto sobre a propriedade de veículos automotores (IPVA) e a taxa de limpeza pública são tributos normalmente submetidos ao lançamento de ofício.

b) A contribuição para o financiamento da seguridade social (COFINS) constitui tributo sujeito ao lançamento por declaração.

c) A legislação aplicável ao lançamento será a vigente na data em que o mesmo for efetivado.
d) No lançamento por declaração, o sujeito passivo deve verificar a ocorrência do fato gerador, calcular o montante do tributo devido e efetuar o pagamento, cabendo ao sujeito ativo apenas conferir a apuração e os pagamentos já realizados.

COMENTÁRIOS

Existem três modalidades de lançamento: o lançamento de ofício, o lançamento por declaração e o lançamento por homologação.

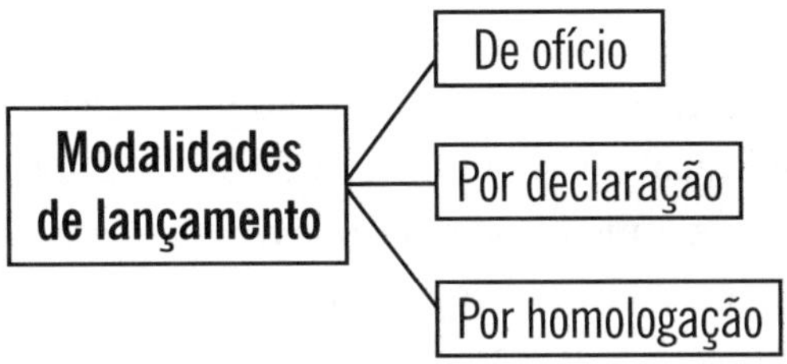

No lançamento de ofício a autoridade administrativa promove o lançamento sem nenhuma colaboração do sujeito passivo. O IPTU, o IPVA e as taxas normalmente são lançadas de ofício. O auto de infração representa também a formalização de um lançamento de ofício. Assim, existem duas situações em que ocorre o lançamento de ofício:

1ª situação) quando a lei do tributo estipula que o lançamento será de ofício – é o que ordinariamente ocorre com o IPTU, o IPVA e as taxas (art. 149, I, CTN);

2ª situação) quando o lançamento anterior foi feito com algum erro, omissão, falsidade, ou inexatidão que suscite a lavratura de um auto de infração.

No lançamento por declaração ou misto o sujeito passivo ou terceiro presta informações sobre matéria de fato indispensáveis à efetivação do lançamento, e a autoridade administrativa, com base na declaração do sujeito passivo ou de terceiro, promove o lançamento.

No lançamento por homologação o contribuinte calcula o valor do imposto, antecipa o pagamento e esse pagamento fica sujeito a uma homologação posterior do fisco. Essa homologação posterior pode ser expressa ou tácita.

Com base nesses esclarecimentos iniciais podemos analisar os quesitos das questões:

a) **A alternativa "A" é a correta,** uma vez que o IPVA e as taxas normalmente são submetidas ao lançamento de ofício.

b) A alternativa “B” é incorreta, uma vez que a Cofins constitui tributo sujeito a lançamento por homologação.

c) A alternativa “C” é incorreta, uma vez que a legislação aplicada ao lançamento será vigente na data da ocorrência do fato gerador, conforme estabelece o art. 144 do CTN: “*O lançamento reporta-se à data da ocorrência do fato gerador da obrigação e rege-se pela lei então vigente, ainda que posteriormente modificada ou revogada*”.

d) A alternativa “D” é incorreta. No lançamento por declaração o sujeito passivo apenas presta informações sobre matéria de fato indispensáveis à efetivação do lançamento e a autoridade administrativa, com base na declaração do sujeito passivo ou de terceiro, promove o lançamento. A alternativa na verdade descreve algo próximo ao lançamento por homologação.

Questão 80

Interpretar a norma jurídica consiste em identificar o seu sentido e alcance. Chama-se hermenêutica a ciência da interpretação. A interpretação (ou exegese) é necessária para que se possa aplicar a lei às situações concretas que nela se subsumam. (Luciano Amaro. *Direito tributário brasileiro*. 11. ed. São Paulo: Saraiva, 2005, p. 205)

A partir do texto acima, é correto afirmar que se interpreta literalmente a legislação que disponha sobre

a) extinção do crédito tributário.
b) prescrição e decadência.
c) dispensa do cumprimento de obrigações tributárias principais.
d) exclusão do crédito tributário.

COMENTÁRIOS

O CTN dispõe que se interpreta literalmente a legislação tributária que disponha sobre suspensão ou exclusão do crédito tributário, outorga de isenção e dispensa do cumprimento de obrigações tributárias acessórias.

Assim, pela simples leitura do art. 111 do CTN, abaixo transcrito, evidencia-se que das hipóteses relacionadas apenas a exclusão do crédito tributário deve ser interpretada literalmente. **A alternativa correta, portanto é a “D”.**

> *Art. 111. Interpreta-se literalmente a legislação tributária que disponha sobre:*
>
> *I – suspensão ou* ***exclusão do crédito tributário****; (destacamos)*
>
> *II – outorga de isenção;*
>
> *III – dispensa do cumprimento de obrigações tributárias acessórias.”*

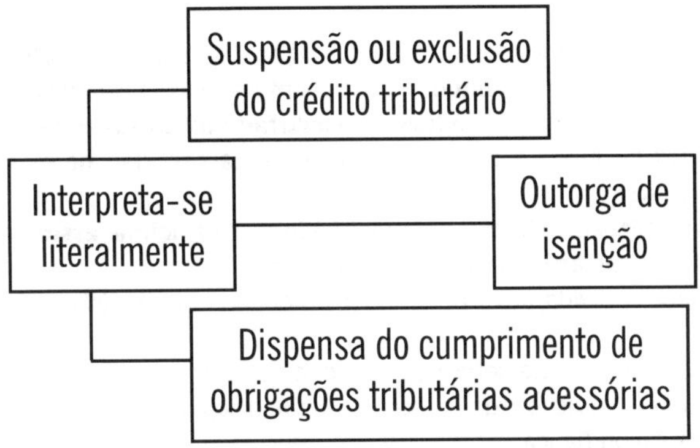

Solucionada a questão vamos continuar os comentários sobre a interpretação da legislação tributária.

Alguns autores afirmam que o CTN foi repetitivo ao prever que se interpreta literalmente a legislação que disponha sobre exclusão do crédito tributário e outorga de isenção. Bastaria afirmar que se interpreta literalmente a legislação que disponha sobre exclusão do crédito tributário, uma vez que a isenção é uma modalidade de exclusão do crédito tributário.

O CTN faz referência expressa a interpretação literal e a interpretação benigna.

A denominada interpretação benigna[1] da lei tributária que **define infrações ou lhe comina penalidades** consiste na interpretação mais favorável ao acusado, em caso de dúvida quanto à capitulação legal do fato, à natureza ou às circunstâncias materiais do fato, à natureza ou extensão dos seus efeitos, à autoria, imputabilidade, ou punibilidade e à natureza da penalidade aplicável, ou à sua graduação. O CTN disciplina a interpretação benigna no art. 112:

> *Art. 112. A lei tributária que define infrações, ou lhe comina penalidades, interpreta-se da maneira mais favorável ao acusado, em caso de dúvida quanto:*
> *I – à capitulação legal do fato;*
> *II – à natureza ou às circunstâncias materiais do fato, ou à natureza ou extensão dos seus efeitos;*
> *III – à autoria, imputabilidade, ou punibilidade;*
> *IV – à natureza da penalidade aplicável, ou à sua graduação.*

Assim, configure-se o seguinte exemplo: o contribuinte cometeu uma infração e existe uma dúvida se se enquadra a infração no artigo que prevê uma multa de 50% ou de 100%. Nesse caso deve-se aplicar a multa de 50%.

1 Não se confunda a retroatividade benigna prevista no art. 106 do CTN com a interpretação benigna do art. 112 do Código Tributário Nacional.

Questão 81

A fazenda pública municipal ajuizou execução fiscal contra a MN Consultoria e Serviços Ltda., pelo não-recolhimento, na forma e prazos devidos, do imposto sobre serviços de qualquer natureza (ISS). A executada foi citada para pagar a dívida com juros e multa de mora e encargos indicados na certidão de dívida ativa ou para garantir a execução.

Tendo como referência inicial a situação hipotética acima, assinale a opção correta acerca das normas atinentes à execução fiscal.

a) A certidão de dívida ativa poderá ser emendada até decisão proferida em recurso especial.

b) O despacho do juiz que deferir a petição inicial determinará o arresto dos bens da MN Consultoria e Serviços Ltda., caso a dívida não seja paga, nem garantida a execução, por depósito ou fiança.

c) A MN Consultoria e Serviços Ltda. não poderá apresentar reconvenção nos autos da execução fiscal proposta em seu desfavor.

d) A lei veda que a petição inicial e a certidão de dívida ativa constituam um único documento.

COMENTÁRIOS

a) A alternativa "A" está errada, uma vez que a certidão de dívida ativa pode ser emendada até a decisão de 1ª instância, conforme se constata da análise dos arts. 202 e 203 do CTN.

O art. 202 do CTN enumera o rol de informações necessárias ao termo de inscrição em dívida ativa, tais como o nome do devedor, a quantia devida e a maneira de calcular os juros de mora acrescidos, a origem e natureza do crédito, a data em que foi inscrita.

O art. 203 do CTN determina que a omissão de qualquer dos requisitos elencados no art. 202, ou erro a eles relativo, são causas de nulidade da inscrição e do processo de cobrança dela decorrente. Entretanto, o artigo explicita que é possível sanar a nulidade até a decisão de primeira instância.

b) A alternativa "B" está incorreta. Caso **a dívida não seja paga,** nem garantida a execução, por meio de depósito ou fiança o despacho do juiz que deferir a inicial importa em **ordem para penhora**. **O arresto** é utilizado quando o **executado não tiver domicílio ou dele se ocultar**. O assunto está disciplinado no art. 7º da Lei nº 6.830/1980:

> *Art. 7º O despacho do Juiz que deferir a inicial importa em ordem para:*
>
> *I – citação, pelas sucessivas modalidades previstas no art. 8º;*
>
> *II – penhora, se não for paga a dívida, nem garantida a execução, por meio de depósito ou fiança;*
>
> *III – arresto, se o executado não tiver domicílio ou dele se ocultar;*

c) A **alternativa "C" é a correta**. A MN Consultoria e Serviços Ltda não poderá apresentar reconvenção nos autos da execução fiscal proposta em seu desfavor, conforme dispõe o § 3º do art. 16 da Lei de Execução Fiscal, abaixo colacionado:

Art. 16 – O executado oferecerá embargos, no prazo de 30 (trinta) dias, contados:
I – do depósito;
II – da juntada da prova da fiança bancária;
III – da intimação da penhora.
§ 1º – Não são admissíveis embargos do executado antes de garantida a execução.
§ 2º – No prazo dos embargos, o executado deverá alegar toda matéria útil à defesa, requerer provas e juntar aos autos os documentos e rol de testemunhas, até três, ou, a critério do juiz, até o dobro desse limite.
§ 3º – Não será admitida reconvenção, nem compensação, e as exceções, salvo as de suspeição, incompetência e impedimentos, serão argüidas como matéria preliminar e serão processadas e julgadas com os embargos. (destacamos)

d) A alternativa "D" está incorreta, uma vez que o § 2º do art. 6º da LEF (Lei de Execução Fiscal) autoriza expressamente que a petição inicial e a Certidão de Dívida Ativa poderão constituir um único documento. Veja o texto legal abaixo transcrito:

Art. 6º A petição inicial indicará apenas:
I – o juiz a quem é dirigida;
II – o pedido; e
III – o requerimento para a citação.
§ 1º A petição inicial será instruída com a Certidão da Dívida Ativa, que dela fará parte integrante, como se estivesse transcrita.
§ 2º A petição inicial e a Certidão de Dívida Ativa poderão constituir um único documento, preparado inclusive por processo eletrônico. **(destacamos)**

Questão 82

A Sol Agência de Viagem e Turismo Ltda. dedica-se exclusivamente a sua atividade-fim. Um de seus sócios diretores, que é domiciliado no México, decidiu que os impostos e contribuições da referida pessoa jurídica deveriam ser recolhidos pelo regime do Simples Nacional, por considerar que a agência se enquadra nos requisitos legais de uma microempresa.

Considerando a situação hipotética apresentada, assinale a opção correta de acordo com o Estatuto Nacional da Microempresa e da Empresa de Pequeno Porte.

a) A Sol Agência de Viagem e Turismo Ltda. não pode recolher seus impostos e contribuições na forma do Simples Nacional por ter sócio domiciliado no exterior.

b) Um dos requisitos para que uma pessoa jurídica possa se enquadrar na definição legal de microempresa é que a mesma aufira, em cada ano-calendário, receita bruta igual ou inferior a R$ 240.000,00.
c) O Simples Nacional implica o recolhimento trimestral de vários tributos, mediante documento único de arrecadação.
d) Inclui-se, entre as contribuições recolhidas pelo sistema do Simples Nacional, a contribuição para o Fundo de Garantia do Tempo de Serviço (FGTS).

COMENTÁRIOS

As alternativas "A" e "B" estão corretas. **O CESPE considerou correta somente a alternativa B.**

A alternativa "A" está absolutamente correta. A empresa que tem sócio domiciliado no exterior não pode aderir ao Simples. Essa proibição é absolutamente pacífica e não existem ressalvas.

O erro do CESPE ocorreu na interpretação do art. 17 da Lei Complementar nº 123, adiante transcrita.

As vedações ao Simples podem ocorrer em função de vários critérios, tais como a forma societária (a empresa constituída sob a forma de sociedade por ações não pode aderir ao Simples), quadro societário (uma empresa com sócio domiciliado no exterior não pode aderir ao Simples) e as atividades (diversas atividades não podem aderir ao Simples).

A ressalva do § 1º do art. 117 refere-se apenas às atividades (**às vedações relativas ao exercício de atividades).** Não se refere obviamente a vedação quanto ao quadro societário.

Assim, uma empresa que tenha sócio domiciliado no exterior não pode aderir ao Simples em nenhuma hipótese. Da mesma forma uma empresa de cujo capital participe entidade da administração pública, direta ou indireta, federal, estadual ou municipal.

Assim, a assertiva A está correta, o que torna a questão anulável, uma vez que existem duas assertivas corretas.

Transcrevi abaixo o art. 17 da Lei Complementar nº 123, de 14 de dezembro de 2006:

> *Art. 17. Não poderão recolher os impostos e contribuições na forma do Simples Nacional a microempresa ou a empresa de pequeno porte:*
>
> *(...)*
>
> *II – que tenha sócio domiciliado no exterior;*
>
> *(...)*
>
> *§ 1º As vedações relativas a exercício de atividades previstas no "caput" deste artigo não se aplicam às pessoas jurídicas que se dediquem exclusivamente às atividades se-*

guintes ou as exerçam em conjunto com outras atividades que não tenham sido objeto de vedação no "caput" deste artigo:

I – creche, pré-escola e estabelecimento de ensino fundamental;

II – agência terceirizada de correios;

III – agência de viagem e turismo;

IV – centro de formação de condutores. (destacamos)

Questão 83

Suponha que a Bite Serviços de Informática Ltda. preste serviços no Brasil e no exterior e, como tal, seja contribuinte do ISS. A propósito dessa situação hipotética e considerando a disciplina normativa do ISS, assinale a opção correta.

a) O ISS não incide sobre a exportação dos serviços da Bite Serviços de Informática Ltda para países estrangeiros.

b) Os empregados da Bite Serviços de Informática Ltda. devem recolher o ISS.

c) A Bite Serviços de Informática Ltda. está desobrigada de recolher o ISS quanto aos serviços iniciados no exterior do país.

d) São contribuintes do ISS a Bite Serviços de Informática Ltda. bem como seus diretores e sócios-gerentes.

COMENTÁRIOS

a) A **alternativa "A" é a correta**. A CF dispõe que cabe a lei complementar excluir da sua incidência exportações de serviços para o exterior. A Lei Complementar nº 116/2003 estabelece que o imposto não incide sobre as exportações de serviços para o exterior do País. Assim, é correto afirmar que o ISS não incide sobre a exportação dos serviços da Bite Serviços de Informática Ltda para países estrangeiros.

b) A alternativa "B" está incorreta. Conforme já estudamos no resumo gráfico dos impostos, afasta a incidência do ISS qualquer serviço prestado sob regime de emprego. Assim, jamais incide ISS sobre os serviços que o empregado presta ao empregador.

c) A alternativa "C" está incorreta. O ISS incide também sobre o serviço proveniente do exterior do País ou cuja prestação se tenha iniciado no exterior do País, conforme estabelece o § 1º do art. 1º da Lei Complementar nº 116/2003, abaixo transcrito:

> *Art. 1º O Imposto sobre Serviços de Qualquer Natureza, de competência dos Municípios e do Distrito Federal, tem como fato gerador a prestação de serviços constantes da lista anexa, ainda que esses não se constituam como atividade preponderante do prestador.*
>
> ***§ 1º O imposto incide também sobre o serviço proveniente do exterior do País ou cuja prestação se tenha iniciado no exterior do País.*** (destacamos)

d) A alternativa "D" está incorreta. O sujeito passivo da obrigação principal pode ser o contribuinte ou responsável. O contribuinte do ISS é o prestador do serviço. Os diretores ou sócios gerentes podem eventualmente ser responsáveis pelos créditos correspondentes a obrigações tributárias resultantes de atos praticados com excesso de poderes ou infração de lei (Art. 135, CTN).

Solucionada a questão apresento uma tabela com o papel da lei complementar do ISS.

TABELA DA LEI COMPLEMENTAR DO ISS (art. 156, § 3º, CF)

Lei Complementar do ISS
Fixar as suas alíquotas máximas e mínimas
Excluir da sua incidência exportações de serviços para o exterior
Regular a forma e as condições como isenções, incentivos e benefícios fiscais serão concedidos e revogados

GABARITO DA PROVA 2007-2

76. D	78. C	80. D	82. B
77. B	79. A	81. C	83. A

6 EXAME DE ORDEM 2007-1

Questão 86

João auferiu renda superior a R$ 100.000,00 no ano calendário de 2005, mas não apresentou declaração ao fisco federal em virtude de essa renda ter sido proveniente da prática de tráfico ilícito de substâncias entorpecentes. Em regular atividade fiscal, João foi compelido a pagar multa pecuniária pelo atraso na entrega de sua declaração de renda.

Considerando a situação hipotética apresentada acima e as normas do sistema tributário nacional, assinale a opção correta.

a) Constitui tributo a multa imposta a João pelo atraso na entrega de sua declaração de renda.

b) João não está obrigado a pagar o imposto de renda em razão de os valores por ele auferidos terem sido provenientes de atividade ilícita.

c) O imposto de renda poderá ser instituído por lei complementar, lei ordinária, medida provisória ou decreto.

d) O imposto de renda deve ser informado pelos critérios da universalidade, da progressividade e da generalidade.

COMENTÁRIOS

Essa questão foi fácil e cobra uma característica do Imposto de Renda prevista no art. 153, § 2º, I, da Constituição Federal. "§ 2º *O imposto previsto no inciso III (imposto de renda): I – será informado pelos critérios da generalidade, da universalidade e da progressividade, na forma da lei;*".

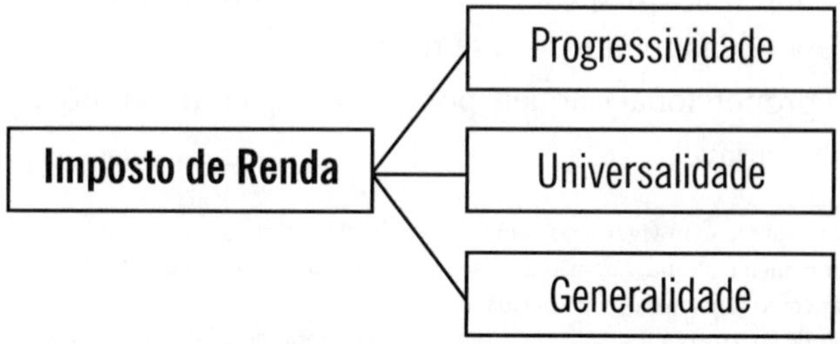

O imposto de renda é progressivo, significando que a alíquota se eleva à medida que é majorada a base de cálculo.

A progressividade do imposto de renda está em perfeita sintonia com o objetivo da República Federativa do Brasil de diminuir as desigualdades sociais.

No Brasil uma pessoa que ganha, por exemplo, R$ 1.000,00 por mês está isenta e, portanto, não paga imposto de renda.

OPERACIONALIZAÇÃO DA PROGRESSIVIDADE

Apenas para facilitar a compreensão da progressividade do imposto de renda no Brasil utilizaremos **uma tabela exemplificativa do imposto de renda**[1]:

Base de cálculo – R$	Alíquota	Parcela a deduzir
Até 900,00	-	
De 900,00 a 1.800,00	15%	135,00
Acima de 1.800,00	27,5%	360,00

Na tabela apresentada o limite de isenção é de R$ 900,00, significando que o contribuinte que auferir rendimentos de até 900 reais por mês é isento.

O contribuinte que ganha, por exemplo, R$ 1.000,00 por mês paga imposto de renda apenas sobre o valor que exceder a 900 reais. Assim, paga de imposto de renda apenas 15% de 100 reais (15,00 reais). Observe que 15 reais representam apenas 1,5% de 1000 reais (chega-se ao mesmo valor se multiplicarmos 1.000,00 reais por 15% e diminuirmos o resultado da parcela a deduzir de 135,00 reais). Estou ilustrando a progressividade do imposto de renda apenas para deixar bem claro como é falso aquele argumento utilizado com freqüência de que tanto faz ganhar 1.000,00 reais como 1.800,00, paga-se uma alíquota de 15%; ou que tanto faz ganhar 100.000,00 reais como 2.000,00 reais, paga-se uma alíquota da 27,5%. Na verdade, apesar de existirem apenas duas alíquotas nominais, existem infinitas alíquotas efetivas[2].

Explicada a operacionalização da progressividade no Brasil, é importante entendermos que os impostos podem ser fixos, proporcionais ou progressivos.

O imposto fixo é aquele que se paga um valor fixo, 300,00 reais por ano, por exemplo, independentemente da base de cálculo.

O imposto proporcional é aquele por que se paga uma alíquota fixa sobre uma base de cálculo variável.

---

1 Essa tabela não está mais em vigor, mas como contém limites precisos será utilizada apenas como recurso didático. De qualquer maneira, o candidato não deve se preocupar com os limites da tabela de imposto de renda, mas apenas em assimilar como funciona a progressividade.

2 Para as provas de concurso o fundamental é saber que o imposto de renda é progressivo.

Um partido político, certa vez, sustentou durante muito tempo que o imposto de renda no Brasil deveria apresentar uma alíquota fixa de 10%, independentemente do volume de rendimentos do contribuinte. De acordo com os partidários dessa tese isso resultaria em uma simplificação do recolhimento. Cabe destacar, entretanto, que a progressividade do imposto de renda no Brasil é uma imposição constitucional. Assim, uma lei que estabelecesse uma alíquota fixa de 10% seria aberrantemente inconstitucional.

Além do critério da progressividade, o imposto de renda segue os critérios da generalidade e da universalidade.

A generalidade e a universalidade dizem respeito à abrangência do imposto.

A generalidade relaciona-se com a abrangência subjetiva do imposto (para memorizar relacione generalidade com gente), significando que todas as pessoas, independentemente da ocupação profissional ou função por elas exercida, podem se enquadrar na hipótese de incidência do imposto. Dessa forma, seria inconstitucional uma lei do imposto de renda que estabelecesse uma isenção de imposto de renda para a magistratura.

A universalidade vincula-se à abrangência objetiva do imposto, significando que sobre a aquisição de disponibilidade econômica ou jurídica de renda ou de proventos incidirá o imposto, independentemente da denominação da receita ou do rendimento, da localização, condição jurídica ou nacionalidade da fonte, da origem e da forma de percepção.

Assim, visto que o imposto de renda deve ser informado pelos critérios da universalidade, da progressividade e da generalidade, conclui-se que **a alternativa D está perfeitamente correta.**

Comentaremos agora os erros das demais assertivas.

As alternativas "A" e "B" estão erradas. A alternativa "A" está errada porque o tributo não é multa, e a alternativa "B" está errada porque os rendimentos advindos de atividade ilícita estão sujeitos à incidência do imposto de renda.

Vamos estudar essas duas características do tributo de forma mais detalhada.

O tributo não é multa. O art. 3º do CTN dispõe claramente que o tributo não é sanção de ato ilícito[3]. A multa é sanção de ato ilícito. O tributo não é multa. A multa tem caráter punitivo. A pessoa paga a multa porque cometeu algum ato ilícito previsto na lei. A pessoa paga tributo porque se enquadrou dentro de uma hipótese prevista na lei. Assim, por exemplo, não escriturar os livros fiscais, não entregar as

3 Alguns candidatos se confundem com a linguagem do CTN, que estabelece, em seu art. 3º, que o tributo não é multa, mas divide a obrigação tributária principal em tributo e multa (art. 113, § 1º, do CTN).

declarações, não pagar o tributo no prazo de vencimento são infrações que geram uma multa. Observe que **a hipótese de incidência** (hipótese de incidência é a previsão abstrata da lei) **da multa é sempre algo ilícito.** Ao contrário disso, a hipótese de incidência do tributo não é algo ilícito. Tomemos como exemplo de tributo o imposto de renda. O imposto de renda tem como hipótese de incidência a aquisição de disponibilidade econômica ou jurídica. Essa hipótese de incidência não é algo ilícito, uma vez que auferir renda não é algo ilícito. A forma, entretanto, como o contribuinte do Imposto de Renda vai auferir rendimentos não interessa ao fisco. Assim, da mesma maneira que os rendimentos advindos de um contrato de trabalho, os rendimentos oriundos da exploração do jogo do bicho, da exploração da prostituição ou do tráfico de drogas são tributados pelo imposto de renda. Os rendimentos originários das atividades lícitas e ilícitas são tributados pelo imposto de renda. Observe a diferença: a previsão abstrata da lei não é algo ilícito (auferir renda não é algo ilícito), mas a forma como essa previsão se materializará no mundo dos fatos pode ser algo lícito ou ilícito (a obrigação tributária nascerá se a forma como você auferir a renda for lícita ou se a forma como você auferir a renda for ilícita). Essa realidade de as atividades lícitas ou ilícitas poderem ser tributadas denomina-se princípio do *non olet* ou *pecunia non olet* (dinheiro não tem cheiro). O princípio do *non olet* tem origem na Roma Antiga. Tito, filho do imperador Vespasiano, indignado com a tributação das latrinas romanas, dirigiu-se ao seu pai e com uma moeda na mão, perguntou: Papai, como ousas tributar as latrinas? Papai, como ousas tributar os cagatórios públicos? O imperador levou a moeda ao nariz e disse: *non olet* (não tem cheiro). Assim, o princípio do *non olet* significa que não importa para o direito tributário a origem do dinheiro, não importa se a atividade é lícita ou ilícita. No Direito Tributário os rendimentos oriundos das atividades lícitas e ilícitas podem ser tributados. O STF aplicou o princípio do *non olet* no HC 77.530 (relator Ministro Sepúlveda Pertence).

A Esaf também sempre demanda esse assunto em suas provas. Observe a seguinte assertiva extraída de uma prova de Auditor Fiscal de 1994: "O art. 3º do Código Tributário Nacional define tributo como uma prestação que **não** *constitua sanção de ato ilícito*. De tal assertiva podemos inferir que os rendimentos advindos da exploração de lenocínio são tributáveis, porquanto não se confunde a atividade ilícita do contribuinte com o fato tributário de auferir renda." A assertiva está correta. Lenocínio consiste basicamente em tirar proveito da libidinagem alheia. É uma atividade ilícita e os rendimentos auferidos da exploração dessa atividade são tributáveis, uma vez que os rendimentos oriundos de atividades lícitas ou ilícitas são tributáveis. A Esaf procurou confundir o candidato. A lei não diz que quem explorar o lenocínio, a prostituição, o jogo do bicho, o tráfico de drogas vai pagar o tributo X. A lei diz que quem auferir rendimentos vai pagar imposto de renda (ou, mais precisamente, vai ser contribuinte do Imposto de Renda). Ou seja, para o Direito Tributário auferir rendimentos é o suficiente para se enquadrar dentro da hipótese prevista na lei, independentemente da licitude ou ilicitude da atividade que está sendo desenvolvida (obs: conheço um candidato que errou essa questão apenas porque desconhecia o significado da expressão lenocínio. Faltou tranqüilidade para descobrir que era possível solucionar a questão).

A alternativa "C' está incorreta, uma vez que o imposto de renda não pode ser criado por decreto. Aliás, a criação de tributo é sempre feita por lei ou por medida provisória. Não existe exceção a essa regra. As exceções ao princípio da legalidade dizem respeito a alterações de alíquotas, mas jamais a instituição do tributo.

A alternativa "D" é a correta, conforme já explicado.

Questão 87

A União instituiu certo tributo federal e atribuiu a uma autarquia a função de arrecadar e fiscalizar o mencionado tributo. Tendo como referência inicial a situação acima apresentada, assinale a opção correta acerca da competência tributária.

a) Em havendo discussão judicial acerca do tributo instituído, a autarquia não será beneficiada pelas garantias e privilégios processuais atribuídos à União.
b) A atribuição das funções de arrecadar e fiscalizar o tributo instituído pela União poderia ter sido conferida a pessoa jurídica de direito privado.
c) É lícito que a União revogue, a qualquer tempo e por ato unilateral, as atribuições conferidas à autarquia.
d) A situação apresentada constitui hipótese de delegação da competência tributária da União.

COMENTÁRIOS

Essa questão explorou basicamente o art. 7º do CTN.

a) A alternativa "A" é incorreta, uma vez que a delegação da atribuição das funções de arrecadar e fiscalizar tributos compreende as garantias e privilégios processuais que competem à pessoa jurídica de direito público que a conferir, tudo conforme dispõe o § 1º do art. 7º do CTN.

b) A alternativa "B" é suscetível a polêmicas, entretanto, o CESPE considerou a assertiva incorreta, baseando-se na literalidade do *caput* do art. 7º que dispõe:

> *Art. 7º A competência tributária é indelegável, salvo atribuição das funções de arrecadar ou fiscalizar tributos, ou de executar leis, serviços, atos ou decisões administrativas em*

matéria tributária, conferida por uma pessoa jurídica de direito público a outra, nos termos do § 3º do artigo 18 da Constituição.

Observe que o artigo fala na possibilidade de delegação por uma pessoa jurídica de direito público a outra pessoa jurídica de direito público, excluindo dessa forma a possibilidade de delegação de uma pessoa jurídica de direito público a uma pessoa jurídica de direito privado. Ressalte-se, entretanto, que é perfeitamente possível a delegação de uma pessoa jurídica de direito público a uma pessoa jurídica de direito privado a função de arrecadar o tributo. A função de fiscalizar, entretanto, ainda está envolta em muita polêmica.

c) **A alternativa "C" é a correta**. Discorrendo sobre a atribuição das funções de arrecadar e fiscalizar tributos, o § 2º do art. 6º do CTN dispõe que a atribuição pode ser revogada, a qualquer tempo, por ato unilateral da pessoa jurídica de direito público que a tenha conferido.
d) A alternativa "D" é falsa. A competência tributária consiste no poder conferido pela Constituição Federal aos entes políticos de instituírem e legislarem sobre o tributo. Conforme analisado na questão 88 da prova 2006-2, a competência tributária é indelegável (o ente político não pode transferir a competência tributária para outro), irrenunciável, incaducável e inalterável.

Questão 88

O poder de tributar não é absoluto, pois a Constituição Federal impõe às entidades detentoras de capacidade tributária algumas limitações. Acerca das limitações à competência tributária, assinale a opção correta.

a) A norma constitucional impõe que os impostos sejam criados por lei complementar.
b) É lícito ao presidente da República reduzir a alíquota do imposto sobre produtos industrializados por decreto presidencial.
c) As anuidades devidas aos conselhos de fiscalização profissional são fixadas e majoradas por resoluções dos respectivos conselhos.
d) Pelo princípio da anualidade tributária, é vedado à União, aos estados, ao DF e aos municípios cobrar tributos no mesmo exercício financeiro em que a lei que os instituiu ou majorou tenha sido publicada.

COMENTÁRIOS

a) A alternativa "A" está incorreta. Os tributos em geral, inclusive os impostos, são normalmente criados através de lei ordinária. A lei delegada e a medida provisória também são instrumentos aptos a instituir tributos. Quando é necessária lei complementar para criar tributo, a Constituição Federal tem de estabelecer expressamente, e a Constituição estabeleceu a necessidade de lei complementar para criar os seguintes tributos: o empréstimo compulsório;

o imposto residual; a contribuição social residual e o imposto sobre grandes fortunas.

TRIBUTOS QUE DEVEM SER INSTITUÍDOS POR LEI COMPLEMENTAR

Empréstimo Compulsório	Art. 148, Constituição Federal
Imposto Residual	Art. 154, I, Constituição Federal
Contribuição Social Residual	Art. 195, § 4º
Imposto sobre Grandes Fortunas	Art. 153, VII[4]

b) **A alternativa "B" é a correta**. O princípio da legalidade está previsto no art. 150, I, da CF, que veda à União, aos Estados, ao Distrito Federal e aos Municípios exigir ou aumentar tributo sem lei que o estabeleça.

No que diz respeito à criação do tributo, a CF não estabeleceu ressalvas. Todo tributo tem de ser criado por lei ou medida provisória (pode-se aplicar à medida provisória o que disse Pontes de Miranda sobre o decreto-lei: é uma lei sob condição resolutória). Não existe exceção a essa regra. Entretanto, no que se refere à majoração do tributo a CF estabeleceu algumas ressalvas.

De fato, o § 1º do art. 153 da CF faculta ao Poder Executivo, atendidas as condições e os limites estabelecidos em lei, alterar as alíquotas dos seguintes impostos: imposto de importação de produtos estrangeiros (II); imposto de exportação, para o exterior, de produtos nacionais ou nacionalizados (IE); imposto sobre produtos industrializados (IPI); imposto sobre operações de crédito, câmbio e seguro, ou relativas a títulos ou valores mobiliários (IOF).

Assim, por exemplo, se o Presidente da República decidisse alterar a alíquota do IPI através de decreto, essa medida estaria em perfeita harmonia com a CF. **A assertiva B está, portanto, absolutamente correta.** Na verdade, o STF decidiu (RE 225.655) que as alíquotas dos referidos impostos podem ser alteradas até mesmo por portaria ministerial. Essas ressalvas foram previstas pelo Poder Constituinte Originário (Poder Constituinte Originário é aquele que elabora a nova Constituição) e vem sendo exigidas em provas, desde 1988.

Além dessas quatro ressalvas, o Poder Constituinte derivado, mediante a Emenda Constitucional nº 33, introduziu mais duas ressalvas. Uma diz respeito ao ICMS monofásico incidente sobre combustíveis e lubrificantes previstos em lei complementar (CF, art.155, § 4º, IV, *c*) e outra é relativa à contribuição de inter-

4 A CF não foi clara a respeito da necessidade de lei complementar para instituir o imposto sobre grandes fortunas, entretanto, a doutrina majoritária sustenta a tese de que o IGF deve ser instituído através de lei complementar.

venção no domínio econômico sobre o setor de combustíveis cuja alíquota pode ser reduzida e restabelecida por ato do Poder Executivo (CF, art. 177, § 4º, I, *b*).

No caso do denominado **ICMS-Combustíveis**, a CF dispõe que cabe a uma lei complementar definir os combustíveis e lubrificantes sobre os quais o imposto (ICMS) incidirá uma única vez, qualquer que seja a sua finalidade. As alíquotas do ICMS incidente sobre esses combustíveis, especificados em lei complementar, serão definidas mediante deliberação dos Estados e Distrito Federal. Ou, explicando em outras palavras, os Estados e DF mediante convênio, definem as alíquotas do ICMS incidente sobre combustíveis especificados em lei complementar, e essa definição da alíquota do imposto mediante convênio configura uma exceção ao princípio da legalidade. Nessa hipótese, **o convênio pode definir e modificar as alíquotas sem a necessidade de lei.**

A exceção ao princípio da legalidade da **CIDE-Combustíveis** é menos abrangente. A alíquota da contribuição de intervenção no domínio econômico relativa às atividades de importação ou comercialização de petróleo e seus derivados, gás natural e seus derivados e álcool combustível poderá ser reduzida e restabelecida por ato do Poder Executivo. Ou seja, **a exceção à legalidade**, nesse caso, **consiste apenas na possibilidade de o Poder Executivo reduzir a alíquota e restabelecer a alíquota ao limite máximo fixado pela lei**. Entretanto, a alíquota foi fixada inicialmente mediante lei.

É didático resumir as **exceções ao princípio da legalidade** na tabela abaixo:

II
IE
IOF
IPI
ICMS-Combustíveis
CIDE-Combustíveis

Observe a relação existente entre a finalidade extrafiscal do imposto e a maior liberdade conferida ao Poder Executivo para alterar suas alíquotas[5].

Os impostos aduaneiros (II e IE) sempre apresentaram uma forte função extrafiscal.

5 A função fiscal do tributo relaciona-se com o objetivo de levar dinheiro aos cofres públicos, enquanto a função extrafiscal vincula-se a intervenção na atividade econômica ou ao alcance de outros objetivos não relacionados com a arrecadação de recursos para o Tesouro.

Se, por exemplo, existe uma ameaça inflacionária, o Poder Público poderá reduzir a alíquota do imposto de importação visando possibilitar a concorrência dos produtos estrangeiros. Da mesma forma, se existe uma crise de abastecimento interno de determinados produtos alimentícios, o Poder Público poderá majorar a alíquota do imposto de exportação para redirecionar os produtos alimentícios para o mercado interno.

O IOF também é usualmente utilizado com instrumento de política macroeconômica. Se o Governo identifica uma ameaça inflacionária oriunda do elevado grau de demanda (os agentes econômicos estão comprando muito devido as vendas financiadas pelas instituições financeiras) o Poder Público eleva a alíquotas do IOF incidente sobre operações de crédito, tornando mais onerosa a compra.

c) A alternativa "C" está incorreta. As anuidades devidas aos conselhos de fiscalização profissional são tributos que devem obediência ao princípio da legalidade e devem ser fixadas e majoradas por lei e não por resoluções dos respectivos conselhos, como afirma a alternativa.

d) A alternativa "D" está incorreta. O princípio da **anterioridade** veda à União, aos Estados, ao DF e aos Municípios cobrar tributos no mesmo exercício financeiro em que a lei que os instituiu ou majorou tenha sido publicada. **O princípio da anualidade** subordina a cobrança do tributo à prévia autorização orçamentária. Ocorre que o princípio da anualidade não se aplica mais no Direito Tributário, de tal forma que uma lei instituidora ou majoradora de tributo pode ser aplicada no ano seguinte, apesar de não haver específica autorização orçamentária. A alternativa está errada porque falou em anualidade e explicitou o conteúdo do princípio da anterioridade.

Comentado o quesito, é necessário lembrar que o princípio da anterioridade foi concebido para proteger o contribuinte, conceder-lhe um tempo para se preparar contra o aumento da carga tributária. Assim, o princípio da anterioridade não se aplica no caso de diminuição do tributo ou na hipótese de sua extinção[6].

Também não se aplica o princípio da anterioridade na hipótese de modificação do prazo de vencimento do tributo. Assim, por exemplo, se um decreto do Presidente da República[7] antecipa o prazo de vencimento do tributo do 15º dia

6 Acompanhe a diferença em relação ao princípio da legalidade. No caso do princípio da legalidade, a lei é necessária tanto parar criar como para extinguir, tanto para aumentar como para reduzir o tributo. Já no que diz respeito ao princípio da anterioridade, ele só é aplicável na hipótese de criar ou aumentar o tributo.

7 A mudança do prazo de vencimento pode ser efetuada por norma infra-legal.

para o 10º dia do mês seguinte ao do fato gerador, essa modificação, apesar de ser prejudicial ao contribuinte, não precisa respeitar o princípio da anterioridade.

A atualização monetária do tributo também não se submete ao princípio da anterioridade[8].

Questão 89

Para custear serviços públicos de sua competência, o município de Vila Bela dispõe de 2 milhões de reais, provenientes da distribuição de receitas tributárias do imposto de renda (IR), do imposto sobre a propriedade territorial rural (ITR), do imposto sobre a propriedade de veículos automotores (IPVA) e do imposto sobre operações relativas à circulação de mercadorias e sobre prestação de serviços de transporte interestadual e intermunicipal e de comunicação (ICMS). Considerando a situação hipotética acima, assinale a opção correta acerca da matéria atinente à distribuição das receitas tributárias.

a) Pertencem ao município de Vila Bela 50% do IR incidente na fonte sobre rendimentos pagos a qualquer título por essa entidade administrativa.

b) Caberão ao município de Vila Bela 50% do ITR quanto aos imóveis situados em seu território.

c) Ao município de Vila Bela são cabíveis 30% do IPVA relativo aos veículos licenciados em seu território.

d) São devidos ao município de Vila Bela 20% do ICMS arrecadado pelo respectivo estado.

COMENTÁRIOS

a) A alternativa "A" esta incorreta, uma vez que pertence ao município de Vila Bela **100% do IR incidente na fonte** sobre rendimentos pagos a qualquer título por ele, suas autarquias e pelas fundações que instituir e mantiver. Assim, se um fiscal do município de Vila Bela aufere rendimentos mensais de 10 mil reais mensais e o município retém na fonte o valor de R$ 2.700,00, o valor retido pelo município pertencerá integralmente ao município, conforme dispõe o art. 158, I, da CF, abaixo transcrito:

> *Art. 158. Pertencem aos Municípios:*
>
> *I – o produto da arrecadação do imposto da União sobre renda e proventos de qualquer natureza, incidente na fonte, sobre rendimentos pagos, a qualquer título, por eles, suas autarquias e pelas fundações que instituírem e mantiverem.*

Veja gráfico ilustrativo

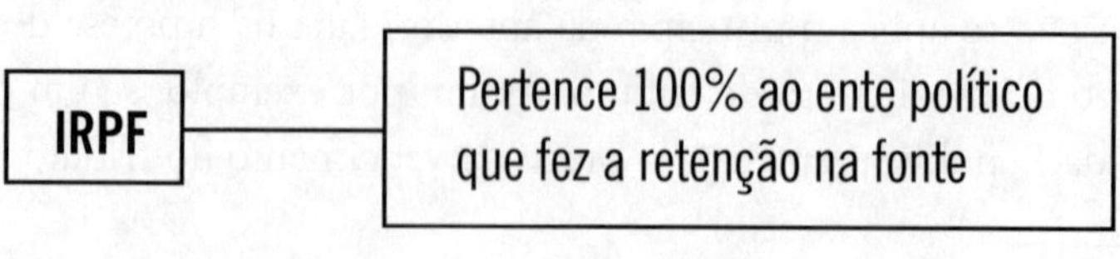

8 A modificação do prazo de vencimento do tributo e a atualização monetária da base de cálculo não se submetem nem ao princípio da legalidade nem tampouco ao da anterioridade.

b) **A alternativa "B" é a correta**, uma vez que, como regra, pertencem aos Municípios 50% do produto da arrecadação do imposto da União sobre a propriedade territorial rural, relativamente aos imóveis neles situados. Com base nessa regra, pode-se afirmar que caberá ao município de Vila Bela 50% do ITR quanto aos imóveis situados em seu território. A regra da repartição da receita do ITR está delineada no art. 158, II, da CF:

> *Art. 158. Pertencem aos Municípios:*
>
> *II – 50% (cinqüenta por cento) do produto da arrecadação do imposto da União sobre a propriedade territorial rural, relativamente aos imóveis neles situados, cabendo a totalidade na hipótese da opção a que se refere o art. 153, § 4º, III;*

Observa-se da leitura do artigo que a EC nº 42/2003 introduziu a possibilidade de o município ficar com 100% da arrecadação do ITR. Isso ocorrerá quando o ITR for fiscalizado e cobrado pelos Municípios que assim optarem, na forma da lei, desde que não implique redução do imposto ou qualquer outra forma de renúncia fiscal.

Resumindo, pertence ao Município 50% ou 100% da arrecadação do ITR. A questão, em análise, considerou correto os 50% porque é a regra geral e não existia na questão nenhuma referência à fiscalização e cobrança do imposto pelo município. O gráfico seguinte resume essa regra:

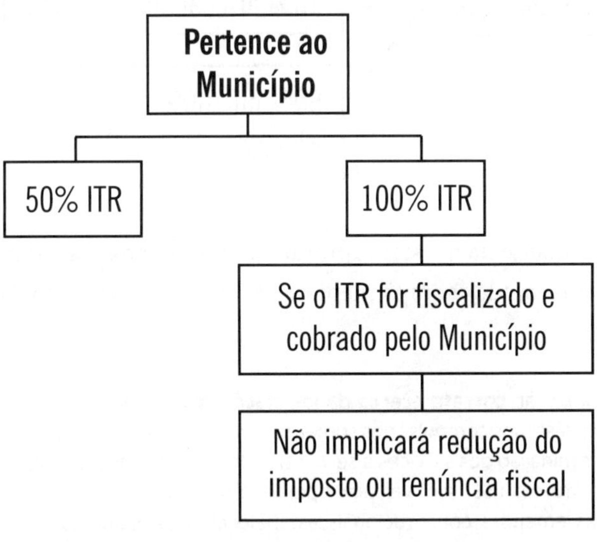

c) A alternativa "C" está incorreta, uma vez que ao município de Vila Bela são cabíveis **50%** do IPVA relativo aos veículos licenciados em seu território. O assunto está disciplinado no art. 158, III, da CF: "*Art. 158. Pertencem aos Mu-*

nicípios: III – 50% (cinqüenta por cento) do produto da arrecadação do imposto do Estado sobre a propriedade de veículos automotores licenciados em seus territórios".

d) A alternativa "D" está incorreta, eis que pertencem aos municípios **25% do ICMS** arrecadado pelo respectivo estado. Observe que a questão apresenta dois erros: o primeiro erro diz respeito ao percentual. O percentual é de 25% e não de 20%, como afirma a questão. O segundo erro é que o percentual de 25% do ICMS pertencem a todos os municípios do Estado e não apenas a um município particular.

> *Art. 158. Pertencem aos Municípios:*
>
> *IV – 25% (vinte e cinco por cento) do produto da arrecadação do imposto do Estado sobre operações relativas à circulação de mercadorias e sobre prestações de serviços de transporte interestadual e intermunicipal e de comunicação.*

O gráfico seguinte evidencia o percentual de arrecadação do IPVA, ICMS e ITR que pertence aos Municípios.

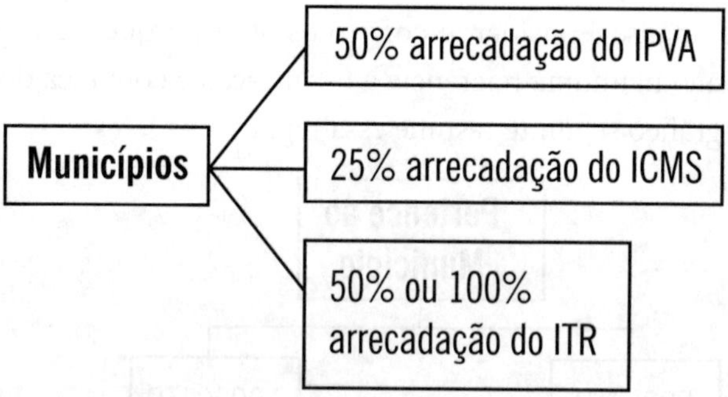

Concluída a análise da questão, aprofundaremos o tema da repartição das receitas tributárias nos estudos complementares 1 no final da correção da prova 2007-1

Questão 90

Assinale a opção correta acerca da legislação tributária.

a) Os empréstimos compulsórios somente serão instituídos mediante lei complementar.

b) A discriminação dos serviços a serem tributados pelo imposto sobre serviços de qualquer natureza (ISS) será veiculada por lei ordinária.

c) Apenas emendas constitucionais estabelecerão as alíquotas do ICMS aplicáveis às operações de exportação.

d) É lícito que a matéria atinente à fixação das alíquotas mínimas para o IPVA seja disciplinada por decreto.

COMENTÁRIOS

a) A **alternativa "A" é a correta**, uma vez que o empréstimo compulsório somente poderá ser instituído por lei complementar. O art. 148 da CF é claro quando dispõe: "*Art. 148. A União, mediante lei complementar, poderá instituir empréstimos compulsórios*".

Apesar de ter pouca importância no mundo real, as características do empréstimo compulsório são muito demandadas nos concursos e estão resumidas nos tópicos seguintes:

1) O empréstimo compulsório é um tributo restituível (A União deverá devolver o valor arrecadado, uma vez que se trata de um empréstimo).
2) O empréstimo compulsório é de competência exclusiva da União.
3) O empréstimo compulsório somente pode ser instituído por lei complementar.
4) Existem duas modalidades de empréstimo compulsório: o empréstimo compulsório para despesa extraordinária e o empréstimo compulsório para investimento público.
5) O empréstimo compulsório para despesa extraordinária é decorrente de calamidade pública, guerra externa ou a iminência de guerra externa.
6) O empréstimo compulsório para despesa extraordinária não obedece ao princípio da anterioridade e da noventena[9]. Assim, uma vez criado, o empréstimo compulsório para despesa extraordinária pode ser cobrado imediatamente.
7) O investimento público que justifica a criação do empréstimo compulsório deve ter caráter urgente e relevante interesse nacional. Apesar de apresentar o caráter urgente, o empréstimo compulsório para investimento público obedece ao princípio da anterioridade e da noventena. Assim, se for publicada uma lei complementar em janeiro de 2008 criando um empréstimo compulsório para financiar um investimento público de caráter urgente e relevante interesse nacional, esse tributo somente poderá ser cobrado em janeiro de 2009, obedecendo dessa forma ao princípio da anterioridade e ao da noventena (nesse caso ao se obedecer ao princípio da anterioridade, está se obedecendo ao princípio da noventena, uma vez que não estão sendo cobrados tributos antes de decorridos noventa dias

9 O princípio da anterioridade proíbe que se cobre tributo no mesmo exercício financeiro em que haja sido publicada a lei que o instituiu ou aumentou. O princípio da noventena veda (proíbe) que se cobre o tributo antes de decorridos noventa dias da data em que haja sido publicada a lei que os instituiu ou aumentou. Ambos os princípios não se aplicam ao empréstimo compulsório para despesa extraordinária.

da data da publicação da lei que instituiu o empréstimo compulsório). Da mesma forma, se a lei complementar que cria o empréstimo compulsório para investimento público é publicada em meado de dezembro de 2008, o tributo somente poderá ser cobrado a partir de meado de março de 2009 (nesse caso, ao obedecer o princípio da noventena, obedece-se também ao princípio da anterioridade).

8) A aplicação dos recursos do empréstimo compulsório está vinculada à despesa que fundamentou sua instituição.

O gráfico seguinte resume as características do empréstimo compulsório:

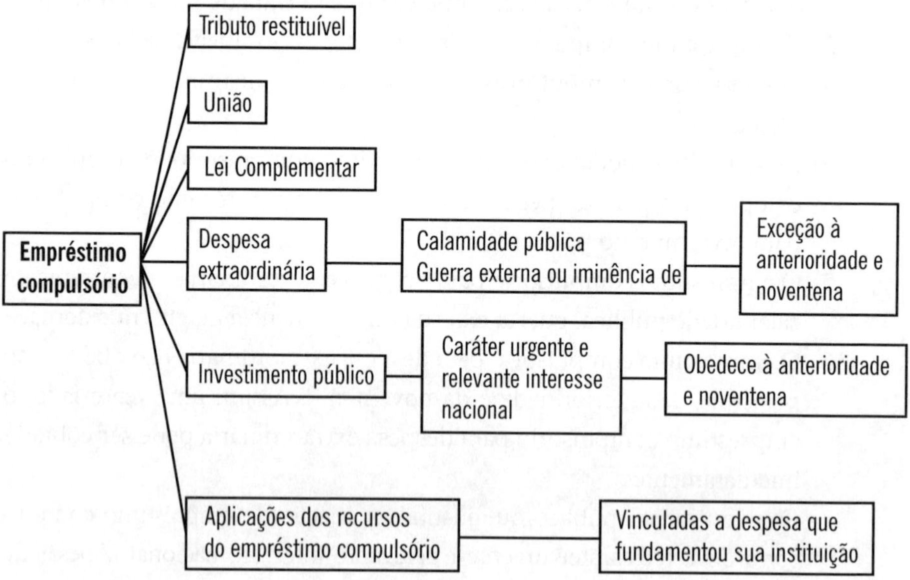

b) A alternativa "B" está incorreta, uma vez que a discriminação dos serviços a serem tributados pelo imposto sobre serviços de qualquer natureza (ISS) será veiculada por lei complementar e não por lei ordinária, como diz a questão. O assunto está disciplinado no art. 156, III, da CF:

> *Art. 156. Compete aos Municípios instituir impostos sobre:*
> *(...)*
> *III – serviços de qualquer natureza, não compreendidos no art. 155, II, definidos em lei complementar*

c) A alternativa "C" está incorreta, uma vez que não cabe às emendas constitucionais estabelecer as alíquotas do ICMS aplicáveis às operações de exportação.

O poder constituinte originário definiu que cabe a resolução do Senado Federal fixar as alíquotas aplicáveis às operações e prestações, interestaduais e de exportação. Assim, até a Emenda Constitucional nº 42 podia-se afirmar sem ressalvas que as alíquotas de exportação eram fixadas por resolução do Senado Federal. A Emenda Constitucional nº 42/2003 estipulou que o ICMS não incidirá sobre operações que destinem mercadorias para o exterior, nem sobre serviços prestados a destinatários no exterior. Atualmente, portanto, não incide ICMS sobre as exportações. A regra que prevê que cabe a resolução do Senado Federal estipular as alíquotas do ICMS aplicáveis às operações de exportação perdeu o sentido, uma vez que já não incide ICMS nas exportações.

Observe que a EC nº 42, ao prever essa nova imunidade, esqueceu de retirar do texto a regra que prevê caber a resolução do Senado Federal fixar as alíquotas de ICMS aplicáveis às operações de exportação. Transcrevi os incisos IV e X do art. 155 da CF para evidenciar que os dois incisos ainda presentes na CF acabam veiculando idéias assimétricas.

> *Art. 155. (...)*
>
> *(...)*
>
> *IV – resolução do Senado Federal, de iniciativa do Presidente da República ou de um terço dos Senadores, aprovada pela maioria absoluta de seus membros, estabelecerá as alíquotas aplicáveis às operações e prestações, interestaduais e de exportação;*
>
> *(...)*
>
> *X – não incidirá:*
>
> *a) sobre operações que destinem mercadorias para o exterior, nem sobre serviços prestados a destinatários no exterior, assegurada a manutenção e o aproveitamento do montante do imposto cobrado nas operações e prestações anteriores;* (Redação dada pela Emenda Constitucional nº 42, de 19/12/2003)

d) A alternativa "D" está errada, eis que o IPVA tem suas alíquotas mínimas fixadas pelo Senado Federal, conforme estabelece o § 6º do art. 155 da CF.

O IPVA apresenta as seguintes peculiaridades em relação às suas alíquotas[10]:

1) As alíquotas mínimas do IPVA são fixadas por resolução do Senado Federal
2) O IPVA pode ter alíquotas diferenciadas em função do tipo e utilização.

Observe que o IPVA é um imposto estadual e tem suas alíquotas mínimas fixadas pelo Senado Federal. O ITCD (imposto sobre herança e doação) é um imposto estadual e tem suas alíquotas máximas fixadas pelo Senado Federal (O SF fixou

10 Essas alterações foram promovidas pela EC nº 42/2003.

em 8% a alíquota máxima do ITCD). O ICMS é um imposto estadual e tem suas alíquotas aplicáveis às operações e prestações, interestaduais e de exportação[11] fixadas por resolução do SF e poderá ter suas alíquotas internas mínimas e máximas estabelecidas por resolução do SF.

Observa-se, portanto, que a Casa no Parlamento que representa os Estados e o DF tem grande participação na fixação das alíquotas dos impostos estaduais, particularmente nas alíquotas máximas e mínimas.

A tabela seguinte ilustra a participação do SF:

	ALÍQUOTA MÍNIMA	ALÍQUOTA MÁXIMA	ALÍQUOTA INTERESTADUAL	ALÍQUOTA DE EXPORTAÇÃO
IPVA	SF (fixa)			
ITCD		SF (fixa)		
ICMS	SF(faculdade)	SF (faculdade)	SF (fixa)	SF (fixava)

O Gráfico seguinte evidencia a participação do Senado Federal na fixação das alíquotas dos impostos estaduais, particularmente as alíquotas máximas e mínimas.

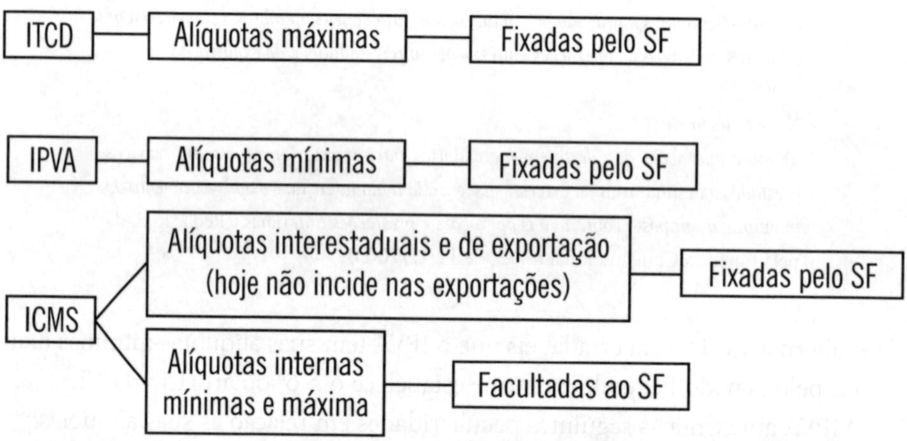

QUESTÃO 91

Carlos, administrador do supermercado Boas Compras, deixou de recolher vários tributos da referida pessoa jurídica, que passa por severas privações financeiras. Tendo como referência inicial a situação hipotética acima, assinale a opção correta acerca da obrigação tributária.

11 Desde a EC nº 42/2003 o ICMS não incide sobre as exportações. Assim, pode-se afirmar que não incide ICMS e IPI sobre as exportações.

a) A capacidade tributária passiva do referido supermercado Boas Compras não depende de sua regular constituição.
b) Carlos e o supermercado Boas Compras são solidariamente responsáveis pelo pagamento dos tributos devidos.
c) O dever de recolher os tributos devidos pelo supermercado Boas Compras constitui uma obrigação tributária acessória.
d) Carlos, na condição de administrador do supermercado Boas Compras, é pessoalmente responsável pelos créditos correspondentes a obrigações tributárias decorrentes de quaisquer de seus atos.

COMENTÁRIOS

a) **A alternativa "A" é a correta.** A capacidade tributária passiva do referido supermercado Boas Compras não depende de sua regular constituição. Aliás, conforme preceitua o art. 126 do CTN, a capacidade tributária passiva independe da capacidade civil das pessoas naturais (um bebê de 2 meses, por exemplo, pode ser contribuinte de um imposto), independe também de acharse a pessoa natural sujeita a medidas que importem privação ou limitação do exercício de atividades civis, comerciais ou profissionais, ou da administração direta de seus bens ou negócios (um médico que teve o seu CRM cassado e continua exercendo ilegalmente a medicina será contribuinte do Imposto de Renda relativamente à renda auferida) e também não depende de estar a pessoa jurídica regularmente constituída, bastando que configure uma unidade econômica ou profissional (um grupo de pessoas que decide comprar e vender óleo será contribuinte do ICMS independentemente de ter inscrição estadual).

b) A alternativa "B" é incorreta. Não existe solidariedade passiva pelo pagamento dos tributos devidos entre Carlos, administrador do supermercado, e o supermercado Boas Compras. O supermercado Boas Compras é contribuinte dos impostos devidos e o administrador Carlos, em regra, não responde pelos tributos devidos pela pessoa jurídica. Carlos somente será responsável pelos créditos correspondentes a obrigações tributárias resultantes de atos praticados com excesso de poderes ou infração de lei, contrato social ou estatutos, conforme prevê o art. 135 do CTN.

c) A alternativa "C" é incorreta, uma vez que o dever de recolher impostos constitui uma obrigação tributária principal, conforme prevê o art. 113 do CTN. Explicaremos melhor os conceitos de obrigação tributária principal e acessória.

A obrigação tributária principal (OTP) tem por objeto o pagamento do tributo ou da penalidade pecuniária (multa). O CTN, portanto, previu duas modalidades de obrigação principal: o pagamento do tributo e o pagamento da penalidade pecuniária. Vejamos alguns exemplos de obrigação principal: O pagamento de uma taxa, o pagamento do imposto de renda, o pagamento de uma contribuição de melhoria, o pagamento da COFINS, o pagamento do PIS, o pagamento de uma contribuição sobre a folha de salários, o pagamento de uma multa pelo atraso da entrega da Declaração, o pagamento de uma multa pelo atraso do pagamento do imposto (para memorizar lembre-se de que as palavras "principal" e "pagar" iniciam com a letra "P").

A obrigação tributária acessória (OTA) tem por objeto prestações positivas ou negativas. São exemplos de obrigações acessórias: obrigação de entregar a declaração do imposto de renda, obrigação de escriturar o livro de apuração do ICMS, obrigação de emitir nota fiscal, obrigação do estabelecimento comercial de não comprar mercadorias desacompanhadas de documentação fiscal.

Outra diferença entre a obrigação principal e a acessória, presente no § 2º do art. 113, é que a obrigação principal decorre da lei e a obrigação acessória decorre da legislação tributária. O conceito de legislação tributária é mais amplo do que o conceito de lei e inclui os decretos e as normas complementares. Assim, é possível, por exemplo, criar uma obrigação acessória mediante decreto ou portaria, mas esses instrumentos não são idôneos a criar uma obrigação principal. A obrigação principal (tributo e multa) precisa estar definida na lei (ou medida provisória).

O gráfico seguinte resume as diferenças entre a obrigação principal e acessória

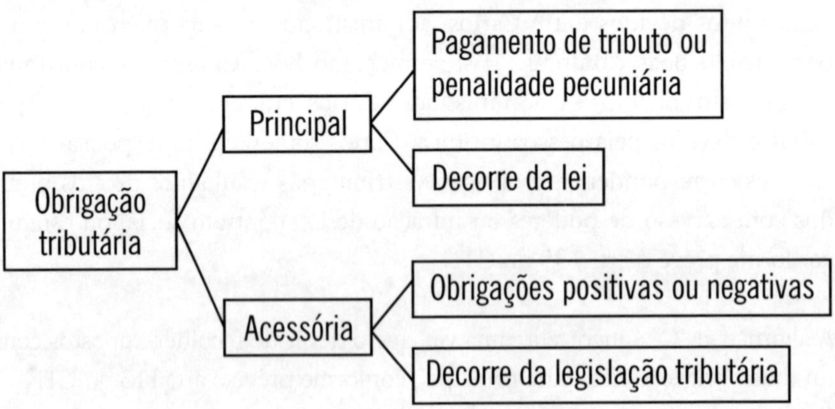

d) A alternativa "D" está incorreta, uma vez que Carlos, na condição de administrador do supermercado Boas Compras, não é pessoalmente responsável pelos créditos correspondentes a obrigações tributárias decorrentes de quaisquer de seus atos. Carlos, na condição de administrador do supermercado, somente será pessoalmente responsável pelos créditos correspondentes às obrigações tributárias resultantes de atos praticados com excesso de poderes ou infração de lei.

> *Art. 135. São pessoalmente responsáveis pelos créditos correspondentes a obrigações tributárias resultantes de atos praticados com excesso de poderes ou infração de lei, contrato social ou estatutos:*
>
> *I – as pessoas referidas no artigo anterior;*
>
> *II – os mandatários, prepostos e empregados;*
>
> *III – os diretores, gerentes ou representantes de pessoas jurídicas de direito privado.*

Questão 92

Um navio cargueiro, em trânsito para a Argentina, atracou em porto brasileiro com três lotes de automóveis com as características a seguir:
lote 1 – automóveis fabricados nos Estados Unidos da América para serem vendidos no Brasil;
lote 2 – automóveis fabricados no Brasil, reimportados para a realização de reparos em razão de defeitos técnicos;
lote 3 – automóveis em trânsito, para serem vendidos na Argentina.
Com relação ao imposto de importação, assinale a opção correta, tendo como referência inicial a situação hipotética acima apresentada.

a) Incide imposto de importação apenas sobre os automóveis dos lotes 1 e 2.
b) Incide imposto de importação apenas sobre os automóveis do lote 3.
c) O imposto de importação é de caráter marcadamente fiscal.
d) A alteração das alíquotas do imposto de importação não se sujeita aos princípios constitucionais tributários da legalidade e da anterioridade.

COMENTÁRIOS

Os impostos aduaneiros (imposto de importação e exportação) são exceções ao princípio da legalidade, da anterioridade e da noventena. Assim, o poder executivo pode, por exemplo, através de decreto alterar a alíquota do imposto de importação, e essa alteração produzirá efeito imediato.

Dessa forma, está absolutamente correta a afirmação de que a alteração das alíquotas do imposto de importação não se sujeita aos princípios constitucionais tributários da legalidade e da anterioridade. A **resposta, portanto, é a letra D**.

Ressalte-se que os impostos sobre o comércio exterior (Imposto de Importação e Imposto de Exportação) e o imposto sobre operações de crédito, câmbio e seguro, ou relativas a títulos ou valores mobiliários (IOF) constituem exceções ao princípio da legalidade, anterioridade e noventena.

Questão 93

No que concerne ao lançamento do crédito tributário, assinale a opção correta.

a) A data da ocorrência do fato gerador vai definir a legislação tributária que regerá a constituição do crédito tributário. Todavia, aplica-se ao lançamento a legislação posterior à data que tenha outorgado ao crédito maiores privilégios, para o efeito de atribuir responsabilidade tributária a terceiros.

b) Não existindo disposição legal em contrário, nos casos em que o valor tributário esteja expresso em moeda estrangeira, deverá ser feita a sua conversão em moeda nacional ao câmbio do dia em que se proceder ao lançamento tributário.

c) Qualquer modificação nos critérios jurídicos adotados pela autoridade administrativa no exercício do lançamento, introduzida em conseqüência de **decisão judicial, somente** pode ser efetiva, em relação a um mesmo sujeito passivo, quanto a fato gerador ocorrido posteriormente à sua introdução.

d) É de cinco anos o prazo prescricional para cobrança de crédito tributário, contados da data do fato gerador da obrigação tributária.

COMENTÁRIOS

a) A alternativa "A" está errada. O CESPE explorou a literalidade do § 1º do art. 144 do CTN:

> *Art. 144. O lançamento reporta-se à data da ocorrência do fato gerador da obrigação e rege-se pela lei então vigente, ainda que posteriormente modificada ou revogada.*
>
> *§ 1º Aplica-se ao lançamento a legislação que, posteriormente à ocorrência do fato gerador da obrigação, tenha instituído novos critérios de apuração ou processos de fiscalização, ampliado os poderes de investigação das autoridades administrativas, ou outorgado ao crédito maiores garantias ou privilégios,* ***exceto, neste último caso, para o efeito de atribuir responsabilidade tributária a terceiros.*** (destacamos)

b) A alternativa "B" está errada, uma vez que a conversão deverá ser feita na data da ocorrência do fato gerador.

> *Art. 143. Salvo disposição de lei em contrário, quando o valor tributário esteja expresso em moeda estrangeira, no lançamento far-se-á sua conversão em moeda nacional ao câmbio do* ***dia da ocorrência do fato gerador da obrigação.*** (destacamos)

c) A **alternativa "C" é a correta,** uma vez que harmonizada com o art. 146 do CTN:

> *Art. 146. A modificação introduzida, de ofício ou em conseqüência de decisão administrativa ou judicial, nos critérios jurídicos adotados pela autoridade administrativa no exercício do* ***lançamento somente pode ser efetivada, em relação a um mesmo***

sujeito passivo, quanto a fato gerador ocorrido posteriormente à sua introdução. (destacamos)

É usual uma determinada situação fática suscitar diversas interpretações. Nesse caso, se a Administração Tributária modifica a sua interpretação sobre determinado assunto, essa modificação nos denominados critérios jurídicos somente poderá ser efetivada em relação a fato gerador ocorrido posteriormente à sua introdução.

Transcrevo acórdão do STJ que ratifica esse entendimento:

Tributário. IPI. Mandado de Segurança. Importação de Mercadoria. Desembaraço aduaneiro. Classificação tarifária. Autuação posterior. Revisão de lançamento por erro de direito. Súmula 227/TRF. Precedentes.

– Aceitando o Fisco a classificação feita pelo importador no momento do desembaraço alfandegário ao produto importado, a alteração posterior constitui-se em mudança de critério jurídico vedado pelo CTN.

– *Ratio essendi* da Súmula 227/TRF no sentido de que 'a mudança de critério jurídico adotado pelo fisco não autoriza a revisão do lançamento'.

– Incabível o lançamento suplementar motivado por erro de direito. Recurso improvido.

d) A alternativa "D" está errada. O prazo de prescrição não é contado da data do fato gerador da obrigação tributária, mas da constituição definitiva do crédito tributário. A decadência ocorre quando a Fazenda Pública não promove o lançamento no prazo definido no CTN. A prescrição ocorre quando a Fazenda Pública não cobra o crédito tributário no prazo de cinco anos da data da constituição definitiva do crédito tributário. "*Art. 174. A ação para a cobrança do crédito tributário prescreve em cinco anos, contados da data da sua constituição definitiva*".

Questão 94

A União, por intermédio de lei federal, concedeu moratória em caráter geral, relativamente a um tributo, circunscrevendo seus efeitos a determinada região do território nacional, estabelecendo ainda critérios e condições para que o referido favor seja estendido individualmente, por despacho da autoridade administrativa, aos que não possuam domicílio na aludida região. Com base na legislação tributária aplicável e tendo a situação hipotética acima como referência, assinale a opção correta.

a) Não havendo disposição legal em contrário, presume-se que a concessão da moratória abrange todos os créditos tributários, constituídos ou não, à data da edição da referida lei federal.

b) A concessão de moratória em caráter individual não gera direito adquirido.

c) A concessão da moratória não interrompe o prazo prescricional do direito à cobrança do crédito tributário, mesmo que, posteriormente, o despacho concessivo do favor seja anulado em virtude de ter sido constatada a existência de dolo ou simulação do benefício.
d) A moratória não pode ser concedida em favor de determinada classe ou categoria de sujeitos passivos.

COMENTÁRIOS

A alternativa "B" afirma que "a concessão da moratória em caráter individual não gera direito adquirido" e está de acordo com o art. 155 abaixo transcrito.

> *Art. 155.* ***A concessão da moratória em caráter individual não gera direito adquirido*** *e será revogada de ofício, sempre que se apure que o beneficiado não satisfazia ou deixou de satisfazer as condições ou não cumpria ou deixou de cumprir os requisitos para a concessão do favor, cobrando-se o crédito acrescido de juros de mora:*
> *I – com imposição da penalidade cabível, nos* ***casos de dolo ou simulação do beneficiado****, ou de terceiro em benefício daquele;*
> *II – sem imposição de penalidade, nos demais casos.*
> *Parágrafo único.* ***No caso do inciso I deste artigo, o tempo decorrido entre a concessão da moratória e sua revogação não se computa para efeito da prescrição do direito à cobrança do crédito****; no caso do inciso II deste artigo, a revogação só pode ocorrer antes de prescrito o referido direito.* (destacamos)

A alternativa "B", portanto, é a alternativa correta.

A alternativa "A" afirma que não havendo disposição legal em contrário, presume-se que a concessão da moratória abrange todos os créditos tributários, constituídos ou não, à data da edição da referida lei federal. Na verdade ocorre exatamente o contrário. Não havendo disposição legal permissiva, a moratória abrange somente os créditos definitivamente constituídos ou cujo lançamento já tenha iniciado. A **alternativa "A", portanto, está errada**, porque é contrária ao conteúdo do art. 154 do CTN, abaixo transcrito:

> *Art. 154. Salvo disposição de lei em contrário, a moratória somente abrange os créditos definitivamente constituídos à data da lei ou do despacho que a conceder, ou cujo lançamento já tenha sido iniciado àquela data por ato regularmente notificado ao sujeito passivo.*

A alternativa "D" afirma que a moratória não pode ser concedida em favor de determinada classe ou categoria de sujeitos passivos. **O parágrafo único do art. 152** estabelece que **a lei concessiva de moratória pode circunscrever expressamente a sua aplicabilidade** a determinada região do território da pessoa jurídica que a expedir **ou a determinada classe ou categoria de sujeitos passivos.** Portanto, **a alternativa "D" está incorreta.**

A alternativa "C", considerada errada pelo CESPE, afirma que a concessão da moratória **não interrompe** o prazo prescricional do direito à cobrança do crédito tributário, mesmo que, posteriormente, o despacho concessivo do favor seja anulado em virtude de ter sido constatada a existência **de dolo ou simulação do benefício.** O CTN afirma que o tempo decorrido entre a concessão da moratória e a sua revogação não se computa para efeito de prescrição no caso de dolo ou simulação do beneficiado. Observe no gráfico seguinte que existem dois momentos distintos:

Momento 1 ---Momento 2
(concessão da moratória) **(revogação da moratória)**

O tempo decorrido entre a concessão da moratória e a revogação da moratória pode ou não contar para efeito de prescrição, dependendo se a moratória foi obtida de boa-fé ou de má-fé. O gráfico seguinte explicita os casos de casos de moratória de má-fé e de boa-fé:

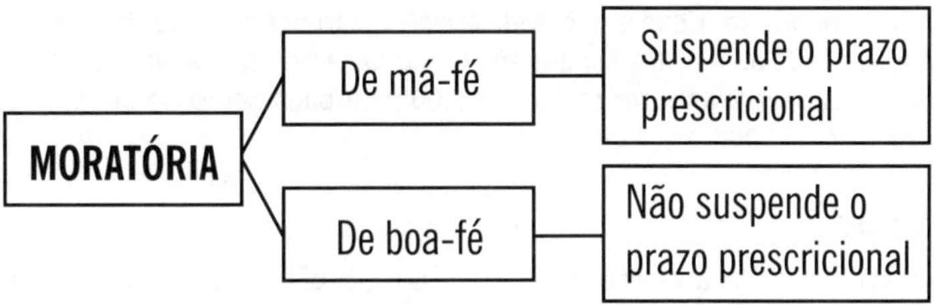

A alternativa "C" explora o caso da moratória de má-fé.

Se a moratória foi obtida de má-fé (art. 155, I, CTN) o tempo decorrido entre a concessão da moratória e a sua revogação não se computa para efeito de prescrição, conforme preceitua o parágrafo único do art. 155 do CTN. O CESPE, baseado no texto do CTN, considerou errada a alternativa que afirma, em síntese, que a concessão de moratória de má-fé não interrompe o prazo prescricional do direito à cobrança do crédito tributário.[12]

Se a moratória foi obtida de boa-fé (art. 155, II, CTN) o tempo decorrido entre a concessão da moratória e a sua revogação, contará para efeito de prescrição e a revogação da moratória somente poderá ocorrer antes de se consumar a prescrição. A moratória de boa-fé, portanto, constitui um caso em que ocorre a suspensão da exigibilidade do crédito tributário, mas não ocorre a suspensão do prazo pres-

12 A doutrina, entretanto, inclina-se em considerar o parágrafo único do art. 155 como uma modalidade de suspensão do prazo prescricional.

cricional. Constitui, portanto, uma exceção à regra geral de que a suspensão da exigibilidade do crédito tributário gera a suspensão do prazo prescricional. Essa exceção, entretanto, não é aceita pacificamente pela doutrina e jurisprudência[13], uma vez que configura uma hipótese em que, mesmo não se verificando a inércia do sujeito ativo, ocorreria a fluência do prazo prescricional.

Questão 95

O sujeito passivo de determinada relação jurídica tributária formulou consulta, dentro do prazo legal para pagamento do crédito, a respeito da possibilidade de compensação do aludido crédito com créditos líquidos e certos vincendos de sua titularidade contra a fazenda pública. O mesmo sujeito passivo também possui créditos tributários vencidos relativos ao imposto de renda dos exercícios de 2004 e 2005, nos valores, respectivamente, de R$ 2.000,00 e R$ 4.000,00. Para estes créditos, o sujeito passivo emitiu cheque no valor de R$ 3.000,00, pagando-o diretamente na repartição fiscal. Considerando essa situação e com base na legislação tributária vigente, assinale a opção correta.

a) Na pendência da consulta formulada, não haverá a incidência de juros moratórios, mesmo que o crédito não seja pago até a data do vencimento.
b) Mesmo sendo líquidos e certos, não são compensáveis créditos vincendos contra a fazenda pública.
c) O pagamento de tributos não pode ser efetuado por meio de cheques.
d) A autoridade administrativa que receber o pagamento relativo a créditos tributários vencidos deverá imputar os R$ 3.000,00 para pagamento do imposto de renda do exercício de 2005.

COMENTÁRIOS

a) A **alternativa "A" é a correta**. O art. 161 do CTN dispõe que o crédito não integralmente pago no vencimento é acrescido de juros de mora, seja qual for o motivo determinante da falta. Entretanto, o § 2º ressalva que não haverá a incidência de juros no caso de pendência de consulta formulada pelo devedor. Transcrevo o art. 161 do CTN abaixo:

> *Art. 161. O crédito não integralmente pago no vencimento é acrescido de juros de mora, seja qual for o motivo determinante da falta, sem prejuízo da imposição das penalidades cabíveis e da aplicação de quaisquer medidas de garantia previstas nesta Lei ou em lei tributária.*
>
> *§ 1º Se a lei não dispuser de modo diverso, os juros de mora são calculados à taxa de um por cento ao mês.*
>
> ***§ 2º O disposto neste artigo não se aplica na pendência de consulta formulada pelo devedor dentro do prazo legal para pagamento do crédito.*** (destacamos)

13 Nesse sentido é válido transcrever a súmula 248 do extinto TFR: "o prazo da prescrição interrompido pela confissão e parcelamento da dívida fiscal recomeça a fluir no dia em que o devedor deixa de cumprir o acordo celebrado."

b) A alternativa "B" é incorreta. O CTN autoriza expressamente a compensação de crédito vincendo (a vencer) do sujeito passivo contra a Fazenda Pública, conforme dispõe o art. 170 do CTN.

> *Art. 170. A lei pode, nas condições e sob as garantias que estipular, ou cuja estipulação em cada caso atribuir à autoridade administrativa, autorizar a compensação de créditos tributários com créditos líquidos e certos, vencidos ou vincendos, do sujeito passivo contra a Fazenda Pública.*
>
> *Parágrafo único. Sendo vincendo o crédito do sujeito passivo, a lei determinará, para os efeitos deste artigo, a apuração do seu montante, não podendo, porém, cominar redução maior que a correspondente ao juro de 1% (um por cento) ao mês pelo tempo a decorrer entre a data da compensação e a do vencimento.*

Assim, o crédito do contribuinte em face da Fazenda Pública pode estar vencido ou ainda ir se vencer (crédito vincendo).

O instituto da compensação é oriundo do Direito Civil e está disciplinado no Código Civil brasileiro, no art. 368, que dispõe que "*se duas pessoas forem ao mesmo tempo credor e devedor uma da outra, as duas obrigações extinguem-se até onde se compensarem*".

Entretanto, não obstante a origem do instituto, as regras da compensação do CTN não correspondem integralmente às regras sobre compensação estipuladas no Código Civil. Não esqueço um candidato que enviou o seguinte e-mail para mim: "Professor Luís de Gonzaga, tenho absoluta certeza que essa assertiva está correta uma vez que o art. 369 do Código Civil estipula que a compensação efetua-se entre dívidas líquidas, vencidas e de coisas fungíveis. Ou seja, professor, o Código não autoriza a compensação com dívidas vincendas." Respondi imediatamente a mensagem: "Sebastião, Sebastião, quando você for fazer uma prova de Direito Tributário oriente-se pelo Código Tributário e não pelo Código Civil. Lamento informá-lo, mas a assertiva está errada, porque o Código Tributário autoriza a compensação de créditos vincendos do sujeito passivo contra a Fazenda Pública."

Analisada a questão é importante dizer que a compensação é uma modalidade de extinção do crédito tributário que consiste na possibilidade de o sujeito passivo, desde que haja lei autorizando, compensar um crédito que ele dispõe em face da Fazenda Pública com um determinado débito. Assim, por exemplo, o contribuinte tem um crédito de PIS (pagou um valor a maior de PIS) e pede para compensar com uma dívida de Cofins. Muitas vezes, devido à maior rapidez, o contribuinte prefere ingressar com um pedido de compensação a pedir a restituição do valor pago.

c) A alternativa "C" está incorreta. O pagamento de tributos pode ser efetuado em moeda corrente, cheque ou vale postal, conforme preceitua o art. 162, I do CTN: "*Art. 162. O pagamento é efetuado: I – em moeda corrente, cheque ou vale postal;*".

d) A alternativa "D" está incorreta, uma vez que a dívida mais antiga deve ser paga com prioridade, e, no caso em análise a dívida mais antiga refere-se a pagamento do imposto de renda do exercício de 2004.

A alternativa trata das regras sobre imputação de pagamento dispostas no art. 163 do CTN. É importante inicialmente esclarecer que atualmente essas regras quase não têm nenhuma aplicabilidade prática uma vez que os pagamentos são usualmente efetuados nos Bancos.

Entretanto, as regras sobre imputação de pagamento devem ser memorizadas por todo aquele que se dedica aos concursos públicos.

A primeira informação necessária é que se fala em imputação de pagamento quando o mesmo contribuinte dispõe de mais um débito para com a mesma pessoa jurídica de direito público.

Assim, por exemplo, o sujeito passivo que dispõe de R$ 50.000,00 para pagar quatro débitos tributários à União que totalizam o valor de R$ 70.000,00 se enquadra dentro da hipótese em que é necessário utilizar as regras de imputação de pagamento, dispostas no art. 163 do CTN:

> *Art. 163. Existindo simultaneamente dois ou mais débitos vencidos do mesmo sujeito passivo para com a mesma pessoa jurídica de direito público, relativos ao mesmo ou a diferentes tributos ou provenientes de penalidade pecuniária ou juros de mora, a autoridade administrativa competente para receber o pagamento determinará a respectiva imputação, obedecidas as seguintes regras, na ordem em que enumeradas:*
> *I – em primeiro lugar, aos débitos por obrigação própria, e em segundo lugar aos decorrentes de responsabilidade tributária;*
> *II – primeiramente, às contribuições de melhoria, depois às taxas e por fim aos impostos;*
> *III – na ordem crescente dos prazos de prescrição;*
> *IV – na ordem decrescente dos montantes.*

A tabela seguinte permite melhor visualização das regras de imputação:

	PRIMEIRO	SEGUNDO	TERCEIRO
1º critério de desempate	Débito por obrigação própria (o sujeito passivo é contribuinte)	Débitos decorrentes de responsabilidade tributária (O sujeito passivo é responsável)	
2º critério de desempate	Contribuição de Melhoria	Taxas	Impostos
3º critério de desempate	Prazo de prescrição menor (dívidas mais antigas)	Prazo de Prescrição maior (dívidas mais recentes)	
4º critério de desempate	Montantes maiores	Montantes menores	

GABARITO DA PROVA 2007-1

86. D	90. A	93. C
87. C	91. A	94. B
88. B	92. D	95. A
89. B		

ESTUDOS COMPLEMENTARES

1 – REPARTIÇÃO DAS RECEITAS TRIBUTÁRIAS

A Constituição não cria tributos. A Constituição outorga poder político aos entes federativos (União, Estados, DF e Municípios) para que eles criem tributos. Esse poder político de que os entes federativos dispõem para criar e legislar sobre os tributos denomina-se competência tributária.

Assim, por exemplo, a Constituição Federal outorgou, no art. 153, competência tributária à União para criar sete impostos distintos, a saber: II, IE, IOF, IPI, IR, ITR, IGF (obs: Grave nessa ordem que facilitará a memorização das exceções ao princípio da legalidade, anterioridade e noventena). O assunto está disciplinado no art. 153 da CF:

> *Art. 153. Compete à União instituir impostos sobre:*
> *I – importação de produtos estrangeiros;* (II)
> *II – exportação, para o exterior, de produtos nacionais ou nacionalizados;* (IE)
> *III – renda e proventos de qualquer natureza;* (IR)
> *IV – produtos industrializados;* (IPI)
> *V – operações de crédito, câmbio e seguro, ou relativas a títulos ou valores mobiliários;* (IOF)
> *VI – propriedade territorial rural;* (ITR)
> *VII – grandes fortunas, nos termos de lei complementar.* (IGF)

A Constituição Federal outorgou, ainda, competência tributária para a União criar o Imposto Residual, previsto no art. 154, I, e o Imposto de Guerra, presente no inciso II, do art. 154, abaixo transcritos:

> *Art. 154. A União poderá instituir:*
> *I – mediante lei complementar, impostos não previstos no artigo anterior, desde que sejam não-cumulativos e não tenham fato gerador ou base de cálculo próprios dos discriminados nesta Constituição;* (Imposto Residual)
> *II – na iminência ou no caso de guerra externa, impostos extraordinários, compreendidos ou não em sua competência tributária, os quais serão suprimidos, gradativamente, cessadas as causas de sua criação.* (Imposto de Guerra)

Além desses impostos, a União dispõe de competência tributária para criar as taxas (taxas pela utilização efetiva ou potencial de serviço público específico e divisível, prestado ao contribuinte ou posto a sua disposição, ou taxas pelo exercício regular do poder de polícia), as contribuições de melhoria (em caso de obra pública que valorize o bem imóvel do contribuinte), o Empréstimo Compulsório (o empréstimo compulsório é de competência exclusiva da União) e as Contribuições Especiais. (Como regra geral, a competência das contribuições é da União, entretanto os Estados, o Distrito Federal e os Municípios instituirão contribuição, cobrada de seus servidores, para o custeio, em benefício destes, do regime previdenciário. Ademais é oportuno lembrar que as contribuições de iluminação pública são de competência dos Municípios e do Distrito Federal).

Observe-se que o Direito Tributário apresenta uma peculiaridade em relação à competência residual. Sabe-se que, como regra, a Constituição Federal, quando tratou da repartição de competência entre os entes da federação, reservou aos estados-membros a competência remanescente ou residual. Entretanto, para efeito de criação de impostos, a Constituição Federal reservou a competência residual à União.

Os Estados e o Distrito Federal dispõem de competência para criar o ICMS, o IPVA e o ITCD, conforme dispõe o art. 155 da CF:

> *Art. 155. Compete aos Estados e ao Distrito Federal instituir impostos sobre:*
> *I – transmissão "causa mortis" e doação, de quaisquer bens ou direitos;* (ITCD) –(herança e doação)
> *II – operações relativas à circulação de mercadorias e sobre prestações de serviços de transporte interestadual e intermunicipal e de comunicação, ainda que as operações e as prestações se iniciem no exterior;* (ICMS)
> *III – propriedade de veículos automotores.* (IPVA)

Os Municípios e o DF dispõem de competência para criarem o IPTU, o ISS e o ITBI, consoante prevê o art. 156 da CF:

> *Art. 156. Compete aos Municípios instituir impostos sobre:*
> *I – propriedade predial e territorial urbana;* (IPTU)
> *II – transmissão "inter vivos", a qualquer título, por ato oneroso, de bens imóveis, por natureza ou acessão física, e de direitos reais sobre imóveis, exceto os de garantia, bem como cessão de direitos a sua aquisição;* (ITBI)
> *III – serviços de qualquer natureza, não compreendidos no art. 155, II, definidos em lei complementar.* (ISS)

O quadro abaixo resume a competência tributária em relação aos impostos:

Da União	Dos Estados e DF	Dos Municípios e DF[14]*
II	ICMS	ISS
IE	IPVA	IPTU
IOF	ITCD	ITBI
IPI		
IR		
ITR		
IGF		
I RESIDUAL		
I GUERRA		

14 O art. 147 da CF dispõe: "Competem à União, em Território Federal, os impostos estaduais e, se o Território não for dividido em Municípios, cumulativamente, os impostos municipais; **ao Distrito Federal cabem os impostos municipais**. Assim, o DF tem competência para legislar sobre seis impostos: IPVA, ITCD, ICMS, ISS, IPTU e ITBI".

É importante relembrar que o fato de o ente político criar e legislar sobre o imposto não significa que ficará com a totalidade da arrecadação daquele imposto.

Assim, por exemplo, a competência tributária para criar o IPVA é do estado, entretanto, o produto da arrecadação do IPVA pertence metade ao estado e metade ao município.

Começaremos a estudar agora as regras sobre a repartição das receitas tributárias.

A 1º regra fundamental é que a repartição só é possível do ente político maior para o menor.

Assim, os municípios não distribuem nada para outros entes políticos. A arrecadação do IPTU, do ISS e do ITBI ficam integralmente com os municípios.

O gráfico seguinte expressa essa idéia de que o dinheiro somente desce a ladeira do ente político maior para o menor:

GRÁFICO

O Distrito Federal também não distribui nada para os outros entes políticos. O raciocínio é simples: Como é vedada a divisão do DF em municípios (o DF tem competência cumulativa dos impostos estaduais e municipais), não seria viável ele repartir a arrecadação dos impostos estaduais a municípios inexistentes.

A 2ª regra fundamental é que somente os impostos e a CIDE-Combustíveis são repartidos. Os demais tributos não são repartidos.

A 3ª regra fundamental é conhecer os impostos cujas receitas não são repartidas. Eis a lista de impostos cuja receita não é repartida: ISS, IPTU, ITBI, ITCD, II, IE, IGF e Imposto de Guerra.

Excluindo os impostos cuja receita não é repartida, remanescem no quadro os impostos que têm suas receitas repartidas:

Da União	Dos Estados e DF	Dos Municípios e DF
	ICMS	
	IPVA	
IOF		

Da União	Dos Estados e DF	Dos Municípios e DF
IPI		
IR		
ITR		
I RESIDUAL		

Vamos conhecer agora o quadro de repartição das receitas tributárias:

ESTADOS E DISTRITO FEDERAL	MUNICÍPIOS
IRRF(1)	IRRF(1)
30% IOF sobre o ouro (6)	70% IOF sobre o ouro
	50% IPVA (2)
	50% ITR (OU 100%) (3)
	25% ICMS (4)
20% Imposto Residual (5)	

(1)O produto da arrecadação do imposto da União sobre renda e proventos de qualquer natureza, incidente na fonte, sobre rendimentos pagos, a qualquer título, por eles, suas autarquias e pelas fundações que instituírem e mantiverem.

(2)Pertencem aos Municípios: cinqüenta por cento do produto da arrecadação do imposto do Estado sobre a propriedade de veículos automotores licenciados em seus territórios.

(3)Pertencem aos Municípios: cinqüenta por cento do produto da arrecadação do imposto da União sobre a propriedade territorial rural, relativamente aos imóveis neles situados, cabendo a totalidade na hipótese da opção a que se refere o art. 153, § 4º, III.

(4)Pertencem aos Municípios: vinte e cinco por cento do produto da arrecadação do imposto do Estado sobre operações relativas à circulação de mercadorias e sobre prestações de serviços de transporte interestadual e intermunicipal e de comunicação.

(5)Pertencem aos Estados e ao Distrito Federal: vinte por cento do produto da arrecadação do imposto que a União instituir no exercício da competência que lhe é atribuída pelo art. 154, I.

(6)Art. 153, § 5º "*O ouro, quando definido em lei como ativo financeiro ou instrumento cambial, sujeita-se exclusivamente à incidência do imposto de que trata o inciso V do "caput" deste artigo, devido na operação de origem; a alíquota mínima será de um por cento, assegurada a transferência do montante da arrecadação nos seguintes termos:*

I – trinta por cento para o Estado, o Distrito Federal ou o Território, conforme a origem;

II – setenta por cento para o Município de origem".

Estudaremos o quadro acima, começando pelas informações mais simples e diretas. Iniciaremos memorizando que dos dois impostos estaduais que têm suas receitas repartidas (IPVA e ICMS), pertencem aos municípios 50% da arrecadação do IPVA dos veículos licenciados em seus territórios e 25% da arrecadação do ICMS.

Outra informação direta é que o Município pode ficar com 50% ou 100% da arrecadação do ITR. O município ficará com 100% da arrecadação do ITR quando o ITR for fiscalizado e cobrado pelos Municípios que assim optarem, na forma da lei, desde que não implique redução do imposto ou qualquer outra forma de renúncia fiscal. O gráfico seguinte evidencia o percentual de arrecadação do IPVA, ICMS e ITR que pertence aos Municípios.

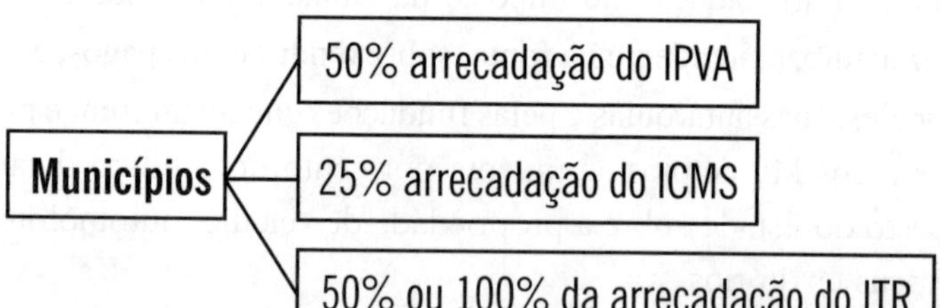

Cabe agora lembrar que a União tem competência para criar o imposto residual[15] e que 20% do produto da arrecadação do imposto residual pertence aos Estados e ao Distrito Federal.

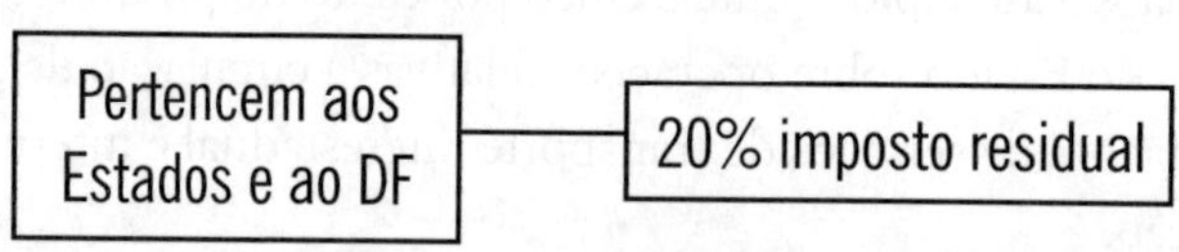

Assimiladas essas informações diretas, compreenda que o valor do imposto de renda retido na fonte (IRRF) pertence ao próprio ente político que efetuou a retenção na fonte. Assim, por exemplo, se o estado de São Paulo paga 20 mil reais a um juiz estadual e retém 6 mil reais de imposto de renda, o valor retido do imposto de renda pertencerá integralmente ao Estado de São Paulo.

15 Leia sobre o imposto residual na análise da questão 87 da prova 2006-1.

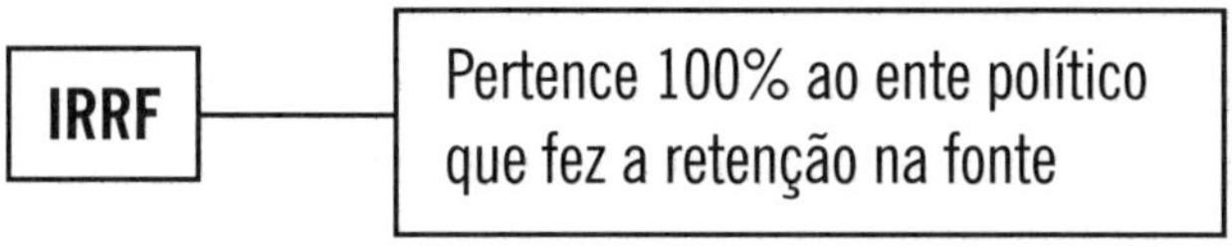

Outra informação relevante é a repartição da receita oriunda do IOF incidente sobre o ouro como ativo financeiro ou instrumento cambial. Nessa repartição os recursos do IOF (incidentes sobre o ouro como ativo financeiro ou instrumento cambial) são inteiramente repartidos entre o Estado, Distrito Federal ou Território e o Município, de tal forma que trinta por cento é transferido para o Estado, o Distrito Federal ou o Território, conforme a origem, e setenta por cento para o Município de origem.

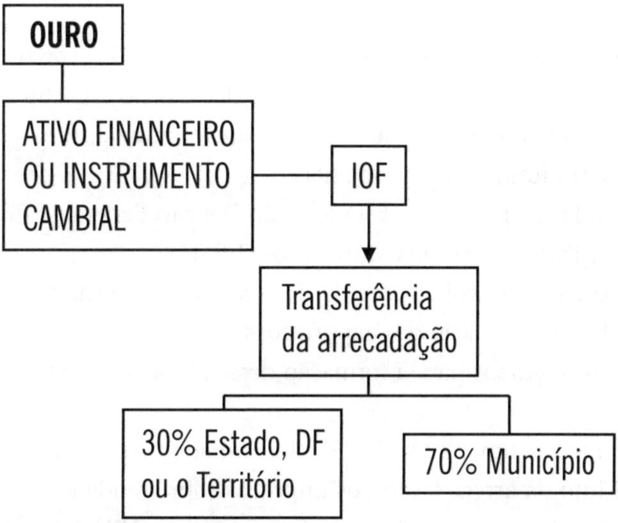

Aprofundaremos agora o estudo da repartição do ICMS. Já sabemos que 25% da arrecadação do ICMS vai para os municípios, entretanto permanece a seguinte dúvida: como será repartido o dinheiro entre os municípios? Assim, vamos imaginar que o Estado do Ceará arrecade 400 milhões de reais de ICMS. Sabemos que do valor arrecadado do ICMS, 25% pertencerá aos municípios, ou seja, no nosso exemplo, pertencerão a todos os municípios do Estado do Ceará 100 milhões de reais. Entretanto, desses 100 milhões, quanto pertencerá ao município de Fortaleza, quanto pertencerá ao município de Sobral, quanto pertencerá ao município de Juazeiro do Norte? A regra para responder a essas indagações é a seguinte: do valor global destinado a todos os municípios (100 milhões), no mínimo três quartos serão creditados na proporção do valor adicionado nas operações relativas à circulação de mercadorias e nas prestações de serviços, realizadas em seus territórios, e até um quarto, de acordo com o que dispuser lei estadual ou, no caso dos Territórios, lei federal.

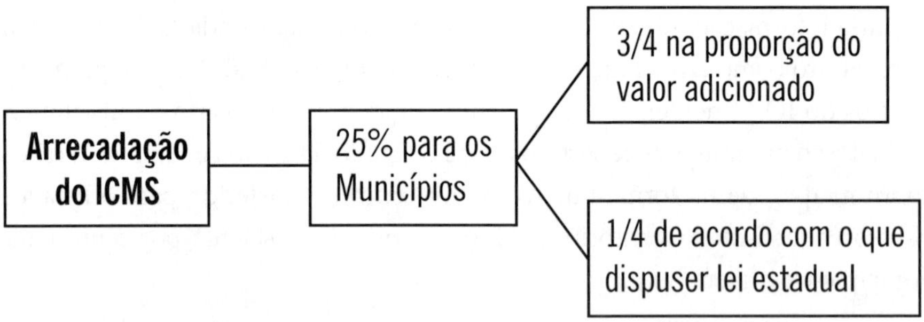

Estudamos até aqui as disposições contidas nos art. 157 e 158 da Constituição Federal; iniciaremos a análise das regras estabelecidas no art. 159 que trazem os denominados fundos constitucionais ou repartição indireta.

Existem quatro fundos constitucionais:

1) O Fundo de Participação dos Estados e do Distrito Federal (**FPE**).
2) O Fundo de Participação dos Municípios (**FPM**).
3) O Fundo para o desenvolvimento das Regiões Norte, Nordeste e Centro-Oeste.
4) O Fundo de compensação das exportações.

A origem dos recursos para a formação desses fundos é o que vamos estudar agora.

Os três primeiros fundos (1, 2 e 3) são formados com **quarenta e oito por cento** do produto da arrecadação dos impostos sobre renda (**IR**) e proventos de qualquer natureza e sobre produtos industrializados (**IPI**) que serão entregues da seguinte forma:

a) 21,5% (vinte e um inteiros e cinco décimos por cento) ao Fundo de Participação dos Estados e do Distrito Federal;
b) 22,5% (vinte e dois inteiros e cinco décimos por cento) ao Fundo de Participação dos Municípios;
c) 3% (três por cento) para aplicação em programas de financiamento ao setor produtivo das Regiões Norte, Nordeste e Centro-Oeste, através de suas instituições financeiras de caráter regional, de acordo com os planos regionais de desenvolvimento, ficando assegurada ao semi-árido do Nordeste a metade dos recursos destinados à Região, na forma que a lei estabelecer;

d) 1% (um por cento) ao Fundo de Participação dos Municípios, que será entregue no primeiro decêndio do mês de dezembro de cada ano.

Ressalte-se que a EC nº 55 aumentou em 1% o Fundo de Participação dos Municípios, acrescentando a alínea *d* ao inciso I do art. 159. Muitos alunos me perguntam por qual razão a Emenda Constitucional nº 55 simplesmente não aumentou 1% do FPM modificando a redação da alínea *b*. O motivo é simples. O constituinte reformador queria que o acréscimo de 1% fosse creditado aos Municípios apenas em dezembro, mais precisamente no primeiro decêndio de dezembro, para tentar solucionar o problema financeiro dos Municípios advindo do pagamento do 13º salário de seus servidores.

O gráfico facilita a visualização das regras acima delineadas. Somei os 22,5% da alínea *b* com o 1% da alínea *d* para formar o percentual de 23,5% do FPM:

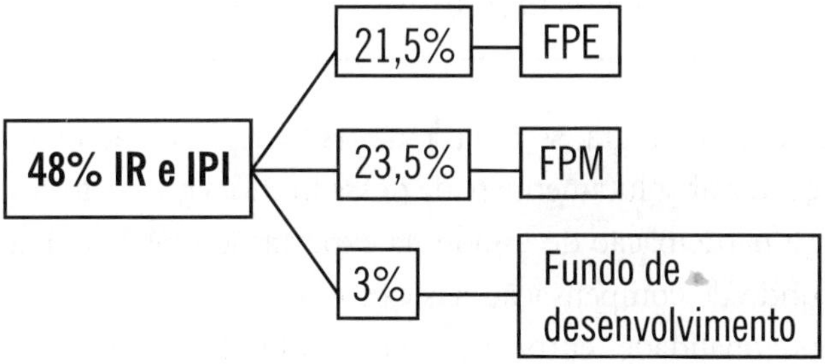

É importante destacar a seguinte regra: uma parte do valor entregue pela União ao Fundo de Desenvolvimento das Regiões Norte, Nordeste e Centro-Oeste vai para a Região Nordeste, e dessa parte destinada à Região Nordeste metade será destinada ao semi-árido do Nordeste. O gráfico seguinte expressa essa idéia:

GRÁFICO

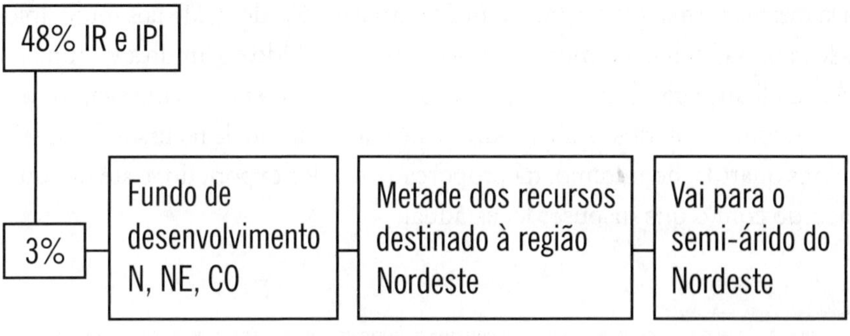

A CF criou ainda um **Fundo de Compensação das Exportações**. Para a formação desse fundo, do produto da arrecadação do imposto sobre produtos industrializados, a União entregará dez por cento aos Estados e ao Distrito Federal, proporcionalmente ao valor das respectivas exportações de produtos industrializados.

De acordo com essa regra, se um estado da Federação não exporta nada, esse estado não receberá absolutamente nada desse fundo. De acordo com essa norma, quanto maior a participação do estado na exportação brasileira mais esse estado receberá do fundo de compensação das exportações.

Essa proporcionalidade, entretanto, tem um limite máximo de 20%. A regra é que a nenhuma unidade federada poderá ser destinada parcela superior a vinte por cento do montante do fundo de exportação, devendo o eventual excedente ser distribuído entre os demais participantes, mantido, em relação a esses, o critério de partilha nele estabelecido.

Assim, por exemplo, vamos imaginar que o Estado de São Paulo participe com 50% de todas as exportações brasileiras, nesse caso o Estado de São Paulo receberá apenas 20% do fundo destinado a exportação[16].

Da mesma forma que o estado tem de entregar 25% do ICMS aos municípios, o estado exportador tem de entregar 25% do valor recebido do fundo aos municípios.

A semelhança continua: a distribuição dos recursos entre os municípios observará os mesmos critérios estabelecidos para a distribuição de recursos do ICMS, ou seja, três quartos, no mínimo, na proporção do valor exportado, e até um quarto, de acordo com o que dispuser lei estadual.

16 Conhecendo-se que os estados que mais exportam são normalmente os mais ricos, a fixação do limite máximo de 20% diminui a concentração dos recursos do fundo para as regiões mais desenvolvidas, amenizando, dessa forma, as desigualdades regionais.

CIDE-Combustíveis

Analisadas as regras sobre a repartição das receitas tributárias de impostos, vamos nos deter sobre a repartição da receita oriunda da CIDE-Combustíveis (contribuição de intervenção no domínio econômico relativa às atividades de importação ou comercialização de petróleo e seus derivados, gás natural e seus derivados e álcool combustível).

A regra é que a União entregará do produto da arrecadação da CIDE-Combustíveis 29% (vinte e nove por cento) para os estados e o Distrito Federal, e dos 29% que cabem ao estado, 25% serão destinados aos municípios. O gráfico seguinte sintetiza essa idéia:

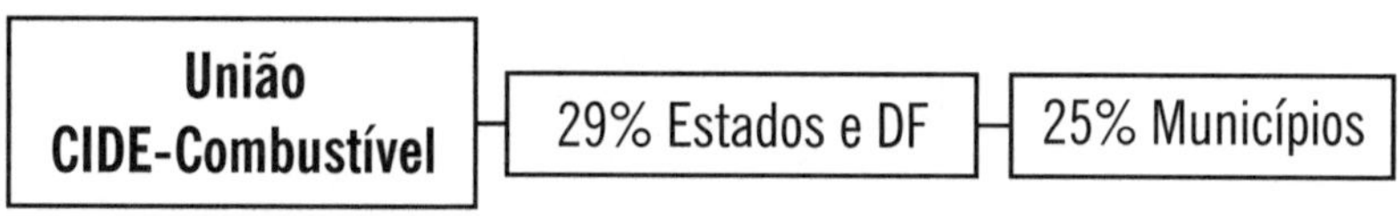

É importante conhecer a destinação dos recursos arrecadados da CIDE-Combustíveis. A CF fixa que os recursos serão destinados:

a) ao pagamento de subsídios a preços ou transporte de álcool combustível, gás natural e seus derivados e derivados de petróleo;
b) ao financiamento de projetos ambientais relacionados com a indústria do petróleo e do gás;
c) ao financiamento de programas de infra-estrutura de transportes.

O gráfico seguinte ilustra a destinação dos recursos da CIDE-Combustíveis:

OAB

Questões comentadas

7 EXAME DE ORDEM 2006-3

Questão 86

Além dos impostos, a Constituição Federal permite à União cobrar as chamadas contribuições sociais. Entretanto, não é permitido à União cobrar contribuição

a) sobre o lucro das empresas.
b) destinada à iluminação pública.
c) sobre o faturamento das empresas.
d) sobre a receita de concursos de prognósticos.

COMENTÁRIOS

A simples leitura do art. 149-A da Constituição já aponta que a competência para contribuição de iluminação pública é dos Municípios e do Distrito Federal.

Vejamos o conteúdo do texto constitucional: "*Art. 149-A. Os Municípios e o Distrito Federal poderão instituir contribuição, na forma das respectivas leis, para o custeio do serviço de iluminação pública, observado o disposto no art. 150, I e III*".

Assim, deduz-se que não é permitido à União cobrar contribuição destinada à iluminação pública. Logo, **a resposta é a assertiva B**.

Poderia parar aqui, mas vou continuar contando uma história sobre a criação da contribuição de iluminação pública que sempre narro nas aulas de Direito Constitucional sobre controle de constitucionalidade difuso e nas aulas de Direito Tributário, explicando o conceito de taxa.

Observe que a contribuição de iluminação pública foi criada pela Emenda Constitucional nº 39, de 20 de dezembro de 2002. Foi uma solução política a um problema jurídico que vinha se arrastando há um certo tempo.

De fato, antes da criação da contribuição de iluminação pública existia a taxa de iluminação pública cobrada pelos municípios.

Ocorre que a taxa tem como fato gerador a prestação de serviços públicos específicos e divisíveis ou o exercício regular do poder de polícia, conforme estipula o art. 77 do CTN:

> *Art. 77. As taxas cobradas pela União, pelos Estados, pelo Distrito Federal ou pelos Municípios, no âmbito de suas respectivas atribuições, têm como fato gerador o exercício regular do poder de polícia, ou a utilização, efetiva ou potencial, de serviço público específico e divisível, prestado ao contribuinte ou posto à sua disposição.*

Sabe-se que os serviços públicos podem ser universais ou específicos e divisíveis. **Os serviços públicos denominados universais não ensejam a cobrança de taxas. Assim, a cobrança da taxa que tem por fato gerador o serviço público somente é possível quando se possa individualizar o serviço, isto é, quando o estado preste um determinado serviço a um determinado contribuinte, de forma que seja possível identificar que aquele serviço está sendo prestado àquele contribuinte.**

Não é caso do serviço de iluminação pública. O serviço de iluminação pública constitui exemplo típico de serviço universal. Não se separa, nem se individualiza a iluminação pública, uma vez que a iluminação é utilizada por todos de forma indivisível.

Baseado nessa linha argumentativa, o STF (Supremo Tribunal Federal), reiteradas vezes, julgou inconstitucional em sede de Recurso Extraordinário a cobrança de taxa de iluminação pública.

Colacionei alguns julgados do STF:

> "Taxa de iluminação pública. (...) Tributo de exação inviável, posto ter por fato gerador serviço inespecífico, não mensurável, indivisível e insuscetível de ser referido a determinado contribuinte, a ser custeado por meio do produto da arrecadação dos impostos gerais." (RE 233.332, Rel. Min. Ilmar Galvão, DJ 14/05/1999)
>
> "O serviço de iluminação pública não pode ser remunerado mediante taxa." (Súmula nº 670)

Entretanto, considerando-se que se tratava de controle difuso de constitucionalidade, o efeito do julgamento do STF se restringia às partes (*inter partes*), os municípios continuavam cobrando essa taxa escandalosamente inconstitucional.

Para solucionar esse impasse, as Mesas da Câmara dos Deputados e do Senado Federal, nos termos do § 3º do art. 60 da Constituição Federal, promulgaram a Emenda Constitucional nº 39.

Ou seja, através de Emenda Constitucional autorizou-se aos Municípios e ao Distrito Federal criarem a contribuição de iluminação pública.

Explicada a alternativa B, comentaremos as alternativas A, C e D. As três alternativas veiculam contribuições sociais de competência da União. De fato, a contribuição sobre o lucro, sobre o faturamento e sobre a receita do concurso de prognóstico é de competência da União, conforme prevê o art. 149 combinado com o art. 195 da CF.

Questão 87

Conforme a Constituição Federal, alguns tributos podem ter suas alíquotas modificadas por ato do Poder Executivo. Esses tributos incluem

a) imposto sobre a propriedade de veículos automotores (IPVA).
b) imposto sobre a prestação de serviços de qualquer natureza (ISSQN).
c) imposto sobre importações.
d) imposto sobre serviços de transporte intermunicipal.

COMENTÁRIOS

Certa vez, encontrei com um amigo que estava fazendo um concurso para juiz de direito e me relatou que conhecia pouco de Direito Tributário e não havia mais tempo para estudar. Nessa ocasião, eu ponderei: "se não há tempo para estudar, saiba ao menos as exceções ao princípio da legalidade, anterioridade e noventena e saiba as formas de suspensão, extinção e exclusão do crédito tributário". Assim, fiz duas tabelas num pedaço de papel, uma com as exceções, outra com as modalidades de suspensão, extinção e exclusão, sugeri uma forma de memorização e não deu outra. Até hoje ele é agradecido.

Conto essa história para destacar a importância desse tema para concurso.

No caso, o examinador pede uma exceção ao princípio da legalidade e a resposta é o imposto de importações (**letra C**). Aliás, os impostos aduaneiros (importação e exportação) e o IOF (imposto sobre operações de crédito, câmbio e seguro, ou relativas a títulos ou valores mobiliários, conhecido como imposto sobre operações financeiras) constituem exceções tanto ao princípio da legalidade como aos princípios da anterioridade e da noventena.

Atualmente constituem exceções ao princípio da legalidade o imposto de importação e exportação, o imposto sobre produtos industrializados, o imposto sobre operações financeiras (*CF, art. 153, § 1º – É facultado ao Poder Executivo, atendidas as condições e os limites estabelecidos em lei, alterar as alíquotas desses impostos*), o ICMS combustíveis e a CIDE combustíveis.

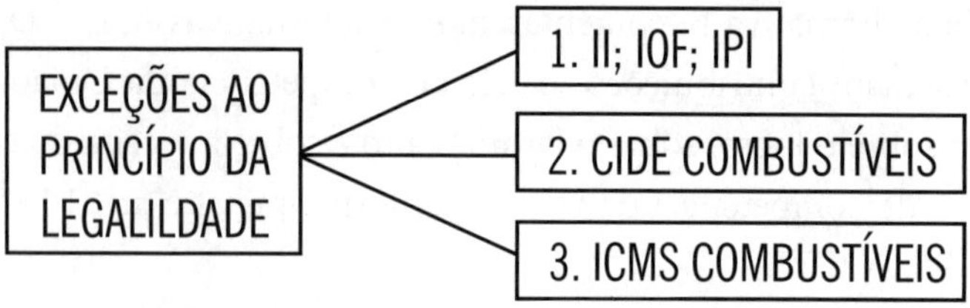

Questão 88

Na composição do lançamento tributário, são observados alguns fatores necessários ao cálculo do valor dos tributos. Esses fatores não incluem o(a)

a) vencimento.
b) base de cálculo.
c) alíquota.
d) identificação do contribuinte.

COMENTÁRIOS

O lançamento quantifica e qualifica a obrigação tributária. O lançamento individualiza a obrigação tributária. Obviamente são necessários ao lançamento a alíquota e a base de cálculo para permitir o cálculo do tributo devido. Também é imprescindível ao lançamento a identificação do sujeito passivo.

A data de vencimento, entretanto, é dispensável. Logo, **a resposta é a letra A.**

A base legal da resposta está no art. 142 do CTN, que dispõe:

> *Art. 142. Compete privativamente à autoridade administrativa constituir o crédito tributário pelo lançamento, assim entendido o procedimento administrativo tendente a verificar a ocorrência do fato gerador da obrigação correspondente, determinar a matéria tributável,* ***calcular o montante do tributo devido, identificar o sujeito passivo*** *e, sendo caso, propor a aplicação da penalidade cabível.* (destacamos)

Questão 89

Na história da legislação tributária brasileira, freqüentemente ocorreu de entes da Federação criarem verdadeiros impostos, dando-lhes, entretanto, o nome de taxa. Isso ocorria para se evitar que fosse declarada inconstitucional a lei instituidora, por falta de competência tributária. Considerando essa afirmação, assinale a opção correta, relativamente à natureza jurídica do tributo.

a) Não procede a preocupação do ente federado, pois um tributo será considerado taxa desde que seja criado com esta denominação.
b) Para a definição da natureza jurídica, é relevante levar-se em consideração a destinação do produto da arrecadação.
c) Todas as características formais do tributo estabelecidas na lei de criação devem ser consideradas na definição da espécie tributária.
d) O fato gerador é critério de exame da natureza jurídica específica do tributo.

COMENTÁRIOS

Na década de 1990, durante muitos anos, essa questão, juntamente com as exceções ao princípio da legalidade e da anterioridade, foi campeã de concursos. Repetiu-se tanto que ficou "manjada" demais. E aí as bancas examinadoras deram um tempo.

Agora voltou na prova do CESPE.

Esse é um conceito básico e normalmente é visto logo na introdução do curso de Direito Tributário. A natureza jurídica do tributo é dada pelo fato gerador, sendo o nome irrelevante. Assim, **a resposta é a letra D**. O dispositivo legal está no art. 4º do CTN, abaixo transcrito.

> *Art. 4º A natureza jurídica específica do tributo é determinada pelo fato gerador da respectiva obrigação, sendo irrelevantes para qualificá-la:*
> *I – a denominação e demais características formais adotadas pela lei;*
> *II – a destinação legal do produto da sua arrecadação.*

Assim, configure-se o seguinte problema:

1) Uma lei foi publicada criando um tributo.
2) Essa lei denominou esse novo tributo de taxa pela propriedade de imóvel urbano.
3) Será que esse novo tributo é realmente uma taxa?

Para responder a essa indagação deve-se partir de uma premissa inicial. O fato de a lei designar esse tributo de taxa não significa que se trate efetivamente de uma taxa. Na situação em análise, se o fato gerador do referido tributo for a propriedade de imóvel situado na zona urbana, o tributo será um imposto e não uma taxa. Trata-se, nesse caso, do imposto sobre a propriedade predial e territorial urbana (IPTU). As taxas têm como fato gerador o exercício regular do poder de polícia, ou a utilização, efetiva ou potencial, de serviço público específico e divisível, prestado ao contribuinte ou posto à sua disposição. Para um tributo criado ser uma taxa é necessário que o Poder Público preste ou ponha à disposição do contribuinte um serviço público singular (específico e divisível) ou exerça regularmente o poder de polícia motivado pela necessidade de limitar ou disciplinar direito, interesse ou liberdade do contribuinte.

GRÁFICO DA QUESTÃO

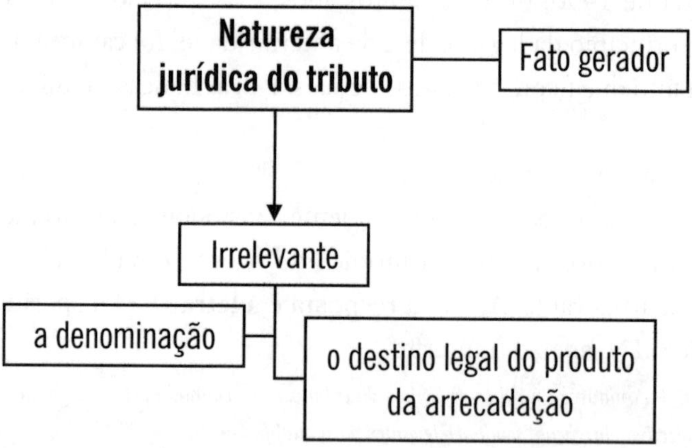

Questão 90

Consoante a Constituição Federal, diversos são os requisitos para a instituição de taxas pela utilização de determinados serviços públicos. Alguns desses requisitos são exigidos concomitantemente; outros, alternativamente. Em relação a essas exigências, assinale a opção incorreta.

a) As taxas podem ser instituídas ou pela utilização de certos serviços públicos ou pelo exercício do poder de polícia.

b) Os serviços públicos taxados, além de postos à disposição do contribuinte, deverão ser prestados a ele.

c) As taxas podem ser instituídas pela utilização de serviços públicos específicos ou divisíveis.

d) A utilização de serviços públicos taxados pode ser efetiva ou potencial.

COMENTÁRIOS

Esta questão foi anulada. O CESPE considerou que as assertivas B e C estariam erradas e que, portanto, haveria duas respostas. A alternativa "B" foi a resposta do gabarito preliminar e está claramente errada. É suficiente que o serviço esteja à disposição do contribuinte para possibilitar a cobrança da taxa, independentemente de estar efetivamente sendo por ele usufruído.

A alternativa "C" foi considerada errada, porque o art. 77 do CTN fala em serviço público específico **e** divisível, e na questão foi redigido serviço público específico **ou** divisível.

O gráfico seguinte demonstra os dois fatos geradores da taxa que dão origem à taxa de polícia e à taxa de serviço.

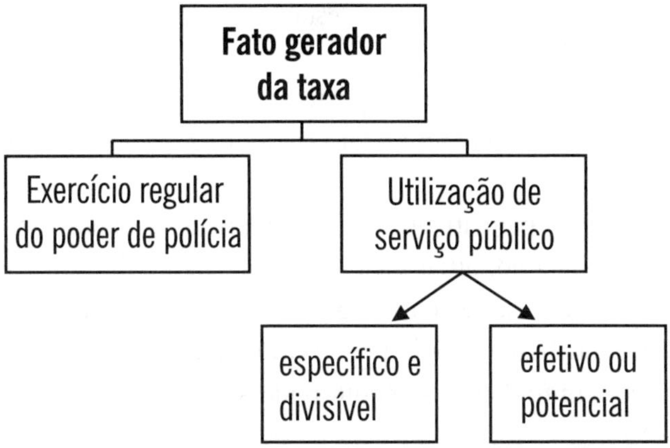

Questão 91

Um dos princípios de maior abrangência e relevância para o direito tributário é o da legalidade, cujas disposições vão além da mera obrigação de estabelecer tributo por meio de lei. Todavia, nem tudo no direito tributário está submisso a tal princípio. Nesse contexto, é correto afirmar que independe de lei

a) o estabelecimento de norma interpretativa da lei.

b) a fixação de alíquota do tributo e da sua base de cálculo, ressalvadas determinadas hipóteses.

c) a cominação de penalidades para as ações ou omissões contrárias a seus dispositivos, ou para outras infrações nela definidas.

d) as hipóteses de exclusão, suspensão e extinção de créditos tributários, ou de dispensa ou redução de penalidades.

COMENTÁRIOS

Obviamente, como regra geral, não é necessária uma lei para interpretar outra. **A resposta, portanto, é a letra A.**

O art. 97 do CTN estabelece as hipóteses em que a lei é necessária. Vamos relacioná-las:

1) instituição ou extinção do tributo
2) majoração ou redução do tributo
3) definição do fato gerador da OTP (obrigação tributária principal)
4) fixação da alíquota e BC (base de cálculo) do tributo
5) cominação de penalidades
6) hipóteses de exclusão, suspensão e extinção de créditos tributários, ou dispensa ou redução de penalidades.

As alternativas "B", "C" e "D" tratam de hipóteses em que a lei é necessária.

Analisada a questão, é importante destacar as seguintes informações básicas sobre o princípio da legalidade:

1) Não é necessário lei para alterar o prazo de vencimento do tributo.
2) Não é necessário lei para definir o fato gerador da obrigação tributária acessória.
3) Não é necessário lei para atualizar o valor monetário da base de cálculo.
4) É defeso, ao Município, atualizar o IPTU, mediante decreto, em percentual superior ao índice oficial de correção monetária (Súmula nº 160, STJ).
5) Normalmente o tributo é criado por lei ordinária.
6) O empréstimo compulsório somente pode ser criado por lei complementar (CF, art. 148).
7) O imposto residual somente pode ser criado por lei complementar (CF, art. 154, I).
8) A contribuição para seguridade social residual somente pode ser criada por lei complementar (CF, art. 195, § 4º).
9) A maioria da doutrina sustenta que o imposto sobre grandes fortunas somente pode ser criado por lei complementar (CF, art. 153, VII).
10) Os tributos que somente podem ser criados por lei complementar não podem ser criados por medida provisória. Parece desnecessário enfatizar isso, mas já vi muitos candidatos marcarem verdadeira a assertiva de que é possível a instituição de empréstimo compulsório através de medida provisória se for para atender despesa extraordinária decorrente de guerra externa. Talvez os candidatos deslizem por terem gravado no inconsciente a falsa regra de que na guerra e no amor vale tudo. A regra é falsa, uma vez que mesmo na guerra não é possível a instituição do empréstimo compulsório por intermédio de medida provisória (o empréstimo compulsório somente pode ser instituído por lei complementar) e no que diz respeito ao amor, bem, no que diz respeito ao amor deixo a análise para vocês.
11) Apesar de a lei delegada nunca ter sido utilizada para criação de tributo, a doutrina entende que não existe obstáculo jurídico para instituição de tributo por lei delegada.
12) Interpretando o § 1º do art. 61 da CF (*§ 1º – São de iniciativa privativa do Presidente da República as leis que: (...) II – disponham sobre: (...) b) organização administrativa e judiciária, matéria tributária e orçamentária, serviços públicos e pessoal da administração dos Territórios*) o Supremo Tribunal Federal (STF) decidiu que, como regra, não é privativa do Presidente da República

a iniciativa de lei em matéria tributária. De acordo com o Supremo Tribunal Federal, somente é privativa do Presidente da República a iniciativa de lei em matéria tributária dos Territórios Federais. Assim, a regra é a seguinte: se um belo dia os territórios federais voltarem a existir, a matéria tributária desses territórios federais será de iniciativa privativa do Presidente da República.

13) Cabe a uma lei complementar estabelecer as normas gerais do direito tributário[1]. Cabe também a uma lei complementar definir os fatos geradores, bases de cálculo e contribuintes de todos os impostos.

14) O Código Tributário Nacional faz as vezes dessa lei complementar. O CTN é uma lei ordinária com *status* de lei complementar (o CTN, assim, somente pode ser alterado por uma lei complementar). O CTN foi recepcionado pela Constituição de 1988 como lei complementar[2].

Observe a seguinte questão da Esaf que veicula uma questão aplicada em uma prova de Auditor de Fortaleza de 1998:

(ESAF/Auditor Fortaleza/98) Em matéria de impostos não é preciso lei para estabelecer

a) as hipóteses de compensação e transação
b) a cominação de penalidades
c) as obrigações tributárias acessórias
d) a dispensa de penalidades
e) a fixação da base de cálculo

COMENTÁRIOS

Conforme já estudamos, não é necessário lei para estabelecer as obrigações tributárias acessórias. A resposta, portanto, é a letra "C".

Questão 92

Segundo a Constituição Federal, o DF não tem competência para

a) tributar o transporte intermunicipal de pessoas.
b) tributar os serviços de qualquer natureza.
c) criar contribuições previdenciárias a serem cobradas dos empregados do setor privado.
d) criar contribuição destinada à iluminação pública.

---

1 Destaque-se, entretanto, que "as disposições do Código Tributário Nacional não se aplicam às contribuições para o FGTS", conforme estabelece a Súmula nº 353 do Superior Tribunal de Justiça (STJ), de 11/06/2008. Observe que essa súmula é recentíssima e, por conseguinte, apresenta grande probabilidade de ser exigida nos próximos concursos.

2 Não é correto afirmar que o CTN somente ganhou *status* de lei complementar com a CF de 1988. O CTN é de 25 de outubro de 1966 (Lei nº 5.172, de 25/10/1966) e surgiu, portanto, sob a égide da Constituição de 1946. Foi recepcionado pela Constituição de 1967 como lei complementar e manteve esse *status* com a Constituição de 1988. Assim, pois, é perfeitamente correto afirmar que o CTN foi recepcionado pela CF de 1988 como lei complementar.

COMENTÁRIOS

O DF tem competência para criar os impostos estaduais e municipais. Assim, o DF tem competência para criar o ICMS, o ITCD, o IPVA, o ISS, o ITBI e o IPTU.

O ICMS incide sobre operações relativas a circulação de mercadorias e prestações de serviços **de transporte interestadual e intermunicipal** e de comunicação. Considerando-se que o DF tem competência para criar o ICMS e a tributação do transporte intermunicipal de pessoas está dentro do campo de incidência do ICMS, pode-se afirmar que o DF tem competência para tributar o transporte intermunicipal de pessoas. Dessa forma, a alternativa "A" está excluída.

O ISS incide sobre prestação de serviços de qualquer natureza. Considerando-se que o DF tem competência para criar o ISS, pode-se afirmar que o DF tem competência para tributar os serviços de qualquer natureza. Assim, a alternativa "B" está excluída.

O DF e os Municípios têm competência para instituir o custeio de iluminação pública (art. 149-A), portanto, a alternativa "D" está excluída.

A competência para criar contribuição previdenciária a ser cobrada dos empregados do setor privado é da União, portanto, o DF não tem competência para criar contribuições previdenciárias a serem cobradas dos empregados do setor privado e a **alternativa correta é a letra "C"**.

Comentada a questão, analisaremos sucintamente a competência para legislar sobre seguridade social e a previdência social.

A **seguridade social** compreende ações destinadas à **saúde**, à **previdência** e à **assistência social.**

> *Art. 194. A seguridade social compreende um conjunto integrado de ações de iniciativa dos Poderes Públicos e da sociedade, destinadas a assegurar os direitos relativos à saúde, à previdência e à assistência social.*

O art. 22, XXIII, da CF dispõe que compete **privativamente à União legislar sobre seguridade social.**

O art. 24, XII, da CF estabelece que **compete concorrentemente à União, aos Estados e ao DF legislar sobre previdência social, proteção e defesa da saúde**.

A melhor maneira de interpretar esses artigos aparentemente contraditórios é afirmar que genericamente as ações de seguridade social são de competência da União, entretanto, a competência para previdência é concorrente, na medida em que os estados e municípios dispõem de competência para legislar sobre o Regime Próprio de Previdência dos seus servidores.

Anote-se aqui que existem **dois regimes básicos de previdência social**[3]: o **RGPS** (Regime Geral de Previdência Social) disciplinado no art. 201 da CF e **o RPPS** (Regime Próprio de Previdência Social) normatizado no art. 40 da CF.

O RGPS abrange a proteção da maior parte dos trabalhadores brasileiros e compete exclusivamente à União legislar sobre o RGPS.

O gráfico seguinte[4] evidencia a divisão dos regimes da Previdência Social:

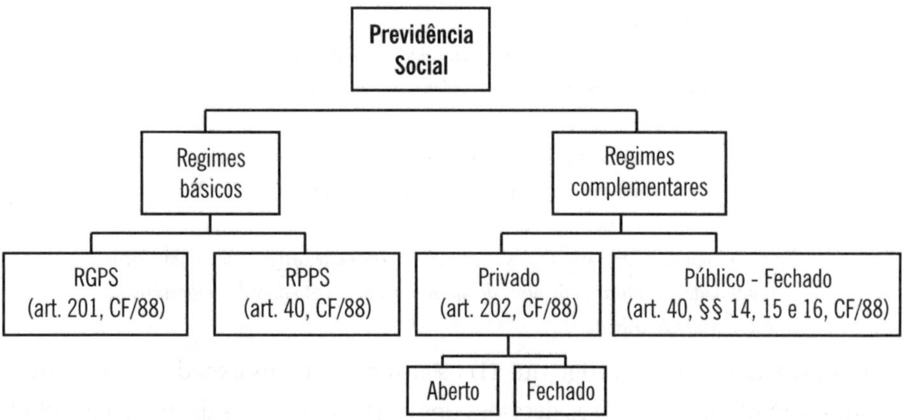

Questão 93

A base normativa do direito tributário compreende não apenas as leis, mas também, entre outras, as normas complementares. Não se classificam como normas complementares

a) os atos normativos expedidos pelas autoridades administrativas.
b) os decretos.
c) as decisões dos órgãos singulares de jurisdição administrativa, a que a lei atribua eficácia normativa.
d) os convênios que entre si celebrem a União, os estados, o DF e os municípios.

COMENTÁRIOS

As fontes formais do Direito Tributário estão dispostas em uma hierarquia onde a Constituição Federal aparece no topo e as normas complementares na base.

Observe a tabela abaixo:

---

3 Além dos dois regimes básicos de previdência, existem dois regimes complementares de previdência: o regime de previdência complementar privado (CF, art. 202) e o regime de previdência complementar público (CF, art. 40, §§ 14, 15 e 16). O regime de previdência complementar privado pode ser aberto ou fechado.

4 Gráfico extraído do *Curso de Direito Previdenciário*, de Fábio Zambitte.

Constituição Federal
Normas Infraconstitucionais (Lei Complementar, Lei Ordinária, Lei Delegada Medida Provisória, Decreto Legislativo, Resolução da Câmara e Resolução do Senado Federal)
Decretos (O Decreto é um ato exclusivo do chefe do Poder Executivo)
Normas Complementares

As normas complementares estão previstas no art. 100 do CTN, abaixo transcrito:

> *Art. 100. São normas complementares das leis, dos tratados e das convenções internacionais e dos decretos:*
>
> *I – os atos normativos expedidos pelas autoridades administrativas;*
>
> *II – as decisões dos órgãos singulares ou coletivos de jurisdição administrativa, a que a lei atribua eficácia normativa;*
>
> *III – as práticas reiteradamente observadas pelas autoridades administrativas;*
>
> *IV – os convênios que entre si celebrem a União, os Estados, o Distrito Federal e os Municípios.*
>
> *Parágrafo único. A observância das normas referidas neste artigo exclui a imposição de penalidades, a cobrança de juros de mora e a atualização do valor monetário da base de cálculo do tributo.*

Observe da leitura do artigo que (I) os atos normativos expedidos pelas autoridades administrativas, (II) as decisões dos órgãos singulares de jurisdição administrativa, a que a lei atribua eficácia normativa e (IV) os convênios que entre si celebrem a União, os Estados, o DF e os Municípios são normas complementares.

Os decretos não são normas complementares e **a resposta, portanto, é a letra B**. Os decretos são hierarquicamente superiores às normas complementares. O decreto do Presidente da República, por exemplo, está em patamar superior a uma portaria do Ministro da Fazenda ou a uma instrução normativa editada pelo Secretário da Receita Federal.

Questão 94

As formas de extinção do crédito tributário, conforme o Código Tributário Nacional (CTN), não incluem a:

a) compensação.
b) remissão.
c) prescrição.
d) isenção.

COMENTÁRIOS

A isenção é forma de exclusão do crédito tributário. A compensação, a remissão e a prescrição são formas de extinção. **A resposta, portanto, é a letra D.**

As modalidades de extinção e suspensão do crédito tributário estão previstas respectivamente nos arts. 156 e 175 do CTN. Destaque-se que na correção da questão 93 de 2006-1 apresentei uma tabela com as modalidades de suspensão, extinção e exclusão do crédito tributário.

A isenção e a anistia configuram modalidades de exclusão do crédito tributário, uma vez que evitam que ele se constitua. De acordo com a doutrina tradicional, adotada pelo CTN, a lei isentiva dispensa um tributo devido evitando a constituição do crédito tributário. Dentro dessa perspectiva, na isenção ocorre o fato gerador e nasce a obrigação tributária, mas a lei que concede a isenção afasta a constituição do crédito.

Questão 95

De acordo com o CTN, o crédito tributário não pode ser suspenso por

a) conversão de depósito em renda.
b) moratória.
c) reclamações e recursos, nos termos das leis reguladoras do processo tributário administrativo.
d) concessão de medida liminar em mandado de segurança.

COMENTÁRIOS

A conversão do depósito em renda é modalidade de extinção do crédito tributário e não constitui, portanto, uma forma de suspensão do crédito tributário.

É importante entender os dois momentos da relação jurídica: o depósito do montante integral e a conversão do depósito em renda.

O depósito do montante integral é modalidade de suspensão da exigibilidade do crédito tributário e a conversão do depósito em renda é modalidade de extinção do crédito tributário.

O depósito é efetuado para evitar a fluência de juros e multa. A lógica é a seguinte: o contribuinte entende que o valor que lhe é cobrado é indevido; por outro lado, ele receia ingressar na justiça e, após alguns anos, perder a demanda e sofrer o ônus de o valor da dívida ter aumentado de forma significativa (o valor originário da dívida estaria acrescido de juros e multa). Dentro desse quadro, surge a possibilidade de o contribuinte depositar o valor integral cobrado pelo fisco. O contribuinte, então, deposita o montante integral (a exigibilidade do crédito tributário fica suspensa) e aguarda o desenrolar do seu litígio com o fisco. Se, ao final do processo, o contribuinte restar vitorioso, ele poderá levantar o valor depositado. Se, por outro lado, prevalecer a tese da Fazenda Pública, o depósito do montante integral é convertido em renda e extingue o crédito tributário. Assim, **considerando-se que a conversão do depósito em renda é modalidade de extinção e não de suspensão do crédito tributário, a resposta é a letra A.**

GRÁFICO DA QUESTÃO

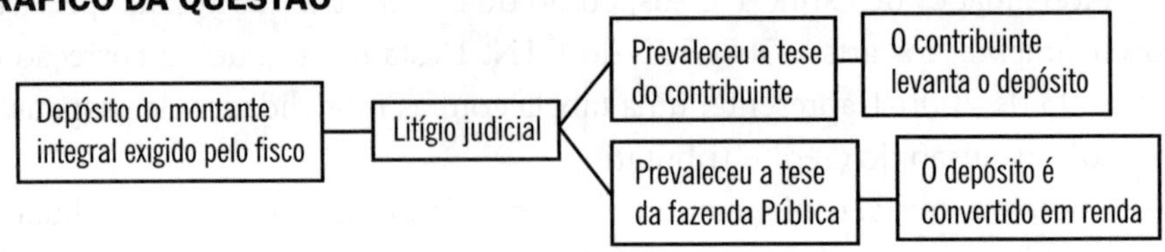

É importante assinalar que as alternativas B, C e D tratam de modalidades de suspensão da exigibilidade do crédito tributário.

As modalidades de suspensão da exigibilidade do crédito tributário previstas no art. 151 do CTN são as seguintes: moratória; o depósito do seu montante integral; as reclamações e os recursos, nos termos das leis reguladoras do processo tributário administrativo; a concessão de medida liminar em mandado de segurança; a concessão de medida liminar ou de tutela antecipada, em outras espécies de ação judicial e o parcelamento.

Na moratória a exigibilidade do crédito tributário fica suspensa, uma vez que foi concedido ao sujeito passivo um prazo maior para efetuar o pagamento. Ora, se foi concedido um prazo maior, a dívida ainda não se venceu, e se não se venceu não pode ser exigida.

Nas reclamações e recursos a exigibilidade também fica suspensa. Se, por exemplo, um Auditor da Receita Federal do Brasil lavra um Auto de Infração de Imposto de Renda da Pessoa Física em desfavor de Fulano e, inconformado, Fulano impugna o auto de infração na Delegacia Regional de Julgamento, essa impugnação (reclamação) suspende a exigibilidade do crédito tributário. Se a DRJ decide de forma desfavorável ao contribuinte e ele interpõe um recurso para o Conselho Administrativo de Recursos Fiscais[5], esse recurso suspende a exigibilidade do crédito tributário.

Outra forma de suspender a exigibilidade é a liminar em Mandado de Segurança. Assim, por exemplo, se o juiz concede uma medida liminar em Mandado de Segurança em favor do contribuinte determinando que a Fazenda Pública se abstenha de promover qualquer ato de cobrança, essa liminar configura uma modalidade de suspensão da exigibilidade do crédito tributário, uma vez que a possibilidade de exigir o crédito, de promover atos de cobrança fica suspensa enquanto a liminar estiver produzindo efeitos.

Gabarito da prova 2006-3

86. B	88. A	90. X	92. C	94. D
87. C	89. D	91. A	93. B	95. A

5 A medida provisória nº 449, de 3 de dezembro de 2008, criou o Conselho Administrativo de Recursos Fiscais, o qual competirá o julgamento de processos em segunda instância sobre a aplicação da legislação referente a tributos administrados pela Secretaria da Receita Federal do Brasil.

8 EXAME DE ORDEM 2006-2

Questão 86

Alguns moradores de certa cidade decidiram constituir uma associação sem fins lucrativos para, em benefício do público, organizar e manter cursos nas áreas esportiva, social, cultural e de saúde; promover iniciativas filantrópicas e gratuitas de proteção e aprimoramento da assistência à comunidade e do apoio caritativo; e produzir e comercializar produtos hortifrutícolas.

Acerca da situação hipotética apresentada e do sistema constitucional tributário, assinale a opção correta.

a) É vedada à referida associação a obtenção de lucro.

b) À luz da jurisprudência do STF, não deve incidir o ICMS sobre as operações de produção e comercialização dos produtos hortifrutícolas levadas a efeito pela mencionada associação, desde que o produto das vendas seja destinado às finalidades da mencionada entidade.

c) As entidades de assistência social, sem fins lucrativos, devem efetuar o pagamento da contribuição previdenciária incidente sobre o empregador ou a empresa.

d) A imunidade tributária das entidades de assistência social, quando aos impostos incidentes sobre seus patrimônios, rendas e serviços, é norma constitucional de eficácia plena, auto-aplicável.

COMENTÁRIOS

Cuida a questão do alcance da imunidade prevista no art. 150, VI, alínea *c*, da CF:

> *Art. 150. Sem prejuízo de outras garantias asseguradas ao contribuinte, é vedado à União, aos Estados, ao Distrito Federal e aos Municípios:*
>
> *(...)*
>
> *VI – instituir impostos sobre:*
>
> *(...)*
>
> *c) patrimônio, renda ou serviços dos partidos políticos, inclusive suas fundações, das entidades sindicais dos trabalhadores, das instituições de educação e de assistência social, sem fins lucrativos, atendidos os requisitos da lei;*

A jurisprudência do STF, julgando os Embargos de Divergência no Recurso Extraordinário 210.251-2, consolidou-se no sentido de extrair a máxima eficácia de imunidade prevista no art. 150, VI, alínea *c*, da Constituição de 1988. Assim, à luz da jurisprudência do STF, não deve incidir o ICMS sobre as operações de produção e comercialização dos produtos hortifrutícolas levadas a efeito por entidade de assistência social, desde que o produto das vendas seja destinado às finalidades da mencionada entidade. **A alternativa, portanto, é a letra B.**

A jurisprudência do STF evoluiu de uma posição inicialmente restritiva para um entendimento mais largo da referida imunidade.

O caso da Instituição Beneficente Lar de Maria foi discutido no STF durante longos anos. Tratava-se de uma entidade sem fins lucrativos, de caráter filantrópico, que explorava o ramo de padaria. A receita advinda da venda de pães servia para assistência de crianças desamparadas e famílias carentes.

Inicialmente o STF entendeu que incidia ICM (atualmente ICMS) na venda de pães promovida por referida instituição. O raciocínio que embasava tal conclusão repousava no fato de o ICM ser um imposto indireto que se caracteriza, portanto, pela possibilidade de o contribuinte de direito (normalmente o vendedor) repassar o ônus tributário para o contribuinte de fato (normalmente o consumidor final). Baseada nessa linha argumentativa a 1ª Turma do STF entendia que a imunidade tributária conferida pelo art. 19, II, *c*, da Emenda Constitucional nº 1/1969 (art. 150, VI, *c*, da atual Constituição) não abrangia o ICM (hoje ICMS) cobrado das entidades de assistência social, uma vez que a entidade de assistência social poderia repassar o ônus do imposto ao consumidor final (RE nº 134.573/SP, rel. Min. Moreira Alves, aresto paradigma).

Posteriormente, a 2ª Turma do STF perfilhou tese contrária.

Julgando os Embargos de Divergência no Recurso Extraordinário 210.251-2, o STF consolidou o entendimento no sentido de garantir a imunidade das entidades de assistência social em relação ao ICMS incidente sobre a comercialização de bens por elas produzidos, nos termos do art. 150, VI, alínea *c*, da Constituição. Daí a alternativa "B" está correta.

O CESPE considerou a alternativa "A" falsa. Baseou-se na idéia de que não é vedada à associação a obtenção de excedente. O que é vedado é a distribuição de lucros ou excedentes para o gozo da imunidade. A instituição de educação ou de assistência social, para ter direito ao gozo da imunidade, tem de atender os requisitos da lei. Os requisitos da lei mencionados na CF estão dispostos no art. 14 do CTN:

> *Art. 14. O disposto na alínea c do inciso IV do art. 9º é subordinado à* ***observância dos seguintes requisitos*** *pelas entidades nele referidas:*
>
> *I –* ***não distribuírem qualquer parcela de seu patrimônio ou de suas rendas, a qualquer título;***
>
> *II – aplicarem integralmente, no País, os seus recursos na manutenção dos seus objetivos institucionais;*
>
> *III – manterem escrituração de suas receitas e despesas em livros revestidos de formalidades capazes de assegurar sua exatidão.* (destacamos)

Observa-se que inexiste vedação à obtenção de excedente, mas há uma proibição da distribuição de qualquer parcela de seu patrimônio ou de suas rendas.

A alternativa "B" é a correta e já foi comentada.

A alternativa "C" é falsa. As entidades de assistência social, sem fins lucrativos, não devem efetuar o pagamento da contribuição previdenciária incidente sobre o empregador ou a empresa, uma vez que tais entidades são imunes às contribuições de seguridade social.

Observe que as entidades de assistência social gozam de dupla imunidade: a imunidade de impostos (150, VI, *c*) e a imunidade das contribuições de assistência social (195, § 7º).

O quadro seguinte explicita as imunidades das entidades relacionadas no art. 150, VI, CF:

	Imunidade de Impostos	Imunidade de Contribuição de Seguridade Social
Partidos políticos (Fundações)	SIM	NÃO
Entidades sindicais dos trabalhadores	SIM	NÃO
Instituição de educação	SIM	NÃO
Instituição de assistência social	SIM	SIM

Observa-se, portanto, que as instituições de assistência social, além da imunidade de impostos, gozam também da imunidade das contribuições de seguridade social, previstas no § 7º, do art. 195 da CF: "*São isentas de contribuição para a seguridade social as entidades beneficentes de assistência social que atendam às exigências estabelecidas em lei*".

A alternativa "D" é falsa, uma vez que a imunidade tributária das entidades de assistência social, quanto aos impostos incidentes sobre seus patrimônios, rendas e serviços, é norma constitucional de eficácia contida ou restringível e não norma de eficácia plena ou auto-aplicável. O candidato precisaria conhecer a famosa classificação de José Afonso da Silva sobre eficácia das normas constitucionais, que divide as normas constitucionais em normas de eficácia plena, contida e limitada.

No final da correção desta prova inseri um anexo para explicar essa classificação sobre a eficácia das normas constitucionais.

Analisada a questão 86 da prova 2006-2 elaborada pelo CESPE, trago uma questão da ESAF aplicada em uma prova de Auditor Fiscal de 1994:

(ESAF/AFTN/Março 1994)

Quando atendam os requisitos estabelecidos na lei, não podem ser cobrados impostos que incidam sobre a renda, serviços e patrimônio, bem como a contribuição para a seguridade social, das seguintes espécies de entidades:

a) partidos políticos
b) instituições beneficentes de educação
c) fundações dos partidos políticos
d) instituições beneficentes de assistência social
e) entidades sindicais dos trabalhadores

GABARITO ESAF: D

COMENTÁRIOS

Das cinco alternativas, as instituições beneficentes de assistência social são as únicas entidades que estão contempladas tanto pela imunidade de impostos prevista no art. 150, *d*, da CF como pela imunidade de contribuição para a seguridade social prevista no art. 195, § 7º, da CF.

Questão 87

Determinada sociedade, constituída para prestar serviços no ramo da estética corporal, possui estabelecimentos em alguns municípios nordestinos e, no ano calendário de 2005, auferiu receita bruta na ordem de R$ 230.000,00.

Com base na situação hipotética apresentada, assinale a opção incorreta quanto à disciplina do Sistema Integrado de Pagamento de Impostos e Contribuições das Microempresas e das Empresas de Pequeno Porte (Simples).

a) A sociedade, ao optar pelo SIMPLES, poderá incluir o pagamento do ISS no referido sistema, desde que os municípios onde estejam situados seus estabelecimentos tenham aderido ao SIMPLES, mediante convênio.

b) A pessoa jurídica optante pelo SIMPLES deverá pagar, separadamente, a contribuição para a seguridade social, relativa ao empregado.
c) As pessoas jurídicas prestadoras de serviços profissionais médicos não poderão optar pelo SIMPLES.
d) Ao fazer a opção pelo SIMPLES, o contribuinte não poderá se valer de parcelamentos quanto aos impostos e contribuições abrangidos pelo referido sistema.

COMENTÁRIOS

Nas provas da OAB o CESPE incluiu duas questões sobre o Simples; coincidentemente, ambas mereciam ser anuladas.

Essa questão foi elaborada ainda sob a égide da Lei nº 9.317/1996. Em 17 de dezembro de 2006 foi publicada a Lei Complementar nº 123/2006, que instituiu o Estatuto Nacional da Microempresa e da Empresa de Pequeno Porte. A Lei Complementar nº 123/2006 entrou em vigor na data da sua publicação, ressalvado o regime de tributação das microempresas e empresas de pequeno porte, que passou a vigorar somente em 1º de julho de 2007. Assim, a Lei nº 9.317/1996 vigorou até 1º de julho de 2007 e atualmente já não está em vigor.

Nessa questão o CESPE pediu a assertiva incorreta e **apresentou como gabarito a letra "A".**

De fato, as alternativas B, C e D estão indiscutivelmente corretas.

Entretanto, **o enunciado da alternativa "A" não está incorreto.** Uma sociedade, que optasse pelo Simples, podia incluir o pagamento do ISS no referido sistema, desde que os municípios onde estivessem situados seus estabelecimentos tivessem aderido ao Simples, mediante convênio.

O erro da questão reside em seu enunciado. A sociedade constituída para prestar serviços no ramo da estética corporal não podia optar pelo Simples (art. 9º, XIII). Entretanto, se o CESPE considerou a alternativa "A" errada devido ao enunciado da questão, a alternativa "D" também estaria errada.

Em síntese, essa questão merecia ser anulada. Aconselho, entretanto, esquecer a Lei nº 9.317/1996, uma vez que já não está em vigor.

Questão 88

A Constituição Federal atribuiu a certa entidade política a competência para instituir o imposto sobre a propriedade de veículos automotores (IPVA). Acerca da competência tributária, assinale a opção correta.

a) Os municípios são as entidades políticas competentes para instituir o IPVA.
b) O ente político detentor da competência tributária poderá delegá-la a outra pessoa jurídica de direito público, ou seja, poderá transferir as funções de arrecadar ou fiscalizar o IPVA.

c) A Constituição Federal apenas outorga aos entes tributantes o mister de instituir tributos, mas o exercício da competência tributária é uma faculdade.
d) Competência tributária comum é o poder atribuído aos entes federativos para instituir os impostos enumerados na Constituição Federal.

COMENTÁRIOS

a) A alternativa "A" é falsa. O IPVA é imposto de competência dos Estados e Distrito Federal. O município jamais tem competência para instituir o IPVA. Os impostos de competência dos municípios são os seguintes: IPTU, ISS e ITBI. Observe o quadro de competências dos impostos:

Da União (Arts. 153 e 154)	Dos Estados e DF (Art. 155)	Dos Municípios e DF[1] (Art. 156)
II	ICMS	ISS
IE	IPVA	IPTU
IOF	ITCD	ITBI
IPI		
IR		
ITR		
IGF		
I Residual		
I Guerra		

b) A alternativa "B" é incorreta. A competência tributária consiste essencialmente no poder político de criar e legislar sobre o tributo e caracteriza-se pela sua indelegabilidade (o ente político não pode transferir sua competência para outro), irrenunciabilidade (o ente político não pode renunciar a sua competência), incaducabilidade (o ente político não perde a competência tributária, mesmo que se omita de exercê-la por um longo período) e inalterabilidade (a competência foi outorgada pela Constituição, não cabendo ao legislador infraconstitucional alterá-la). Destaque-se que o examinador procurou confundir os conceitos de competência tributária com o de capacidade tributária ativa. A competência tributária é indelegável, mas a capacidade tributária ativa pode ser delegada. Não se delega a competência para legislar sobre o tributo, mas a capacidade de fiscalizar e arrecadar o tributo podem ser delegadas.

1 O art. 147 da CF dispõe que competem à União, em Território Federal, os impostos estaduais e, se o Território não for dividido em Municípios, cumulativamente, os impostos municipais; **ao Distrito Federal cabem os impostos municipais**. Destaque-se, ainda, da leitura do art. 147, que se for criado um território federal, a União terá competência para criar o IPVA no referido território.

O gráfico seguinte resume as características da competência tributária:

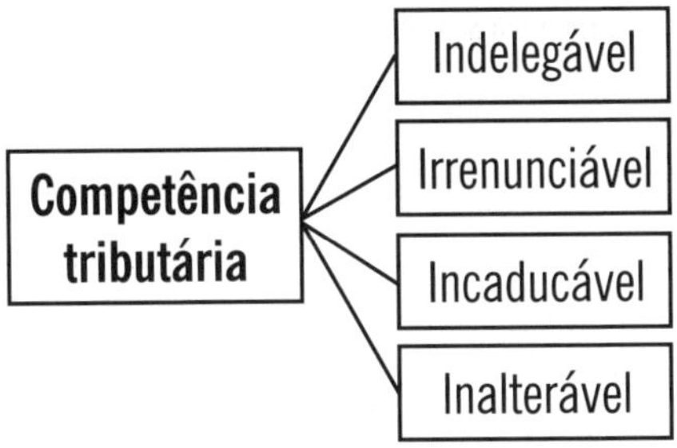

c) **A alternativa "C" é a correta**. A doutrina sempre afirmou que a competência é uma faculdade do ente político. A União, por exemplo, detém competência para instituir o imposto sobre grandes fortunas, mas ainda não exerceu essa competência (e pelo andar da carruagem nunca vai exercer). Ressalte-se, entretanto, que a Lei de Responsabilidade Fiscal, Lei Complementar nº 101/2000, estabelece como requisito da responsabilidade na gestão fiscal a instituição, a previsão e a efetiva arrecadação de todos os tributos da competência do ente político.

d) A alternativa "D" está incorreta. A doutrina classifica a competência para criar imposto de competência tributária privativa e a competência para criar taxas e contribuição de melhoria de competência tributária comum. A competência para criar empréstimo compulsório é exclusiva da União. A tabela seguinte resume a terminologia utilizada:

	Competência tributária
Imposto	Privativa
Taxas e contribuição de melhoria	Comum
Empréstimo compulsório	Exclusiva

Questão 89

Segundo a legislação tributária, a União pode conceder isenção tributária a empreendimentos industriais ou agrícolas que se instalem em unidades da federação consideradas subdesenvolvidas, visando ao crescimento setorial e ao combate ao desemprego. Com relação a essa situação, assinale a opção incorreta acerca das normas relativas à legislação tributária.

a) A isenção outorgada pela União não poderá abranger tributos de competência dos estados, do Distrito Federal ou dos municípios.

b) As pessoas jurídicas beneficiadas com a isenção devem cumprir as obrigações tributárias acessórias e se submeter à fiscalização da entidade tributante.

c) Salvo disposição em sentido contrário, a lei tributária começará a vigorar no território nacional no prazo de 45 dias após a sua publicação.
d) A isenção somente poderá ser concedida por lei complementar.

COMENTÁRIOS

a) A alternativa "A" está correta. A Constituição Federal dispõe no art. 151, III, que é vedado à União instituir isenção de tributos estaduais e municipais. Essa é a regra geral. A isenção normalmente é concedida pelo próprio ente político que legisla sobre o tributo. Assim, por exemplo, o normal é que o município conceda isenção dos tributos municipais e os estados concedam isenção dos tributos estaduais. O normal, portanto, são as isenções autônomas. Entretanto, a doutrina elenca dois casos de isenções heterônomas. O primeiro caso trata da concessão de isenção através dos tratados e convenções internacionais e o segundo caso ocorre quando a Lei Complementar do ISS prevê casos de não-incidência do ISS nas exportações[2].

b) A alternativa "B" está correta, uma vez que as pessoas jurídicas beneficiadas com a isenção devem cumprir as obrigações tributárias acessórias e se submeter à fiscalização da entidade tributante. Como já estudamos, a isenção é uma modalidade de exclusão do crédito tributário, e as modalidades de exclusão do crédito tributário não dispensam o cumprimento das obrigações acessórias.

O assunto está disciplinado no art. 175 do CTN:

> *Art. 175. Excluem o crédito tributário:*
> *I – a* ***isenção;***
> *II – a anistia.*
> *Parágrafo único.* ***A exclusão do crédito tributário não dispensa o cumprimento das obrigações acessórias*** *dependentes da obrigação principal cujo crédito seja excluído, ou dela conseqüente.* (destacamos)

Obviamente, uma pessoa que goze de isenção e deva cumprir obrigações acessórias está também suscetível de ser submetida a uma fiscalização. Ora, se ela deve cumprir obrigações acessórias, tais como emitir nota fiscal, conclui-se que se pode verificar, através de fiscalização, o cumprimento dessas obrigações acessórias. Ou, enfocando de outra perspectiva, a isenção em caráter individual poderá

2 A CF dispõe (156, § 3º, II) que cabe a lei complementar excluir da incidência do ISS exportações de serviços para o exterior. A doutrina sustenta que, nesse caso, a lei complementar federal estipula na verdade uma isenção de ISS. Como a isenção não foi concedida pelo ente político que tem competência para legislar sobre o tributo, diz-se tratar-se de isenção heterônoma.

ser revogada[3] se a fiscalização verificar que o contribuinte deixou de cumprir as condições impostas pela lei isentiva,

c) A alternativa "C" está correta, uma vez que a lei tributária, da mesma forma que as leis em geral, começam a vigorar no território nacional, se não houver disposição de lei em contrário, no prazo de 45 dias após a sua publicação. Essa regra está estipulada no art. 1º da Lei de Introdução ao Código Civil (Decreto-lei nº 4.657, de 04/09/1942), a seguir transcrito: *"Art. 1° – Salvo disposição contrária, a lei começa a vigorar em todo o país 45 (quarenta e cinco) dias depois de oficialmente publicada".*

d) É falso afirmar que a isenção somente pode ser concedida por lei complementar, uma vez que lei ordinária pode (e normalmente as isenções são concedidas por lei ordinária) conceder isenção. **Assim, a alternativa "D" é a incorreta.** Estaria correta a assertiva se se retirasse o advérbio somente. Dessa forma, apesar de não ser usual, é possível conceder isenção através de lei complementar. Aliás, um exemplo de isenção heterônoma lembrado pela doutrina ocorre quando uma lei complementar federal prevê casos de não-incidência do ISS nas exportações[4]. Ademais, quando competir a uma lei complementar legislar sobre o tributo, caberá a uma lei complementar conceder isenção daquele tributo.
Não se deve confundir lei complementar com lei específica. O art. 150, § 6º, da CF dispõe que qualquer subsídio ou **isenção**, redução da base de cálculo, concessão de crédito presumido, anistia ou remissão, relativos a impostos, taxas ou contribuições, só poderá ser concedido **mediante lei específica**. Assim, por exemplo, seria inconstitucional uma lei geral, tratando do regime jurídico dos servidores públicos federais, conceder isenção de ITR a proprietários de terra com menos de 100 hectares.

---

3 O CTN estipula no art. 155 que a concessão da moratória em caráter individual não gera direito adquirido e será revogado de ofício, sempre que se apure que o beneficiado não satisfazia ou deixou de satisfazer as condições ou não cumpria ou deixou de cumprir os requisitos para a concessão do favor. Essa regra da revogação da moratória em caráter individual é aplicável ao parcelamento, remissão, isenção e anistia. Observe que o Código não foi preciso quando se referiu a revogação, uma vez que a revogação se baseia em motivos de conveniência e oportunidade da autoridade administrativa, e a designada revogação do CTN ocorre quando o contribuinte não cumpriu ou deixou de cumprir as condições impostas pela lei. Entretanto, para efeito de prova de concurso, as bancas têm explorado a literalidade do CTN.

4 Trata-se de isenção heterônoma porque não foi concedida pelo próprio ente que tem competência para legislar sobre o tributo.

Questão 90

Com o fito de atuar no ramo de fabricação de móveis residenciais, dois amigos constituíram a sociedade JC Móveis Ltda., contrataram seis empregados, adquiriram um imóvel e alguns equipamentos para fomentar a atividade empresarial.

A respeito dessa situação e à luz das normas relativas às obrigações tributárias, assinale a opção correta.

a) O domicílio tributário de JC Móveis Ltda. será determinado pela autoridade tributária com aptidão para fiscalizar e cobrar os tributos de sua respectiva competência.

b) A pessoa jurídica JC Móveis Ltda. é responsável pelo recolhimento na fonte do imposto de renda devido por seus empregados e, nesse caso, sujeito passivo direto da obrigação tributária.

c) O descumprimento de obrigações tributárias, como a abstenção de escrituração dos livros fiscais de JC Móveis Ltda., converte-se em obrigação principal relativamente a eventual penalidade pecuniária.

d) Caso a autoridade tributária constate que a JC Móveis Ltda. não foi regularmente constituída, deverá ser decretada a perda de sua capacidade tributária passiva, sem prejuízo de aplicação de multa.

COMENTÁRIOS

a) A alternativa "A" está incorreta. Dispõe o inciso II, do art. 127 do CTN que, na falta de eleição, pelo contribuinte ou responsável, de domicílio tributário, o domicílio tributário das pessoas jurídicas de direito privado ou das firmas individuais será o lugar da sua **sede**, ou, em relação aos atos ou fatos que derem origem à obrigação, o de **cada estabelecimento**. Assim, o domicílio tributário de JC Móveis Ltda. será o local eleito pela própria empresa ou, na falta de eleição, o local onde está localizada a sociedade.

b) A alternativa "B" está incorreta. **A pessoa jurídica JC Móveis Ltda. é responsável** pelo recolhimento na fonte do imposto de renda devido por seus empregados e, nesse caso, **sujeito passivo indireto** da obrigação tributária. O gráfico seguinte sintetiza essa classificação entre sujeito passivo direito e indireto:

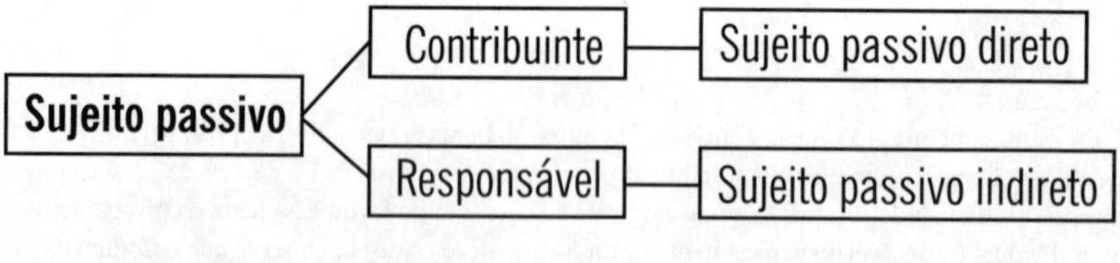

O Direito Tributário é o ramo do direito que disciplina a relação entre o sujeito ativo e o sujeito passivo. O sujeito passivo pode ser o contribuinte ou responsável.

Contribuinte é o sujeito passivo direto; responsável é o sujeito passivo indireto.

Dispõe o parágrafo único do art. 121 do CTN:

> *Parágrafo único. O sujeito passivo da obrigação principal diz-se:*
> *I – contribuinte, quando tenha relação pessoal e direta com a situação que constitua o respectivo fato gerador;*
> *II – responsável, quando, sem revestir a condição de contribuinte, sua obrigação decorra de disposição expressa de lei.*

Lembro-me perfeitamente que fiquei meio atordoado quando, em 1990, li pela primeira vez a definição do CTN de contribuinte. Não imaginava como uma pessoa podia ter relação pessoal e direta com uma situação. Entretanto, posteriormente, compreendi que o contribuinte é normalmente o sujeito passivo que se revela pela própria definição do fato gerador. Assim, por exemplo, no imposto de renda o contribuinte é aquele que aufere renda, no imposto sobre serviços o contribuinte é o prestador do serviço, no imposto sobre a propriedade territorial rural o contribuinte é o proprietário do imóvel.

A definição de responsável é obtida por derivação. Responsável é aquele que é sujeito passivo da obrigação e não é o contribuinte. Responsável é aquela pessoa que apresenta algum vínculo com o fato gerador (não um vínculo pessoal e direto, como o contribuinte) e a lei, para facilitar ou viabilizar a arrecadação ou fiscalização do tributo, o escolheu para figurar no pólo passivo da relação jurídica. Desse conceito de responsável podem-se extrair três informações fundamentais:

1) O responsável não é o contribuinte (ou seja, o responsável não tem um vínculo pessoal e direto com o fato gerador, no sentido de que não se descobre o responsável pela simples descrição do fato gerador).
2) O responsável tem algum vínculo com o fato gerador.
3) O responsável é um terceiro escolhido pela lei para figurar no pólo passivo a fim de facilitar ou viabilizar a arrecadação e fiscalização do tributo.

O exemplo da fonte pagadora é bastante didático. Após definir o contribuinte do imposto de renda como aquele que tem disponibilidade econômica ou jurídica da renda (art. 45, CTN), o CTN dispõe, no parágrafo único, que a lei pode atribuir à fonte pagadora da renda ou dos proventos tributáveis a condição de responsável pelo imposto cuja retenção e recolhimento lhe caibam.

Obviamente é muito mais fácil para controlar a arrecadação do imposto atribuir a responsabilidade de reter o imposto de renda a uma empresa do que atribuir a responsabilidade pelo recolhimento a milhares de empregados da empresa[5].

---

5 Configure-se o exemplo de um repórter que mora no exterior e aufere rendimentos de uma Rede de Televisão situada no Brasil. Obviamente, nesse caso, a eleição da fonte pagadora como responsável pelo recolhimento do imposto é uma necessidade para viabilizar a arrecadação do tributo.

c) **A alternativa "C"** afirma que "O descumprimento de obrigações tributárias, como a abstenção de escrituração dos livros fiscais de JC Móveis Ltda., converte-se em obrigação principal relativamente a eventual penalidade pecuniária". **A alternativa C é a correta e, portanto, o gabarito da questão.** O conteúdo da questão está de acordo com o § 3º do art. 113 do CTN: "*§ 3º A obrigação acessória, pelo simples fato da sua inobservância, converte-se em obrigação principal relativamente à penalidade pecuniária*".

A interpretação correta desse parágrafo é que o não-cumprimento da obrigação acessória pode gerar uma multa. Assim, por exemplo, o contribuinte tem a obrigação acessória de entregar a declaração do imposto de renda e, se não a cumprir (não entregar a declaração), será penalizado com uma multa.

Destaque-se que o termo *converte-se* contido no § 3º é criticado pela doutrina por poder transmitir a idéia equivocada de que a obrigação acessória desapareceria e se converteria em penalidade pecuniária. A obrigação acessória não desaparece, apenas o seu não-cumprimento é um fato desencadeador de uma penalidade pecuniária.

No caso em análise, o descumprimento de obrigações tributárias acessórias, como a abstenção de escrituração dos livros fiscais de JC Móveis Ltda., converte-se em obrigação principal relativamente a eventual penalidade pecuniária, ou seja, o descumprimento da obrigação acessória é um fato desencadeador da aplicação de uma penalidade pecuniária. Entretanto, a obrigação de escriturar os livros fiscais continua existindo.

d) A alternativa "D" afirma que "caso a autoridade tributária constate que a JC Móveis Ltda. não foi regularmente constituída, deverá ser decretada a perda de sua capacidade tributária passiva, sem prejuízo de aplicação de multa". A assertiva está incorreta. A capacidade tributária passiva da pessoa jurídica, no caso em análise, JC Móveis Ltda., independe de sua regular constituição[6], conforme estipula o art. 126, III, do CTN:

> ***Art. 126. A capacidade tributária passiva independe:***
> *I – da capacidade civil das pessoas naturais;*
> *II – de achar-se a pessoa natural sujeita a medidas que importem privação ou limitação do exercício de atividades civis, comerciais ou profissionais, ou da administração direta de seus bens ou negócios;*
> ***III – de estar a pessoa jurídica regularmente constituída, bastando que configure uma unidade econômica ou profissional.*** (destacamos)

6 Seria um prêmio à torpeza, um troféu àqueles que andam irregularmente, se a capacidade tributária passiva dependesse da regular constituição da pessoa jurídica.

Concluída a análise da questão 90 da prova 2006-2 aplicada pelo CESPE, **trago uma questão da Esaf** aplicada na prova de Auditor da Receita Federal de 2002 que explorou temas semelhantes à prova do CESPE:

(AFRF/2002-1 – ESAF)

- **As sociedades sem personalidade jurídica, quando demandadas, poderão opor ao fisco a inexistência de sua constituição formal?**
- **Segundo decorre do Código Tributário Nacional, silvícola, enquanto durar sua incapacidade civil, é passível de ter capacidade tributária?**
- **Certa pessoa dedicada ao comércio ambulante, sem endereço fixo, somente encontrado junto à sua banca de comércio, poderá ser considerada pela autoridade fiscalizadora como sem domicílio fiscal?**

a) Não, Sim, Não
b) Sim, Sim, Não
c) Sim, Não, Sim
d) Não, Não, Não
e) Sim, Sim, Sim.

COMENTÁRIOS

Assertiva 1: A capacidade tributária passiva independente de a sociedade estar regularmente constituída, conforme ensina o art. 126 do CTN. Assim, não é cabível o argumento de que a sociedade não está constituída e por essa razão não deve ser autuada. Resposta: NÃO

Assertiva 2: O sujeito passivo ingressa na relação jurídica, não por um ato de vontade, mas por determinação da lei. Ora, se a vontade é irrelevante, a capacidade para manifestá-la também se torna irrelevante. Daí uma pessoa física absolutamente incapaz poder ser sujeito passivo (um bebê recém-nascido pode ser sujeito passivo). Nessa linha de raciocínio, o índio (silvícola) é passível de ter capacidade tributária. Resposta: SIM

Assertiva 3: O art. 127 do CTN disciplina o assunto Domicílio Tributário, nos termos seguintes:

> *Art. 127. Na falta de eleição, pelo contribuinte ou responsável, de domicílio tributário, na forma da legislação aplicável, considera-se como tal:*
>
> *I – quanto às pessoas naturais, a sua residência habitual, ou, sendo esta incerta ou desconhecida, o centro habitual de sua atividade;*
>
> *II – quanto às pessoas jurídicas de direito privado ou às firmas individuais, o lugar da sua sede, ou, em relação aos atos ou fatos que derem origem à obrigação, o de cada estabelecimento;*
>
> *III – quanto às pessoas jurídicas de direito público, qualquer de suas repartições no território da entidade tributante.*

§ 1º Quando não couber a aplicação das regras fixadas em qualquer dos incisos deste artigo, considerar-se-á como domicílio tributário do contribuinte ou responsável o lugar da situação dos bens ou da ocorrência dos atos ou fatos que deram origem à obrigação.

§ 2º A autoridade administrativa pode recusar o domicílio eleito, quando impossibilite ou dificulte a arrecadação ou a fiscalização do tributo, aplicando-se então a regra do parágrafo anterior.

Da leitura do art. 127 do CTN podem-se estabelecer as seguintes regras:

A primeira regra é que o **contribuinte pode escolher o domicílio tributário e o fisco pode recusá-lo** se o domicílio eleito pelo contribuinte impossibilitar ou dificultar a arrecadação ou fiscalização do tributo.

A segunda regra é dirigida à **pessoa física** e dispõe que, se a pessoa física não escolher o seu domicílio tributário, o domicílio será a sua **residência habitual** ou, no caso de esta ser incerta ou desconhecida, o domicílio será o **centro habitual de sua atividade.**

A terceira regra é dirigida às **pessoas jurídicas de direito privado** e prescreve que, se a pessoa jurídica de direito privado não eleger seu domicílio, o domicílio será o local de sua **sede ou de cada estabelecimento.**

A quarta regra é destinada às **pessoas jurídicas de direito público.** Nesse caso, se não houver escolha do domicílio, o domicílio será **qualquer de suas repartições** no território da entidade tributante.

Caso não sejam aplicáveis as regras anteriores, o CTN estipulou uma regra subsidiária geral que estabelece como domicílio o lugar da situação dos bens ou dos atos ou fatos que deram origem à obrigação.

Assim, o domicílio do ambulante sem endereço fixo será o lugar da situação dos bens ou dos atos ou fatos que deram origem à obrigação, ou seja, no caso analisado, o domicílio do ambulante será sua banca de comércio.

Observa-se que o CTN estabelece no § 1º uma regra subsidiária sempre aplicável quando não couber a aplicação das regras prioritárias definidas no *caput* e nos incisos I, II e III.

Logo, não é correto afirmar que a pessoa será considerada sem domicílio fiscal. Portanto, **a resposta é NÃO.** Assim, o Gabarito da **Prova da Esaf é a letra " A".**

O gráfico seguinte resume as regras sobre domicílio tributário:

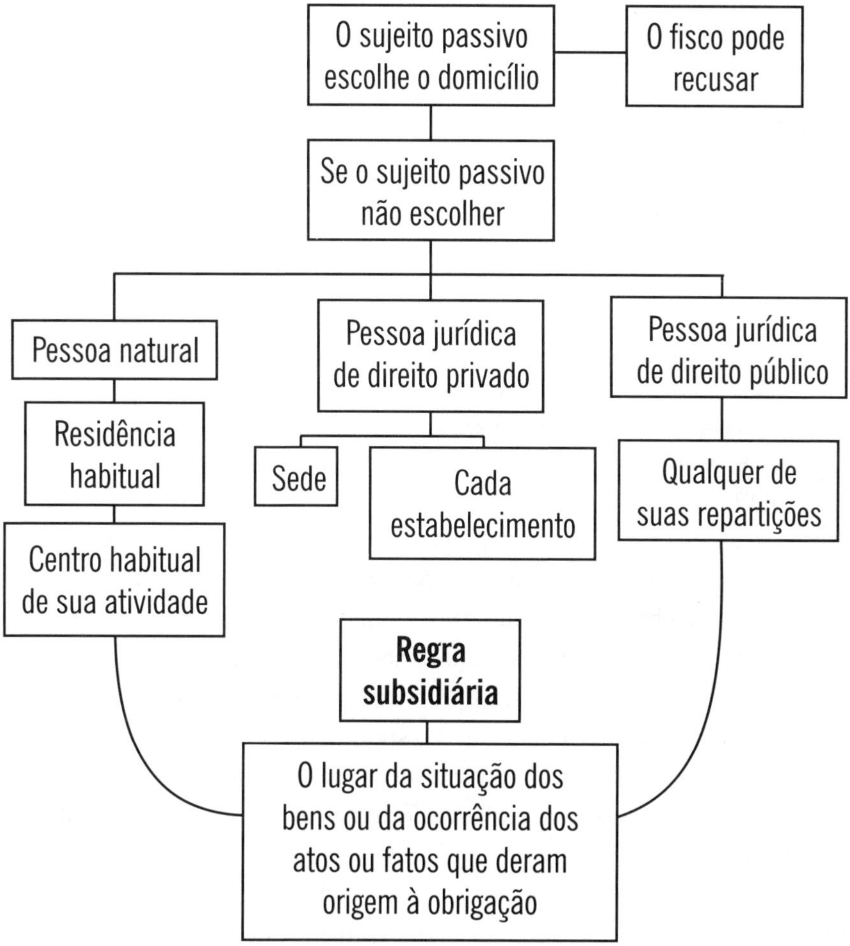

Questão 91

João e José são sócios da Marmoraria do Sul Ltda. José, que esteve à frente da administração da sociedade por 5 anos, entre janeiro de 2000 e maio de 2005, praticou atos em desconformidade com o contrato social. Em junho de 2005, Jonas foi nomeado administrador. Como a Marmoraria do Sul Ltda. se encontrava em débito para com a fazenda pública estadual, quanto a tributos relativos ao exercício de 2004, foi promovida execução fiscal contra a pessoa jurídica e seus sócios.

Considerando essa situação hipotética como referência inicial a acerca das normas que regem a responsabilidade tributária da sociedade e de seus sócios, assinale a opção incorreta.

a) A responsabilidade de sócio pelas dívidas tributárias da sociedade é hipótese de substituição tributária.

b) Na execução fiscal, a eventual penhora dos bens de sócio não poderá atingir a meação de sua respectiva mulher.

c) João e Jonas não poderão permanecer no pólo passivo da execução fiscal.
d) O inadimplemento das obrigações tributárias da pessoa jurídica devedora é bastante para caracterizar a responsabilidade pessoal e solidária do sócio-gerente.

COMENTÁRIOS

A alternativa "A" e "D" exploram temas correlatos que tratam da responsabilidade dos sócios-gerentes pelas dívidas da sociedade. O assunto está disciplinado no art. 135 do CTN:

> *Art. 135. São pessoalmente responsáveis pelos créditos correspondentes a obrigações tributárias resultantes de atos praticados com excesso de poderes ou infração de lei, contrato social ou estatutos:*
>
> *I – as pessoas referidas no artigo anterior;*
>
> *II – os mandatários, prepostos e empregados;*
>
> ***III – os diretores, gerentes ou representantes de pessoas jurídicas de direito privado***. (destaquei)

Como se extrai da leitura do artigo, os diretores, gerentes ou representantes de pessoas jurídicas de direito privado são pessoalmente responsáveis pelos créditos correspondentes a obrigações tributárias resultantes de atos praticados com excesso de poderes ou infração de lei, contrato social ou estatutos.

A primeira pergunta que se faz é se o inadimplemento do tributo configura infração de lei de forma a caracterizar a responsabilidade do sócio-gerente.

O STJ inicialmente perfilhou o entendimento de que o simples inadimplemento do tributo configurava infração à lei de forma a caracterizar a responsabilidade do sócio-gerente.

Entretanto, no segundo momento, a jurisprudência do STJ consolidou-se no sentido de asseverar que o simples inadimplemento do tributo não caracteriza infração de lei de forma a gerar a responsabilidade do sócio-gerente. **Assim, consoante iterativa jurisprudência do STJ, a alternativa "D" está incorreta e, portanto, é o gabarito da questão.**

Buscando afastar a idéia de responsabilidade solidária, o STJ firmou o entendimento de que a responsabilidade de sócio pelas dívidas tributárias da sociedade é hipótese de substituição tributária. Nesse sentido, a alternativa "A" está correta.

Transcrevo trecho de ementa de uma decisão do STJ (Agravo Regimental no Agravo de Instrumento 2007/0170112-0), publicada em fevereiro de 2008, que aborda os dois tópicos da responsabilidade do sócio-gerente explorados na questão:

> "Tributário e processual civil. Agravo Regimental. Execução fiscal. Responsabilidade de sócio-gerente. Limites. Art. 135, III, do CTN.

Uniformização da matéria pela 1ª Seção desta Corte. Precedentes.
1. Agravo regimental contra decisão que conheceu de agravo de instrumento e proveu o recurso especial da parte agravada.
2. O acórdão *a quo*, nos termos do art. 135, III, do CTN, deferiu pedido e inclusão do sócio-gerente no pólo passivo da execução fiscal, referente aos fatos geradores da época em que pertenciam à sociedade.
3. Os bens do sócio de uma pessoa jurídica comercial não respondem, em caráter solidário, por dívidas fiscais assumidas pela sociedade. A responsabilidade tributária imposta por sócio-gerente, administrador, diretor ou equivalente só se caracteriza quando há dissolução irregular da sociedade ou se comprova infração à lei praticada pelo dirigente, e não apenas quando ele simplesmente exercia a gerência da empresa à época dos fatos geradores.
4. Em qualquer espécie de sociedade comercial, é o patrimônio social que responde sempre e integralmente pelas dívidas sociais. Os diretores não respondem pessoalmente pelas obrigações contraídas em nome da sociedade, mas respondem para com esta e para com terceiros solidária e ilimitadamente pelo excesso de mandato e pelos atos praticados com violação do estatuto ou lei (art. 158, I e II, da Lei nº 6.404/1976).
5. De acordo com o nosso ordenamento jurídico-tributário, os **sócios** (diretores, gerentes ou representantes da pessoa jurídica) são responsáveis, por substituição, pelos créditos correspondentes a obrigações tributárias resultantes da prática de ato ou fato eivado de excesso de poderes ou com infração de lei, contrato social ou estatutos (art. 135, III, do CTN).
6. O simples inadimplemento não caracteriza infração legal. Inexistindo prova de que se tenha agido com excesso de poderes, ou infração de contrato social ou estatutos, não há falar-se em responsabilidade tributária do ex-sócio a esse título ou a título de infração legal. Inexistência de responsabilidade tributária do ex-sócio. Precedentes desta Corte Superior.
7. Matéria que teve sua uniformização efetuada pela egrégia 1ª Seção desta Corte no EREsp nº 260107/RS, unânime, DJ de 19/04/2004.
8. Agravo regimental não-provido".

b) A alternativa "B" foi considerada correta pelo CESPE. O posicionamento pacificado do STJ é no sentido de que a meação da mulher só deve responder pelos atos ilícitos levados a cabo pelo cônjuge quando houver prova de que se beneficiou com o produto oriundo da infração, devendo-se ressaltar que o ônus da prova é do credor. Assim, pode-se afirmar que, como regra, na cobrança de dívidas fiscais contra empresa em que o marido seja sócio, há de se excluir a meação da mulher sobre o bem de propriedade do casal que foi objeto de penhora. Ressalte-se, entretanto, que se o credor comprovar a existência de benefício do cônjuge com o produto da infração cometida pela empresa, é possível a meação do cônjuge responder pelas dívidas. Veja trecho de aresto do STJ:

"Processual civil. Execução fiscal. Embargos de terceiro. Dívida fiscal por ato ilícito. Responsabilidade do sócio-gerente. Meação da mulher. Exclusão. Precedentes.
– **A meação da mulher só responde pelos atos ilícitos praticados pelo marido, sócio-gerente, quando ficar provado que ela foi beneficiada com o produto da infração, cabendo o ônus da prova ao credor.**
– **Recurso especial conhecido e provido**" (REsp nº 302.644/MG, Segunda T., Rel. Min. Francisco Peçanha Martins, DJ de 05/04/2004). (destacamos)

Da leitura da jurisprudência do STJ, observa-se que a afirmação do CESPE de que "na execução fiscal a eventual penhora dos bens de sócio não poderá atingir a meação de sua respectiva mulher" é criticável. De fato não se pode afirmar que a eventual penhora dos bens de sócio não poderá atingir a meação de sua respectiva mulher, uma vez que a meação da mulher responderá pelos atos ilícitos praticados pelo marido quando ficar provado que ela foi beneficiada com o produto da infração.

c) João e Jonas não poderão permanecer no pólo passivo da execução fiscal, portanto, a alternativa "C" está correta. Observe que José foi quem esteve à frente da sociedade por cinco anos entre janeiro de 2000 e maio de 2005 e, portanto, foi José quem nesse período praticou atos em desconformidade com o contrato social. Observe ainda que a execução fiscal diz respeito a tributos relativos ao exercício de 2004, período em que José ainda estava à frente da sociedade. Assim, considerando-se que João e Jonas não administravam a sociedade e conseqüentemente não praticaram atos em desconformidade da lei, João e Jonas não poderão permanecer no pólo passivo da execução fiscal.

d) A alternativa "D" é a incorreta e foi analisada no início dos comentários.

Questão 92

Uma autoridade fazendária de certa unidade da federação dirigiu-se ao estabelecimento empresarial da pessoa jurídica Solar Higienização Ltda. para efetuar fiscalização do recolhimento do IPTU relativo ao exercício de 2000. Como os dirigentes da referida pessoa jurídica não procederam ao pagamento do tributo devido, foi lavrado auto de infração em fevereiro de 2006.

Com base nessa situação hipotética e acerca da disciplina normativa do lançamento e do crédito tributário, assinale a opção correta.

a) O lançamento tributário opera efeitos *ex nunc*, possuindo natureza constitutiva e declaratória.
b) O auto de infração foi lavrado após o advento da decadência.
c) O IPTU é imposto objeto de lançamento por homologação.
d) O ato de constituição do crédito tributário é ato discricionário.

COMENTÁRIOS

a) A alternativa "A" está incorreta. Inicialmente cabe esclarecer que se consideram os efeitos *ex tunc* quando retroagem[7] e consideram-se os efeitos *ex nunc* quando se projetam apenas para o futuro. O lançamento se rege pela lei da época do fato gerador, conforme estipula o art. 144 do CTN: *"O lançamento reporta-se à data da ocorrência do fato gerador da obrigação e rege-se pela lei então vigente, ainda que posteriormente modificada ou revogada"*.

O gráfico a seguir ilustra essa regra:

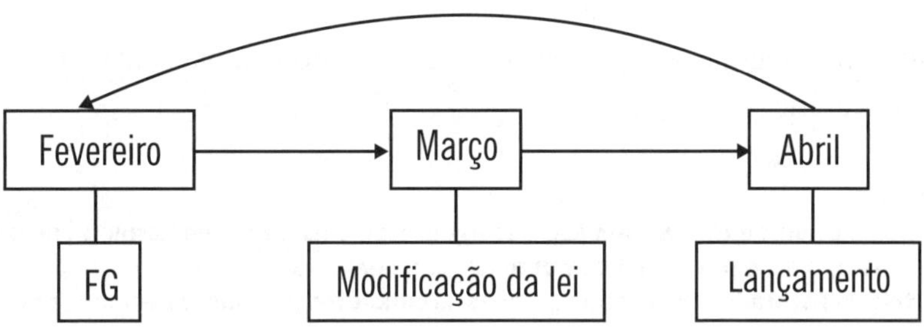

Ora, se o lançamento, como regra, rege-se pela lei da época do fato gerador, seus efeitos, como regra, são *ex tunc*.

As alternativas "C" e "D" também estão incorretas. A alternativa "C" está incorreta, porque o IPTU é um caso típico de lançamento de ofício (veja comentários, questão 86, prova 2007-3). A alternativa "D" está incorreta porque o ato de constituição do crédito tributário é vinculado e não discricionário, como diz a questão. O CTN dispõe no parágrafo único do art. 142 que a atividade administrativa de lançamento é vinculada e obrigatória, sob pena de responsabilidade funcional.

b) **A alternativa "B" é a correta**, porque de fato o auto de infração foi lavrado após o advento da decadência. O IPTU é um imposto sujeito ao lançamento de ofício. No caso do lançamento de ofício o prazo de decadência segue a

7 Uma maneira de memorizar é relacionar a letra "T" que inicia a palavra "Tunc", com o "T" que está presente na palavra "reTroagir".

regra geral do art. 173, I, ou seja, o direito de a Fazenda Pública constituir o crédito tributário extingue-se após 5 anos, contados do primeiro dia do exercício seguinte àquele em que o lançamento poderia ter sido efetuado. No caso em análise, o fisco municipal poderia lançar o IPTU em 2000, e o termo *a quo* (termo inicial) do prazo decadencial é 1º de janeiro de 2001 (primeiro dia do exercício seguinte àquele em que o lançamento poderia ter sido efetuado). Assim, contando cinco anos a partir do dia 1º de janeiro de 2001 chega-se a 31 de dezembro de 2005. O lançamento do IPTU, portanto, poderia ter sido efetuado até 31 de dezembro de 2005. Caso não se efetuasse o lançamento até 31 de dezembro de 2005, a decadência se consumaria em 1º de janeiro de 2006. Ora, se a decadência se consumou em 1º de janeiro de 2006, significa que o auto de infração de fevereiro de 2006 foi lavrado após o advento da decadência.

A decadência e a prescrição estão previstas no art. 156, V, do CTN como modalidades de extinção do crédito tributário[8].

Anexei no final da correção da prova um estudo complementar sobre decadência e prescrição.

Questão 93

Por motivo de ordem pública, decorrente de enchente que assolou certa região sulista, o ente municipal competente concedeu moratória à empresa Alves Indústria de Estofados Ltda., consideradas as condições pessoais e peculiares do sujeito passivo.

Em fase dessa situação hipotética, assinale a opção incorreta com relação às normas que disciplinam a moratória.

a) Concedida individualmente, a moratória produz efeitos de forma automática.
b) A Alves Indústria de Estofados Ltda. não poderá invocar direito adquirido, podendo o benefício fiscal ser revogado de ofício.
c) A moratória concedida pelo ente municipal somente abrangerá tributos definitivamente constituídos à data do despacho que a outorgar.
d) A lei municipal concessiva da moratória deverá ser interpretada literalmente.

---

8 O contribuinte tem um prazo para efetuar o lançamento. Se não fizer o lançamento no prazo legal, ocorrerá a decadência. Assim, a partir da consumação da decadência o lançamento não poderá mais ser efetuado. Observe a incongruência do CTN: Se o advento da decadência impede a realização do lançamento e o crédito tributário se constitui mediante o lançamento, o advento da decadência impede a constituição do crédito tributário. Ora, se o advento da decadência impede a constituição do crédito tributário, não teria sentido dizer que a decadência extingue o crédito tributário. Como extinguir algo que não chegou a ser constituído? Essa incongruência nos leva a concluir que o CTN deveria ter classificado a decadência como modalidade de exclusão do crédito tributário e não como modalidade de extinção. Entretanto, se for cobrado em prova, marque sem receio a alternativa que afirma que o CTN é modalidade de extinção do crédito tributário.

COMENTÁRIOS

a) De acordo com o art. 152 do CTN, a lei pode conceder a moratória em caráter geral ou a lei pode autorizar a sua concessão em caráter individual. Assim, na linguagem utilizada pelo Código, a lei concede diretamente a moratória em caráter geral e a lei apenas autoriza a concessão em caráter individual, cabendo ao despacho da autoridade administrativa a efetiva concessão da moratória.

O gráfico seguinte sintetiza essa idéia:

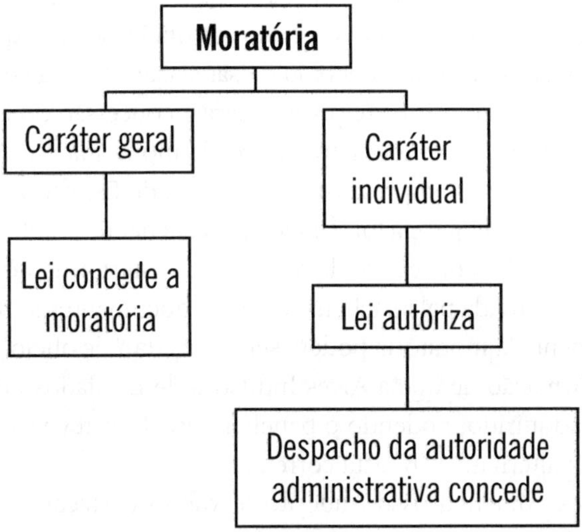

Na verdade, na moratória em caráter individual, o despacho da autoridade administrativa apenas reconhece que o contribuinte se enquadrou dentro das hipóteses delineadas na lei para a concessão da moratória. A lei autoriza (ou concede) a moratória para todos aqueles contribuintes que cumpram as condições "a" e "b". O contribuinte requer a concessão da moratória alegando cumprir as condições "a" e "b". A autoridade administrativa verifica se o contribuinte cumpriu as condições e, em caso positivo, reconhece através de um despacho que o contribuinte faz jus à moratória.

Assim, baseada nessa linha de raciocínio, a doutrina sempre destaca o cuidado que se deve ter na interpretação do art. 152, II, do CTN, quando dispõe que a moratória somente pode ser concedida em caráter individual, por despacho da autoridade administrativa, desde que autorizada por lei[9].

9 Destaque-se, entretanto, nas provas de concursos normalmente é exigido a literalidade do Código e o art. 152, II, dispõe que a moratória somente pode ser concedida em caráter individual, por despacho da autoridade administrativa, desde que autorizada por lei.

Na questão em análise se afirma que, concedida individualmente, a moratória produz efeitos de forma automática. **O CESPE considerou a assertiva "A" incorreta**. A banca examinadora considerou falsa porque a moratória em caráter individual passa por duas fases: a fase da lei autorizativa e a fase do despacho da autoridade administrativa. Assim, a lei que autoriza a concessão da moratória não produz efeitos de forma automática, porque depende de um despacho posterior.

b) O art. 155 do CTN dispõe que a concessão da moratória em caráter individual não gera direito adquirido e será revogado de ofício, sempre que se apure que o beneficiado não satisfazia ou deixou de satisfazer as condições ou não cumpria ou deixou de cumprir os requisitos para a concessão do favor.

Assim, por exemplo, a lei municipal concede moratória a todas as empresas atingidas pela enchente. A empresa Alves Indústria de Estofados Ltda. apresenta documentos que atestam que ela foi atingida pela enchente. A autoridade administrativa exara o despacho concessivo da moratória. Posteriormente, verifica-se que a empresa não foi atingida pela enchente e que os documentos apresentados eram falsos. Naturalmente, a moratória poderá ser revogada[10] de ofício. Assim, no caso em análise, a afirmação de que a Alves Indústria de Estofados Ltda. não poderá invocar direito adquirido, podendo o benefício fiscal ser revogado de ofício está correta. Assim, a alternativa "B" está correta.

Encerrados os comentários do quesito, é válido destacar a importância do art. 155 do CTN. A regra nele contida é aplicável ao parcelamento, à remissão, à isenção e à anistia.O gráfico abaixo ilustra essa informação:

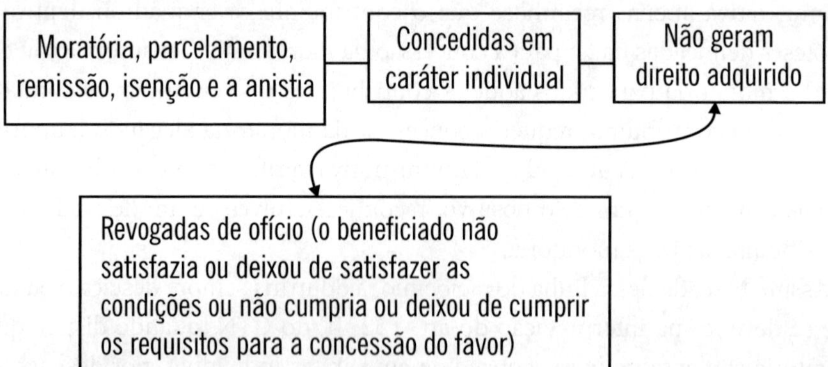

10 O CTN utilizou equivocadamente o termo revogação da moratória e nas provas é comum a utilização da mesma nomenclatura do Código. Entretanto, revoga-se um ato administrativo por motivo de conveniência e oportunidade e não por razões de ilegalidade. O despacho da autoridade administrativa, que concede a moratória, é ato administrativo vinculado e pode ser anulado (se concedido ilegalmente) ou cassado (caso o beneficiário tenha deixado de cumprir as condições após a concessão), mas não revogado. Não se revoga ato administrativo vinculado. Entretanto, apesar da crítica que corretamente se faz à expressão "revogação da moratória", continuarei a utilizá-la, pois é dessa forma que aparece nas provas.

c) O art. 154 do CTN dispõe que **salvo disposição de lei em contrário**, a moratória somente abrange os créditos definitivamente constituídos à data da lei ou do despacho que a conceder, ou cujo lançamento já tenha sido iniciado àquela data por ato regularmente notificado ao sujeito passivo.

A afirmativa contida na alínea "C" afirma que a moratória concedida pelo ente municipal somente abrangerá tributos definitivamente constituídos à data do despacho que a outorgar.

O CESPE considerou a alternativa "C" correta.

Ressalte-se que essa é mais uma assertiva da Banca Examinadora que deixa o candidato que conhece o texto legal completamente indeciso.

Observe que a moratória concedida pelo ente municipal abrangerá tributos que não estejam definitivamente constituídos à data do despacho que a outorgar, desde que haja previsão em lei.

Assim, não é rigorosamente correto que a moratória concedida pelo ente municipal somente abrangerá tributos definitivamente constituídos à data do despacho que a outorgar. **O CESPE esqueceu da ressalva "salvo disposição de lei em contrário"** e considerou a assertiva correta.

Ademais, a redação do CTN faz referência aos tributos definitivamente constituídos ou em curso de constituição e a alternativa "C" afirma que a moratória somente abrange os créditos tributários definitivamente constituídos. Transcrevi o art. 154 do CTN e a redação da alternativa "C" para compararmos:

> *Art. 154. Salvo disposição de lei em contrário, a moratória somente abrange os créditos definitivamente constituídos à data da lei ou do despacho que a conceder, ou cujo lançamento já tenha sido iniciado àquela data por ato regularmente notificado ao sujeito passivo.*
>
> ***A moratória concedida pelo ente municipal somente abrangerá tributos definitivamente constituídos à data do despacho que a outorgar.*** (o grifo corresponde à alternativa "c")

Por essas duas razões, **o Gabarito do CESPE está errado e a questão merecia ser anulada.**

É oportuno lembrar que nos tributos sujeitos ao lançamento por homologação (o ISS é tributo sujeito ao lançamento por homologação), a moratória atuará normalmente antes do lançamento. Nesse sentido vale transcrever trecho do livro do Luciano Amaro:

> Suponha-se, por exemplo, um tributo que o contribuinte tenha o dever legal de recolher sem prévio exame da autoridade administrativa, cujo prazo de pagamento seja prorrogado por uma moratória. Essa moratória jamais vai atuar após o lançamento

(por homologação). Ela é vocacionada para ser eficaz antes do lançamento. (Luciano da Silva Amaro, *Direito tributário brasileiro*. São Paulo: Saraiva)

d) O art. 111 do CTN dispõe que se interprete literalmente a legislação tributária que disponha sobre suspensão ou exclusão do crédito tributário, outorga de isenção e dispensa do cumprimento de obrigações tributárias acessórias. Ora, se a moratória é modalidade de suspensão do crédito tributário e a legislação que disponha sobre suspensão do crédito tributário deve ser interpretada literalmente, significa que a legislação que disponha sobre moratória deve ser interpretada literalmente. Assim é correto afirmar que a lei municipal concessiva da moratória deverá ser interpretada literalmente. Assim, a alternativa "D" está correta.

Questão 94

Considere que, em razão de inadimplemento de obrigação tributária, relativa ao recolhimento do ICMS, tenham sido promovidas a inscrição em dívida ativa e o posterior aforamento de execução fiscal contra LM Livraria Ltda. A propósito dessas considerações e observadas as normas atinentes à administração tributária, assinale a opção correta.

a) A lei determina que seja promovida a notificação do sujeito passivo acerca da inscrição do crédito tributário em dívida ativa.
b) A certidão de dívida ativa regularmente lavrada contra LM Livraria Ltda. constitui título executivo extrajudicial e goza de presunção *iuris et de iure* de liquidez e certeza.
c) Não constitui vício da certidão de dívida ativa a ausência de menção expressa quanto ao valor dos juros de mora e demais encargos, desde que conste a maneira de calculá-los.
d) O pagamento de parte do débito tributário de LM Livraria Ltda. consubstanciado em certidão de dívida ativa afeta a liquidez da referida certidão.

COMENTÁRIOS

a) O CTN e a Lei de Execução Fiscal não exigem que seja promovida a notificação do sujeito passivo acerca da inscrição do crédito tributário. Assim, a alternativa está errada.

b) Presunção *iuris tantum* significa presunção relativa, e presunção *iuris et de iure* significa presunção absoluta. A certidão de dívida ativa regularmente inscrita goza de presunção relativa (*iuris tantum*) de certeza e liquidez. Essa presunção é relativa porque pode ser afastada por prova inequívoca. Aliás, é comum o contribuinte ingressar com um requerimento sustentando que a inscrição foi indevida e a PFN (Procuradoria da Fazenda Nacional) solicitar a manifestação da Receita Federal sobre as alegações do contribuinte. Assim, por exemplo, o contribuinte alega que a inscrição foi indevida porque existia depósito do montante integral e a PFN pede para a Receita Federal se manifestar sobre a integralidade do depósito. Se a Receita Federal verificar que existia a integralidade do depósito, a inscrição deve ser cancelada.

A assertiva "B" está incorreta, porque afirma que a certidão de dívida ativa goza de presunção absoluta (*iuris et de iure*) de liquidez e certeza; e a presunção, como já vimos, não é absoluta. O assunto está disciplinado no art. 204 do CTN:

> *Art. 204. A dívida regularmente inscrita goza da presunção de certeza e liquidez e tem o efeito de prova pré-constituída.*
>
> *Parágrafo único. A* ***presunção a que se refere este artigo é relativa e pode ser ilidida por prova inequívoca, a cargo do sujeito passivo ou do terceiro a que aproveite.*** (destacamos)

A Lei nº 6.830/1980 (Lei de Execução Fiscal) contém comando semelhante:

> *Art. 3º A Dívida Ativa regularmente inscrita goza da presunção de certeza e liquidez.*
>
> *Parágrafo único – A presunção a que se refere este artigo é relativa e pode ser ilidida por prova inequívoca, a cargo do executado ou de terceiro, a quem aproveite.*

c) Dispõe o § 5º do art. 2º da Lei nº 6.830/1980 (Lei de Execução Fiscal):

> *§ 5º O Termo de Inscrição de Dívida Ativa deverá conter:*
>
> *I – o nome do devedor, dos co-responsáveis e, sempre que conhecido, o domicílio ou residência de um e de outros;*
>
> ***II – o valor originário da dívida, bem como o termo inicial e a forma de calcular os juros de mora e demais encargos previstos em lei ou contrato;*** (destacamos)
>
> *III – a origem, a natureza e o fundamento legal ou contratual da dívida;*
>
> *IV – a indicação, se for o caso, de estar a dívida sujeita à atualização monetária, bem como o respectivo fundamento legal e o termo inicial para o cálculo;*
>
> *V – a data e o número da inscrição, no Registro de Dívida Ativa; e*
>
> *VI – o número do processo administrativo ou do auto de infração, se neles estiver apurado o valor da dívida."*

Assim, por exemplo, uma dívida de Cofins (Contribuição para o Financiamento da Seguridade Social) concernente ao período de apuração (PA) de abril de 2005 é inscrita em dívida ativa em junho de 2008. Além dos demais requisitos previstos no § 5º, o termo de inscrição precisa conter o período de apuração (PA), o valor originário da dívida (o valor originário da dívida é o valor da dívida na época do período de apuração) e a forma de calcular os juros de mora e demais encargos previstos em lei ou em contrato.

Ressalte-se que não é necessária menção expressa ao valor dos juros de mora em junho de 2008 (data da inscrição em Dívida Ativa), mas é imprescindível que o Termo de Inscrição contenha o valor da dívida na época do período de apuração, ou seja, em abril de 2005 (valor originário da dívida).

Dessa forma é correto afirmar que não constitui vício da certidão de dívida ativa a ausência de menção expressa quanto ao valor dos juros de mora e demais encargos, desde que conste a maneira de calculá-los. **A assertiva "C", portanto, é a correta.**

É válido destacar que os juros de mora continuam fluindo normalmente após a inscrição em Dívida Ativa. O CTN inclusive estabelece no parágrafo único do art. 201 do CTN que a fluência de juros de mora não exclui a liquidez do crédito tributário. Ora, se os juros continuam fluindo e alterando constantemente o montante global da dívida não teria sentido fixar a obrigatoriedade do termo de inscrição conter menção expressa ao valor dos juros até a data da inscrição.

É importante ainda anotar que o art. 202, II, do CTN também destaca a necessidade de constar a maneira de calcular os juros de mora:

> *Art. 202. O termo de inscrição da dívida ativa, autenticado pela autoridade competente, indicará obrigatoriamente:*
>
> *(...)*
>
> *II – a quantia devida e a maneira de calcular os juros de mora acrescidos;*

d) A alternativa "D" está errada, uma vez que o pagamento de parte do débito tributário de LM Livraria Ltda. consubstanciado em certidão de dívida ativa não afeta a liquidez da referida certidão.

Questão 95

Considere que um grande empresário tenha recebido em seu domicílio tributário cobrança quanto ao IPVA de sua aeronave e de seu automóvel, este último comprado de um amigo que se encontrava em crise financeira por R$ 50.000,00, mas cujo valor de mercado é de R$ 70.000,00. Nesse caso, acerca do IPVA, assinale a opção incorreta.

a) Quando da repartição da receita tributária decorrente do IPVA, 20% pertencerá ao município onde estiver licenciado o respectivo veículo automotor.

b) O fato gerador do IPVA é a propriedade, não o uso do veículo automotor.

c) A base de cálculo do IPVA quanto ao automóvel do empresário será o valor venal deste, ou seja, R$ 70.000,00.

d) A jurisprudência do STF é no sentido de que não deverá incidir IPVA sobre a propriedade ou posse de aeronaves.

COMENTÁRIOS

a) Prescreve o art. 158, III, da Constituição Federal:

> *Art. 158. Pertencem aos Municípios:*
>
> *(...)*
>
> *III – cinqüenta por cento do produto da arrecadação do imposto do Estado sobre a propriedade de veículos automotores licenciados em seus territórios;*

Observa-se, portanto, da leitura do artigo da Constituição que a **assertiva "A" é a incorreta**, uma vez que o percentual que pertence aos Municípios é de 50%. O gráfico seguinte sintetiza os percentuais que pertencem aos municípios de IPVA, ICMS e ITR.

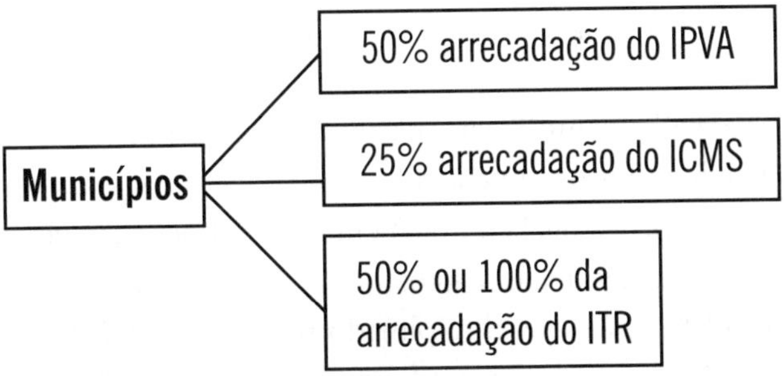

b) O art. 155, III, da Constituição Federal outorgou competência tributária aos Estados e ao Distrito Federal para instituir impostos sobre a propriedade de veículos automotores.

A competência tributária é o poder que a Constituição outorgou aos entes políticos para criarem e legislarem sobre determinados tributos. Ela traduz um poder e uma limitação. O ente político detém a faculdade de criar o tributo, mas somente pode criá-lo dentro da cerca delineada pela Constituição Federal.

Assim, por exemplo, a CF outorgou poder aos Estados e DF para criarem um imposto sobre a propriedade de veículo automotor. Se um estado resolvesse criar o IPVA e definisse como hipótese de incidência o uso do veículo, o estado estaria extrapolando a competência outorgada pela Constituição Federal.

Observa-se, portanto, que o fato gerador do IPVA, pelo menos no que se refere ao seu aspecto material[11], é a propriedade e não o uso do veículo automotor. Dessa forma, a assertiva B está correta.

---

11 No caso do IPVA caberá à lei estadual definir, dentro dessa baliza constitucional, o fato gerador do imposto em todos os seus aspectos: pessoal, material, temporal e espacial.

c) A base de cálculo do IPVA é o valor venal do veículo e, portanto, a alternativa "C" está correta.

d) De fato a jurisprudência do STF é no sentido de que não deverá incidir IPVA sobre a propriedade ou posse de aeronaves. A alternativa "D", portanto, está correta. É importante registrar que muitas leis estaduais previram a incidência do IPVA para embarcações e aeronaves, entretanto o STF consagrou o entendimento de que o IPVA somente atinge veículos terrestres (RE 134.509 e RE 255.111).

Analisada a questão, vamos comentar os tópicos mais relevantes relacionados ao IPVA:

1) A CF incumbiu à lei complementar definir o fato gerador, a base de cálculo e contribuintes de todos os impostos.
2) O CTN faz as vezes dessa lei complementar[12] e define o fato gerador, a base de cálculo e contribuintes dos impostos.
3) Ocorre que o IPVA não está disciplinado no CTN (O CTN surgiu em 15 de outubro de 1966, e o IPVA foi criado em 1985 pela EC nº 27) e em nenhuma lei complementar federal.
4) A inexistência de lei federal sobre normas gerais autoriza aos estados a exercerem a competência legislativa plena, conforme prevê o § 3º do art. 24 da CF. Foi exatamente com base nesse artigo que o STF julgou constitucional que leis locais do IPVA estabelecessem o fato gerador, a base de cálculo e os contribuintes do imposto (RE 191.703).
5) A EC nº 42/2003 acrescentou duas importantes características ao IPVA:
   a) a primeira característica acrescentada pela EC nº 42 é que o IPVA terá alíquotas mínimas fixadas pelo Senado Federal. O objetivo dessa regra é diminuir a possibilidade de os Estados reduzirem em demasiado suas alíquotas para atraírem o licenciamento de veículos em seus territórios, evitando dessa forma a denominada guerra fiscal;
   b) a segunda característica veiculada pela EC nº 42 é a possibilidade de o imposto ter alíquotas diferenciadas em função do tipo e da utilização. Assim, é possível a lei estadual reduzir a alíquota, por exemplo, para

12 O CTN é uma lei ordinária com *status* de lei complementar. O CTN é de 25 de outubro de 1966 e surgiu, portanto, sob a égide da Constituição de 1946, que não previa a existência de lei complementar. O CTN, entretanto, foi recepcionado pelas Constituições de 1967 e de 1988 como lei complementar. Daí se afirmar que o CTN é uma lei ordinária, com *status* de lei complementar; é uma lei ordinária que somente pode ser alterada por lei complementar.

veículos populares (alíquotas diferenciadas de acordo com o tipo) ou para veículos utilizados no transporte público de passageiros (alíquotas diferenciadas de acordo com a utilização).

O gráfico seguinte resume as características do IPVA introduzidas pela EC nº 42:

GABARITO DA PROVA 2006-2

86. B	90. C	93. A
87. A	91. D	94. C
88. C	92. B	95. A
89. D		

ESTUDOS COMPLEMENTARES

1 - A DECADÊNCIA E A PRESCRIÇÃO

A decadência e a prescrição são dois institutos relacionados ao tempo e à inércia. Na seara tributária a decadência extingue o direito de constituir o crédito tributário e a prescrição o direito de cobrar o crédito já constituído.

O CTN relacionou no art. 156 a decadência e a prescrição como modalidades de extinção do crédito tributário.

A consumação da decadência, entretanto, evita que o crédito tributário se constitua, na medida em que extingue o direito do fisco de efetuar o lançamento. Assim, a decadência estaria mais bem classificada como modalidade de exclusão do crédito tributário[13].

A Constituição Federal dispõe que cabe a lei complementar estabelecer normas gerais em matéria de legislação tributária especialmente sobre prescrição e decadência tributárias (CF, art. 146, III, *b*).

O CTN faz as vezes dessa lei complementar e disciplina o assunto nos arts. 173 e 174 do CTN.

Analisaremos agora os arts. 173 e 174 do CTN.

O art. 173 do CTN, que trata de decadência, apresenta razoável complexidade no que diz respeito ao denominado termo inicial de contagem do prazo (*termo a quo*). Ou seja, o prazo de decadência é de cinco anos, mas o momento a partir do qual se inicia a contagem do prazo está sujeito a várias regras particulares que já foram objeto de muita controvérsia doutrinária e jurisprudencial.

Buscando facilitar o entendimento transcrevi o art. 173 e comentarei cada inciso utilizando exemplos práticos.

DECADÊNCIA

> *Art. 173. O direito de a Fazenda Pública constituir o crédito tributário extingue-se após 5 (cinco) anos, contados:*
>
> *I – do primeiro dia do exercício seguinte àquele em que o lançamento poderia ter sido efetuado;*
>
> *II – da data em que se tornar definitiva a decisão que houver anulado, por vício formal, o lançamento anteriormente efetuado.*
>
> *Parágrafo único. O direito a que se refere este artigo extingue-se definitivamente com o decurso do prazo nele previsto, contado da data em que tenha sido iniciada a constituição do crédito tributário pela notificação, ao sujeito passivo, de qualquer medida preparatória indispensável ao lançamento.*

---

13 Entretanto, se aparecer em uma prova, considere correta a opção que afirmar que a decadência é modalidade de extinção do crédito tributário.

REGRA 1 – REGRA GERAL

1) do primeiro dia do exercício seguinte àquele em que o lançamento poderia ter sido efetuado;

Exemplo: O fato gerador do IPTU ocorreu em 1º de janeiro de 2008
O prazo decadencial se inicia em 1º de janeiro de 2009
O fisco poderá lançar até 31 de dezembro 2013
A decadência se consuma em 1º de janeiro de 2014.

REGRA 2 – ANTECIPAÇÃO DO PRAZO DECADENCIAL (Parágrafo único)

2) contado da data em que tenha sido iniciada a constituição do crédito tributário pela notificação, ao sujeito passivo, de qualquer medida preparatória indispensável ao lançamento.

Exemplo: O fato gerador do IPTU ocorreu em 1º de janeiro de 2008
O sujeito passivo foi notificado em 22 de junho de 2008
Começa-se a contar o prazo do dia 22 de junho de 2008
Nesse caso, portanto, antecipou-se o início do prazo decadencial.

REGRA 3 – INTERRUPÇÃO DO PRAZO DECADENCIAL

3) da data em que se tornar definitiva a decisão que houver anulado, por vício formal, o lançamento anteriormente efetuado.

Exemplo: O fato gerador do IPTU ocorreu em 1º de janeiro de 2008
O prazo decadencial se inicia em 1º de janeiro de 2009
O contribuinte foi notificado do lançamento em 22 de junho de 2011
O contribuinte impugnou

Em 16 de novembro de 2012 encerrou-se a esfera administrativa prevalecendo a tese da nulidade do lançamento

A partir de 16 de novembro de 2012 começa a fluir o prazo decadencial para realização de um novo lançamento.

REGRA DO LANÇAMENTO POR HOMOLOGAÇÃO

> *Art. 150. O lançamento por homologação, que ocorre quanto aos tributos cuja legislação atribua ao sujeito passivo o dever de antecipar o pagamento sem prévio exame da autoridade administrativa, opera-se pelo ato em que a referida autoridade, tomando conhecimento da atividade assim exercida pelo obrigado, expressamente a homologa.*
>
> *(...)*
>
> *§ 4º Se a lei não fixar prazo a homologação, será ele de cinco anos, a contar da ocorrência do fato gerador; expirado esse prazo sem que a Fazenda Pública se tenha pronunciado,*

considera-se homologado o lançamento e definitivamente extinto o crédito, salvo se comprovada a ocorrência de dolo, fraude ou simulação.

Observação 1: O lançamento por homologação não está sujeito a prazo de decadência[14]. O que decai é o direito do fisco de lançar de ofício eventuais diferenças apuradas.

Observação 2: Homologa-se o pagamento e não o procedimento. Assim, a regra do § 4º somente é aplicável no caso de o contribuinte haver efetuado algum pagamento. Se não houve o pagamento, o prazo de decadência conta-se do primeiro dia do exercício seguinte àquele em que o lançamento poderia ter sido efetuado.

Observação 3: De acordo com § 4º, o prazo decadencial é contado da data da ocorrência do fato gerador. Assim, contam-se cinco anos a partir da ocorrência do fato gerador. Transcorridos os cinco anos sem a manifestação da Fazenda Pública, significa que ocorreu a homologação tácita do lançamento. Se, entretanto, a Fazenda Pública identificar que ocorreu um pagamento a menor, deverá dentro desses cinco anos efetuar o lançamento de ofício da diferença apurada (diferença entre o valor que foi pago pelo contribuinte e o valor que deveria ser efetivamente pago).

Observação 4: A redação final do § 4º do art. 150 do CTN estabelece uma ressalva no caso de dolo, fraude ou simulação. Após muita controvérsia doutrinária e jurisprudencial, consolidou-se o entendimento de que no caso da ocorrência de dolo, fraude ou simulação aplica-se a regra do primeiro dia do exercício seguinte (173, I). Perceba que no caso de o sujeito passivo (normalmente o sujeito passivo é o contribuinte) agir com dolo, fraude ou simulação, a decadência levará mais tempo para se consumar.

Observação 5:

"Tratando-se de tributos sujeitos a lançamento por homologação, ocorrendo a declaração do contribuinte desacompanhada do seu pagamento no vencimento, não se aguarda o decurso do prazo decadencial para o lançamento. A declaração do contribuinte elide a necessidade da constituição formal do crédito, podendo este ser imediatamente inscrito em dívida ativa, tornando-se exigível, independentemente de qual-

14 Não há que se falar nem em decadência, nem tampouco em prescrição do lançamento por homologação. Se ocorreu a homologação expressa ou tácita (transcorreu o prazo de 5 anos da data da ocorrência do fato gerador sem que a Fazenda Pública tenha se pronunciado), não há falar em decadência do direito de lançar, uma vez que o lançamento por homologação já foi efetuado e não há falar em prescrição do direito de cobrar, pois o pagamento foi efetuado e homologado expressa ou tacitamente pelo fisco.

quer procedimento administrativo ou de notificação ao contribuinte" (transcrito do REsp 850.423).

Assim, por exemplo, se o contribuinte apresenta a DCTF (Declaração de Débito e Créditos Tributários Federais) com um débito de R$ 50.000,00 de Cofins referente ao período de apuração de janeiro de 2008 e não efetua o pagamento, a Receita Federal poderá enviar para a Procuradoria da Fazenda Nacional inscrever o débito em dívida ativa, independentemente de qualquer procedimento administrativo ou de notificação do contribuinte[15].

Observação 6. "O termo inicial da prescrição, em caso de tributo declarado e não pago, não se inicia da declaração, mas da data estabelecida como vencimento para o pagamento da obrigação tributária declarada" (transcrito do REsp 850.423).

Observação 7:

"A Primeira Seção do STJ pacificou o entendimento no sentido de não admitir o benefício da denúncia espontânea no caso de tributo sujeito a lançamento por homologação quando o contribuinte, declarada a dívida, efetua o pagamento a destempo, à vista ou parceladamente. Assim, não configurado o benefício da denúncia espontânea, é devida a inclusão da multa, que deve incidir sobre os créditos tributários não prescritos" (transcrito do REsp 850.423).

Esse entendimento restou cristalizado na súmula 360 do STJ publicada em 08 de setembro de 2008: "O benefício da denúncia espontânea não se aplica aos tributos sujeitos a lançamento por homologação regularmente declarados, mas pagos a destempo."

Assim, no exemplo anteriormente citado em que o contribuinte apresentou a DCTF com um débito de COFINS referente ao período de apuração de janeiro de 2008, se o contribuinte decide pagar o débito em janeiro de 2009, deverá pagar o débito acrescido de multa de mora (além evidentemente dos juros de mora). O benefício da denúncia espontânea não se aplicará uma vez que o contribuinte deverá pagar a multa de mora (a multa de ofício não será paga, haja vista não ser necessária a formalização de um novo lançamento).

Por outro lado, se o contribuinte não declarou o débito e decidiu pagá-lo espontaneamente, prevalece no STJ o entendimento de que a multa de mora seria afastada.[16]

---

15 Durante muito tempo, alguns doutrinadores sustentaram a necessidade do lançamento mesmo depois da confissão da dívida efetuada pelo contribuinte. Prevaleceu no STJ, entretanto, o posicionamento de que a declaração do contribuinte afasta a necessidade de constituição formal do crédito.

16 A fazenda Pública sustenta que a multa de mora é sempre devida quando o pagamento é efetuado com atraso.

PRESCRIÇÃO

Ocorrerá a prescrição quando o contribuinte não promover a ação de cobrança do crédito tributário no prazo de cinco anos contados de sua constituição definitiva. Observe que enquanto a decadência ocorre devido à não constituição do crédito tributário no prazo, a prescrição se consumará devido à não cobrança do crédito que já está definitivamente constituído.

Inicialmente é importante distinguir dois momentos distintos:

1º momento: O crédito tributário está constituído.

2º momento: O crédito tributário está definitivamente constituído.

Assim, quando o contribuinte é notificado do lançamento, o crédito tributário já está constituído, mas não está ainda definitivamente constituído, uma vez que o contribuinte pode impugnar o lançamento e, se for vitorioso, alterar ou anular o lançamento efetuado.

Anote-se que entre o 1º momento e o 2º momento existe um lapso temporal, um período de tempo em que não se deve falar nem em decadência, nem tampouco em prescrição. Não se deve falar em decadência, porque o crédito já foi constituído, e não se pode falar em prescrição porque o crédito não está ainda definitivamente constituído e, portanto, não se iniciou ainda a contagem do prazo prescricional.

Dessa forma, se o contribuinte impugna o lançamento, enquanto estiver tramitando o processo administrativo não corre prazo nenhum. A jurisprudência do STJ consolidou-se no sentido de que a constituição definitiva do crédito tributário somente ocorre com o exaurimento da instância administrativa.

O art. 174 do CTN prevê alguns casos de interrupção do prazo prescricional.

A interrupção se distingue da suspensão.

Ocorrendo a interrupção todo o prazo transcorrido é desconsiderado e a contagem do prazo prescricional é reiniciada do momento zero. Se, por exemplo, transcorreram 4 anos e 11 meses da constituição definitiva do crédito tributário (portanto, só faltava um mês para a dívida prescrever) e o contribuinte ingressa com um pedido de parcelamento, esse pedido de parcelamento interrompe a prescrição[17] e a Fazenda Pública disporá de mais 5 anos para promover a cobrança do crédito tributário.

Ocorrendo a suspensão da prescrição, o prazo decorrido anteriormente é considerado quando se reiniciar a contagem. Durante o período em que a prescrição estiver suspensa, o tempo do relógio da prescrição fica parado. Encerrada a suspensão o prazo reinicia do momento em que parou.

Configure-se a analogia com uma partida de futebol em que transcorreram 60 minutos. De repente os refletores apagam e o árbitro suspende a partida. Após 10

17 Qualquer ato inequívoco, ainda que extrajudicial, que importe em reconhecimento do débito pelo devedor interrompe a prescrição.

minutos de suspensão, o árbitro reinicia a partida do momento em que a partida paralisou. Nesse caso ocorreu um fator de suspensão, uma vez que o prazo decorrido anteriormente foi considerado quando se reiniciou a contagem. Se houvessem transcorrido 60 minutos e devido à invasão do campo o árbitro marcasse uma nova partida para reiniciar do zero, teria havido a interrupção do prazo.

O art. 174 do CTN prevê as modalidades de interrupção da prescrição. O inciso I do art. 174, alterado pela Lei Complementar nº 118/2005, dispõe que o despacho do juiz que ordenar a citação em execução fiscal interrompe a prescrição.

Observe o objetivo da alteração promovida pela lei complementar. Antes da alteração da lei complementar, o inciso I dispunha que a citação pessoal do devedor interrompia a prescrição. Após a lei complementar, basta o despacho do juiz ordenando a citação para interromper a prescrição. Assim, de acordo com a redação anterior, a prescrição poderia se consumar no intervalo entre o despacho do juiz e a citação do devedor, uma vez que somente com a citação pessoal do devedor ocorria a interrupção da prescrição.

O art. 174 do CTN prevê apenas casos de interrupção do prazo prescricional e não se refere a nenhuma modalidade de suspensão do prazo prescricional. A doutrina, entretanto, sustenta que as modalidades de suspensão da exigibilidade do crédito tributário constituem também modalidades de suspensão da prescrição. Ora, se a exigibilidade está suspensa, e, portanto, a cobrança não pode ser promovida, não se pode contar o prazo de prescrição, uma vez que não ocorreu inércia por parte da Fazenda Pública[18].

Configure-se o seguinte exemplo, muito usual e ilustrativo, da suspensão da exigibilidade do crédito tributário e da suspensão da prescrição: o contribuinte consegue uma tutela judicial em 1996 determinando que a Fazenda Pública se abstenha de promover qualquer ato de cobrança referente a um crédito tributário do ano calendário de 1995. A tutela antecipada em favor do contribuinte somente é derrubada em 2008, quando o Superior Tribunal de Justiça decide em sede de Recurso Especial de forma favorável à União. Em 2009, a Procuradoria da Fazenda Nacional ajuíza uma ação de execução fiscal e o contribuinte alega que o crédito tributário referente ao período de apuração de 1995 está prescrito. Nesse caso, a alegação do contribuinte não pode prosperar, uma vez que no período entre 1996 e 2008 o crédito tributário esteve com a exigibilidade suspensa[19].

---

18 Segundo o princípio do *actio nata*, a prescrição se inicia com o nascimento da pretensão ou ação. Sem possibilidade de cobrança, não há de fluir prazo de prescrição.

19 Às vezes o contribuinte procura demonstrar em 2008 que o crédito tributário estava exigível, por exemplo, desde 2002 (o objetivo é demonstrar que o crédito está prescrito). Neste caso, a lógica se inverte e o contribuinte procura demonstrar que a tutela judicial que ele obteve no passado não estava impedindo a cobrança do crédito tributário.

Ressalte-se, entretanto, que a regra de que a suspensão da exigibilidade gera a suspensão da prescrição não é aplicável no caso de moratória de boa-fé[20], conforme estipula o parágrafo único do art. 155 do CTN.

Dispõe o art. 155 do CTN:

> *Art. 155. A concessão da moratória em caráter individual não gera direito adquirido e será revogado de ofício, sempre que se apure que o beneficiado não satisfazia ou deixou de satisfazer as condições ou não cumpria ou deixou de cumprir os requisitos para a concessão do favor, cobrando-se o crédito acrescido de juros de mora:*
> *I – com imposição da penalidade cabível, nos casos de dolo ou simulação do beneficiado, ou de terceiro em benefício daquele;*
> *II – sem imposição de penalidade, nos demais casos.*
> *Parágrafo único. No caso do inciso I deste artigo, o tempo decorrido entre a concessão da moratória e sua revogação não se computa para efeito da prescrição do direito à cobrança do crédito; no caso do inciso II deste artigo, a revogação só pode ocorrer antes de prescrito o referido direito.*

Acompanhe que no caso do inciso I, ou seja, no caso da moratória de má-fé, o tempo decorrido entre a concessão da moratória e a sua revogação não se computa para efeito de prescrição. Ou seja, no caso de moratória de má-fé, a concessão da moratória suspende a prescrição.

Veja, entretanto, que o parágrafo único veicula solução oposta no caso de moratória de boa-fé. De acordo com o CTN a revogação da moratória de boa-fé somente pode ocorrer antes de se consumar a prescrição do crédito tributário que foi objeto da moratória. Ou seja, seguindo a linha de raciocínio do Código, o prazo prescricional corre normalmente na hipótese de moratória de boa-fé, e se a prescrição se consumar durante o período em que o crédito estava submetido à moratória, já não há falar em revogação da moratória.

A tabela seguinte ilustra os desdobramentos da moratória de má-fé e de boa-fé:

Regra geral	Suspensão da exigibilidade	Gera a suspensão da prescrição
Moratória de má-fé (segue a regra geral)	Modalidade de suspensão da exigibilidade	Gera a suspensão da prescrição
Moratória de boa-fé	Modalidade de suspensão da exigibilidade	Não suspende a prescrição

Veja, então, que a moratória de boa-fé constitui uma exceção, na medida em que é uma modalidade de suspensão da exigibilidade do crédito tributário em que não ocorre a suspensão da prescrição.

20 Relembre que a moratória é uma modalidade de suspensão da exigibilidade prevista no art. 151 do CTN.

Além dos casos de suspensão da exigibilidade, o § 3º do art. 2º da Lei nº 6.830/1980 (Lei de Execução Fiscal) estipula que o ato de inscrição em dívida ativa suspenderá a prescrição para todos os efeitos por 180 dias ou até a distribuição da execução fiscal, se esta ocorrer antes de encerrar o prazo de 180 dias.

A Lei de Execução Fiscal (LEF) prevê ainda no art. 40 a possibilidade de o juiz suspender o curso da execução quando não for localizado o devedor ou encontrados bens sobre os quais possa recair a penhora. Nesse caso, se decorrer o prazo máximo de um ano, sem que seja localizado o devedor ou encontrados bens penhoráveis, o juiz ordenará o arquivamento dos autos.

Ordenado o arquivamento dos autos por determinação do juiz, o prazo de prescrição fica suspenso por prazo indeterminado? Ou seja, a Fazenda Pública pode aguardar por tempo indeterminado a localização do devedor ou de bens sobre os quais possa recair a penhora sem se consumar a prescrição?

O § 3º do art. 40 da LEF dispõe que encontrados que sejam, a qualquer tempo, o devedor ou os bens, serão desarquivados os autos para prosseguimento da execução. Com base no § 3º, as Fazendas Públicas sustentavam a existência de um prazo indeterminado de arquivamento.

Em 2004, entretanto, esse posicionamento restou definitivamente superado. A Lei nº 11.051/2004 incluiu o § 4º no art. 40 da LEF, que dispõe que o juiz poderá reconhecer a prescrição intercorrente de ofício.

Assim, se da decisão que ordenar o arquivamento tiver decorrido o prazo prescricional, o juiz, depois de ouvida a Fazenda Pública, poderá, de ofício, reconhecer a prescrição intercorrente e decretá-la de imediato, conforme prevê o § 4º do art. 40.

Harmonizado com o novo § 4º do art. 40 da LEF, o STJ editou a Súmula nº 314: "*Em execução fiscal, não localizados bens penhoráveis, suspende-se o processo por um ano, findo o qual se inicia o prazo da prescrição qüinqüenal intercorrente.*" (decisão em 12/12/1995).

A decadência e prescrição das contribuições de seguridade social

O Supremo Tribunal Federal aprovou em sessão plenária do dia 12 de junho de 2008 a Súmula Vinculante nº 8, que pela importância do tema e por tratar-se de uma novidade, certamente será bastante explorada nos próximos concursos.

Estabelece a **SúmulaVinculante nº 8: "*São inconstitucionais o parágrafo único do artigo 5º do Decreto-lei nº 1.569/1977 e os artigos 45 e 46 da Lei nº 8.212/1991, que tratam de prescrição e decadência do crédito tributário*".**

O art. 5º do Decreto-lei nº 1.569/1977 preceitua:

> *Art. 5º Sem prejuízo da incidência da atualização monetária e dos juros de mora, bem como da exigência da prova de quitação para com a Fazenda Nacional, o Ministro da Fazenda poderá determinar a não inscrição como Dívida Ativa da União ou a sustação da cobrança judicial dos débitos de comprovada inexeqüibilidade e de reduzido valor.*
> *Parágrafo único. A aplicação do disposto neste artigo suspende a prescrição dos créditos a que se refere.*

Os arts. 45 e 46 da Lei nº 8.212/1991 dispõem:

> *Art. 45. O direito da Seguridade Social apurar e constituir seus créditos extingue-se após 10 (dez) anos contados: (...).*
> *Art. 46. O direito de cobrar os créditos da Seguridade Social, constituídos na forma do artigo anterior, prescreve em 10 (dez) anos.*

O fundamento da declaração de inconstitucionalidade das apontadas normas reside basicamente na necessidade de lei complementar para tratar de decadência e prescrição.

O art. 5º do Decreto-lei nº 1.569/1977 estabelece a possibilidade de o Ministro da Fazenda determinar a sustação da cobrança judicial dos débitos inexeqüíveis e de reduzido valor. A lógica desse artigo reside naquela velha lição de que muitas vezes o custo da cobrança se sobrepõe à expectativa de retorno obtido com débitos de reduzido valor ou de débitos cuja execução se revele inviável. A regra estipulada no *caput* desse artigo homenageia o princípio da economicidade e está em perfeita harmonia com a CF.

O parágrafo único do mencionado artigo[21], entretanto, previu a suspensão indefinida do prazo prescricional e foi taxado de inconstitucional pelo STF, tanto por disciplinar assunto reservado a lei complementar como por criar uma situação de imprescritibilidade (o fluxo do prazo prescricional ficaria suspenso enquanto perdurasse a sustação da cobrança judicial).

Os arts. 45 e 46 da Lei Ordinária nº 8.212/1991 taxados de inconstitucionais pelo STF fixaram os prazos de decadência e prescrição das contribuições sociais em 10 anos. O art. 146, III, *b*, da CF dispõe que cabe a lei complementar estabelecer normas gerais em matéria de legislação tributária especialmente sobre obrigação, lançamento, crédito, prescrição e decadência tributários.

Nesse caso, existia uma lei ordinária tratando de um assunto que a CF reservou à lei complementar. Baseado nessa linha de raciocínio, o STF considerou inconstitucionais os prazos de decadência e prescrição previstos nos arts. 45 e 46 da Lei nº 8.212/1991.

---

21 Foi proclamada a inconstitucionalidade do parágrafo único do art. 5º do Decreto-lei nº 1.569/1977 frente ao § 1º do art. 18 da Constituição de 1967, com a redação dada pela Emenda Constitucional nº 01/69.

Superada a questão da inconstitucionalidade dos mencionados artigos, é importante analisar os efeitos da declaração de inconstitucionalidade.

Primeiro é necessário destacar que quando a Fazenda Pública estiver no pólo ativo da cobrança a decisão do STF apresentará efeitos retroativos (*ex tunc*). Assim, a decisão do STF inviabilizou todas as ações de cobrança das contribuições sociais realizadas com o prazo de 10 anos previsto nos arts. 45 e 46 da Lei nº 8.212/1991 independentemente de o crédito já ter sido ajuizado ou ainda ser objeto de execução fiscal.

Os efeitos da decisão do STF, entretanto, podem ou não apresentar efeitos retroativos quando os contribuintes postularem restituição dos valores recolhidos com base nos prazos estipulados nos arts. 45 e 46 da Lei nº 8.212/1991.

Nesse caso a decisão não retroagirá para aqueles sujeitos passivos que efetuaram o recolhimento dentro do prazo de 10 anos previsto na Lei nº 8.212/1991 e não impugnaram antes da conclusão do julgamento.

Assim, por exemplo, se o contribuinte recolheu a contribuição de seguridade social no nono ano após a constituição definitiva do crédito tributário e não impugnou até a conclusão do julgamento do STF, não terá direito à restituição do valor pago.

Entretanto, a decisão do STF apresentará eficácia retroativa para aqueles que já ajuizaram as ações judiciais ou solicitações administrativas até o dia 11 de junho de 2008, data do julgamento do STF.

Nesse sentido é válido transcrever a notícia veiculada em 12 de junho de 2008 no sítio do STF (www.stf.gov.br):

> Os ministros do Supremo Tribunal Federal (STF) decidiram na tarde desta quinta-feira (12) modular os efeitos da declaração de inconstitucionalidade dos dispositivos que tratam dos prazos de prescrição e decadência em matéria tributária. Por maioria de votos, o Plenário decidiu que a Fazenda Pública não pode exigir as contribuições sociais com o aproveitamento dos prazos de 10 anos previstos nos dispositivos declarados inconstitucionais, na sessão plenária de ontem. A restrição vale tanto para créditos já ajuizados, como no caso de créditos que ainda não são objeto de execução fiscal. Nesse ponto, a decisão teve eficácia retroativa, ou seja, a partir da edição da lei.
>
> A modulação dos efeitos da decisão faz uma ressalva, no entanto, quanto aos recolhimentos já realizados pelos contribuintes, que não terão direito a restituição, a menos que já tenham ajuizado as respectivas ações judiciais ou solicitações administrativas até a data do julgamento (11 de junho).
>
> Dessa forma, o presidente do Supremo Tribunal Federal (STF), ministro Gilmar Mendes, explicou que "são legítimos os recolhimentos efetuados nos prazos previstos nos artigos 45 e 46 e não impugnados antes da conclusão deste julgamento".

Assim, os contribuintes que ajuizaram ações até ontem (11), data do julgamento no STF, serão beneficiados com a declaração de inconstitucionalidade e deverão receber de volta o tributo que foi recolhido indevidamente. Já aqueles contribuintes que não ajuizaram ações até a última quarta-feira, não terão direito a reaver o que já pagaram. Ao negar provimento aos Recursos Extraordinários (REs) 556.664, 559.882, 559.943 e 560.626, na quarta-feira, o Plenário reconheceu que apenas lei complementar pode dispor sobre normas gerais em matéria tributária. No caso, foram considerados inconstitucionais os artigos 45 e 46 da Lei Ordinária 8.212/91, que haviam fixado em dez anos os prazos decadencial e prescricional das contribuições da seguridade social, e também reconheceram a incompatibilidade constitucional do parágrafo único do artigo 5º do Decreto-lei 1.569/77. Esse dispositivo determinava que o arquivamento administrativo das execuções fiscais de créditos tributários de pequeno valor seria causa de suspensão do curso do prazo prescricional.

Essa proposta de modulação, inédita no âmbito do Supremo, foi feita pelo presidente da Corte, ministro Gilmar Mendes, e tem o poder de garantir a necessária segurança jurídica na resolução da matéria.

Destaque-se que a inédita modulação dos efeitos da decisão judicial pelo STF privilegiou o contribuinte que impugnou judicialmente ou solicitou administrativamente, até o dia 11 de junho, os valores recolhidos após a consumação da decadência ou prescrição, em desfavor dos contribuintes que acreditaram na presunção de constitucionalidade da lei.

Na prática o critério discriminador adotado acabou resultando em prejuízo para os contribuintes menos informados, que usualmente são aqueles de menor poder aquisitivo.

ESTUDOS COMPLEMENTARES
2 – EFICÁCIA DAS NORMAS CONSTITUCIONAIS

Na análise do item D da questão 86 surgiu a necessidade de conhecer sobre um tema de Direito Constitucional denominado eficácia das normas constitucionais. Inseri este anexo para explicar esse importante assunto do Direito Constitucional.

Existem diversas classificações que tratam da aplicabilidade das normas constitucionais, entretanto **a classificação mais exigida nos concursos foi consagrada por José Afonso da Silva, que divide a aplicabilidade em normas de eficácia plena, contida e limitada.**

Antes de comentar, entretanto, a classificação de José Afonso da Silva, cabe registrar, apenas para compreender a evolução histórica, que a **doutrina tradicional dividia a eficácia jurídica das normas constitucionais em normas auto-executáveis (*self-executing*) e normas não-auto-executáveis.** As normas auto-executáveis, como o próprio nome revela, seriam aquelas normas completas e prontas para produzirem todos os seus efeitos de forma imediata. Não dependeriam, portanto, de nenhuma norma ou circunstância ulterior. As normas não-executáveis, ao contrário das auto-executáveis, ficariam aguardando uma normatividade posterior para ficarem aptas a produzir os seus efeitos.

Essa vertente tradicional é bastante criticada e não é mais aceita pelas bancas examinadoras.

A principal crítica consiste no fato de que essa corrente esteriliza em grandes parte os efeitos de uma nova Constituição. Com efeito, se grande parte das normas constitucionais fossem não-auto-executáveis e se as normas assim rotuladas não tivessem aptidão para produzir efeitos, significaria que a nova constituição teria seus efeitos bastante restringidos.

Calha lembrar a lapidar frase de Luís Roberto Barroso: "O Direito existe para realizar-se e o Direito Constitucional não foge a esse desígnio".

A corrente moderna parte do seguinte pressuposto lógico: Todas as normas constitucionais devem em maior ou menor grau apresentar alguma eficácia. Dessa forma, não se dividem as normas constitucionais em normas de eficácia imediata e normas sem eficácia, mas sim em normas com maior eficácia e normas com menor eficácia.

A classificação de José Afonso da Silva se enquadra dentro dessa nova perspectiva.

RESUMO DA CLASSIFICAÇÃO TRICOTÔMICA DE JOSÉ AFONSO DA SILVA

a) Normas Constitucionais de eficácia plena e aplicabilidade imediata;
b) Normas Constitucionais de eficácia contida e aplicabilidade imediata, mas suscetíveis a restrições;
c) Normas Constitucionais de eficácia limitada ou reduzida
   - c1) de princípio organizativo ou institutivo
   - c2) de princípio programático.

Assim, de acordo com o doutrinador paulista, as normas constitucionais podem apresentar **eficácia plena, contida ou limitada**.

Normas de eficácia plena são aquelas que, com a entrada em vigor da Constituição, apresentam eficácia plena e integral, independentemente de legislação ulterior. São normas que bastam a si mesmas e não precisam do legislador infraconstitucional para alcançar sua plena eficácia. Constituem exemplos de norma de eficácia plena: a forma federativa de estado, a separação de poderes, a inviolabilidade do domicílio, a duração semanal de 44 horas, os bens da União, a competência privativa da União, a competência concorrente, o princípio da legalidade, os remédios constitucionais etc.

A Fundação Carlos Chagas (FCC), em 2002, no concurso para Promotor de Justiça de Pernambuco designou como escorreita a seguinte assertiva: "**Quanto à aplicabilidade das normas de um novo texto constitucional promulgado, pode-se dizer que uma norma tem eficácia plena quando produz todos os seus efeitos tão logo esteja em vigor, independentemente de sua regulamentação**". A afirmativa está correta.

Em 2006, a FCC, no concurso para Procurador de Contas do Amazonas, explorou o assunto:

Considerando a classificação doutrinária predominante no tocante à aplicabilidade das normas constitucionais, a norma constitucional que estabelece que "ninguém será obrigado a fazer ou deixar de fazer alguma coisa senão em virtude de lei", e que expressa o princípio da legalidade, é norma de eficácia plena e de aplicabilidade imediata.

Naturalmente a afirmativa está correta, uma vez que o princípio da legalidade produz todos os seus efeitos independentemente de sua regulamentação posterior.

Normas de eficácia contida (ou normas de eficácia restringível, na linguagem de Maria Helena Diniz) são aquelas normas que, com a entrada em vigor da Constituição, estão aptas a produzir todos os seus efeitos, mas podem ter sua eficácia restringida pela legislação infraconstitucional.

O exemplo sempre lembrado de normas de eficácia contida é o comando do art. 5º, inciso XIII, da Constituição Federal, que dispõe: "*é livre o exercício de qualquer trabalho, ofício ou profissão, atendidas as qualificações profissionais que a lei estabelecer*".

Assim, a princípio, se inexistisse lei regulamentando o exercício de qualquer trabalho, ofício ou profissão, valeria a regra da inteira liberdade na escolha e exercício de qualquer trabalho, ofício, ou profissão (obviamente essas leis existem e regulamentam o exercício de variadas profissões, tais como a profissão de advogado, médico, dentista etc.).

Outro exemplo ilustrativo de norma de eficácia contida está no inciso XVI, do mesmo artigo, que estipula:

> *XVI – todos podem reunir-se pacificamente sem armas, em locais abertos ao público, independentemente de autorização, desde que não frustem outra reunião anteriormente convocada para o mesmo local, sendo apenas exigido prévio aviso à autoridade competente.*

O direito de reunião, consagrado no inciso XVI, pode ser restringido no estado de defesa e no estado de sítio, como prescrevem os arts. 136 e 139 da CF.

Assim, a norma de eficácia contida além de ser restringível por norma infraconstitucional, pode ser reduzida por outro comando da própria Constituição Federal.

Cabe registrar, por derradeiro, que as normas de eficácia contida também podem ser restringidas por conceitos jurídicos vagos, cuja redução se operacionaliza pelo Poder Público. Podemos então concluir que as normas de eficácia contida são de aplicabilidade direta e imediata, no entanto, podem ter seu âmbito de aplicação restringido por uma legislação futura, por outras normas constitucionais ou por conceitos ético-jurídicos.

A Esaf, em 2003, explorou a norma de eficácia contida: "**Segundo a melhor doutrina, as normas de eficácia contida são de aplicabilidade direta e imediata, no entanto, podem ter seu âmbito de aplicação restringido por uma legislação futura, por outras normas constitucionais ou por conceitos ético-jurídicos**". Correta.

Na prova da OAB/SP 117 também se demandou o assunto: "**São normas constitucionais de eficácia contida aquelas: a) em que o legislador constituinte regulou suficientemente os interesses relativos a determinada matéria, mas deixou margem à atuação restritiva do legislador infraconstitucional**". Correta.

A FCC explorou o tema na prova de Analista Judiciário do TRE/PB/2007: "**As normas de eficácia contida são caracterizadas por: d) produzirem efeitos imediatamente, muito embora possam ter seus efeitos restringidos por normas infraconstitucionais**".

Já analisamos as normas de eficácia plena; contida e agora vamos nos debruçar sobre **as normas de eficácia limitada**.

Normas constitucionais de eficácia limitada são aquelas que apresentam "aplicabilidade indireta, mediata e reduzida, porque somente incidem totalmente sobre esses interesses após uma normatividade ulterior que lhe desenvolva a aplicabilidade" (José Afonso da Silva).

Em 2005, a Esaf cobrou o tema na prova de AFC:

"**Uma norma constitucional de eficácia limitada não produz seus efeitos essenciais com a sua simples entrada em vigor, porque o legislador constituinte não estabeleceu sobre a matéria, objeto de seu conteúdo, uma normatividade suficiente, deixando essa tarefa para o legislador ordinário ou para outro órgão do Estado**". Correta.

Vários alunos já me confidenciaram que às vezes esquecem, na hora da prova, a diferença entre norma de eficácia contida e norma de eficácia limitada. A primeira dica para evitar o branco se encontra na própria leitura da palavra. Norma de eficácia limitada é a mais limitada das três. Ou seja, é aquela que, ao ingressar no ordenamento jurídico, apresenta a menor eficácia. Essa é apenas uma pista contra o esquecimento imprevisível que costuma aparecer nas horas mais inoportunas.

Entretanto, obviamente, as distinções não param por aí. A **norma de eficácia limitada**, ao ingressar no ordenamento jurídico, fica dependendo de uma normatividade para potencializar toda a sua eficácia. **A regulamentação** vai permitir à norma de eficácia limitada produzir seus principais efeitos, ampliando, obviamente, a eficácia da norma.

No caso da norma de eficácia contida, ela produz todos os seus efeitos e pode ser restringida por outras normas. Ou seja, como regra, a regulamentação amplia os efeitos da norma de eficácia limitada e restringe os efeitos da norma de eficácia contida.

Isso ocorre porque a norma de eficácia limitada ingressa no ordenamento jurídico com uma eficácia mínima, desprovida, dessa forma, de seus principais efeitos até a sua devida regulamentação. **Não se pode afirmar, entretanto, que a norma de eficácia limitada não produzirá efeito jurídico algum, enquanto não for regulamentada, uma vez que ela produzirá pelo menos o efeito negativo, de impedir a continuidade ou o surgimento de preceitos incompatíveis ao seu conteúdo.**

O exemplo clássico de norma de eficácia limitada sempre lembrado pelos doutrinadores é o da fixação da taxa de juros reais em 12% ao ano pelo poder constituinte originário (o art. 192 da CF fixava o teto de 12% para a taxa de juros reais, entretanto esse artigo foi revogado pela Emenda Constitucional nº 45). Essa limitação, na prática, nunca foi respeitada. Sustentou-se na época que essa limitação era uma norma de eficácia limitada.

Cabe destacar que **José Afonso da Silva classificava as normas de eficácia limitada em duas modalidades: normas de princípio institutivo (ou organizativo) e normas de princípio programático.**

Nas palavras de José Afonso da Silva, **normas de princípio institutivo** são aquelas que contêm esquemas gerais de estruturação das instituições, órgãos ou entidades, pelo que poderiam chamar-se normas de princípio orgânico ou organizativo. Assim, essas normas contêm esquemas gerais que vão ganhar contorno com a lei. A lei, com base nas diretrizes fixadas pelas normas de princípio institutivo, estruturará as instituições.

O art. 224 da CF (constante no Capítulo V – Da Comunicação Social, do Título XVII – Da Ordem Social) é um exemplo de norma de princípio institutivo: "*Art. 224. Para os efeitos do disposto neste Capítulo, o Congresso Nacional instituirá, como seu órgão auxiliar, o Conselho de Comunicação Social, na forma da lei*".

As normas de princípio programático

são normas constitucionais através das quais o constituinte limitou-se a traçar-lhes os princípios para serem cumpridos pelos seus órgãos (legislativos, executivos, jurisdicionais e administrativos), como programas das respectivas atividades, visando à realização dos fins sociais do Estado (José Afonso da Silva).

O art. 227 da CF configura um exemplo ilustrativo de norma programática:

> *É dever da família, da sociedade e do Estado assegurar à criança e ao adolescente, com absoluta prioridade, o direito à vida, à saúde, à alimentação, à educação, ao lazer, à profissionalização, à cultura, à dignidade, ao respeito, à liberdade e à convivência familiar e comunitária, além de colocá-los a salvo de toda forma de negligência, discriminação, exploração, violência, crueldade e opressão.*

OAB

Questões comentadas

9 EXAME DE ORDEM 2006-1

Questão 87

Assinale a opção correta acerca de matéria atinente à competência tributária.

a) Na iminência ou no caso de guerra externa, a União é competente para, mediante lei complementar, instituir impostos extraordinários.

b) A competência tributária privativa é o poder que têm a União, os estados, o Distrito Federal e os municípios para instituírem taxas e contribuições de melhoria, no âmbito de suas respectivas atribuições.

c) A Lei de Responsabilidade Fiscal, Lei Complementar nº 101/2000, estabelece como requisito da responsabilidade na gestão fiscal a instituição, a previsão e a efetiva arrecadação de todos os tributos da competência do ente político.

d) A União poderá instituir novas fontes de arrecadação destinadas a garantir a manutenção ou expansão da seguridade social e, de acordo com entendimento jurisprudencial já sedimentado, novas contribuições sociais não poderão ter fato gerador ou base de cálculo próprio dos impostos já discriminados na Constituição da República.

COMENTÁRIOS

a) A afirmação está incorreta, uma vez que não é necessária lei complementar para instituir o imposto extraordinário de guerra. O art. 154 prevê a possibilidade de a União instituir dois impostos: o imposto residual no inciso I e o imposto extraordinário de guerra no inciso II. É necessária lei complementar apenas para criação do imposto residual. Transcrevo o art. 154 da Constituição Federal (CF) para facilitar a visualização:

> Art. 154. A União poderá instituir:
>
> *I - mediante lei complementar, impostos não previstos no artigo anterior, desde que sejam não-cumulativos e não tenham fato gerador ou base de cálculo próprios dos discriminados nesta Constituição;* (Imposto Residual)

> *II - na iminência ou no caso de guerra externa, impostos extraordinários, compreendidos ou não em sua competência tributária, os quais serão suprimidos, gradativamente, cessadas as causas de sua criação.* (Imposto Extraordinário de Guerra)

É importante destacar que a Constituição Federal (CF) previu a existência de dois tributos destinados a financiar a guerra externa: o empréstimo compulsório para financiar a guerra externa ou sua iminência e o imposto extraordinário de guerra.

Apesar de ambos serem destinados a financiar a guerra externa, existem marcantes diferenças entre os dois tributos, dentre as quais se destaca o fato de o empréstimo compulsório ser instituído necessariamente através de lei complementar, ao passo que o imposto de guerra pode ser instituído por lei ordinária e até mesmo por medida provisória.

Os tributos que devem ser instituídos necessariamente por lei complementar estão resumidos no gráfico abaixo, com o respectivo artigo da Constituição Federal. Anote-se que a maioria da doutrina sustenta a necessidade de lei complementar para instituir o Imposto sobre Grandes Fortunas.

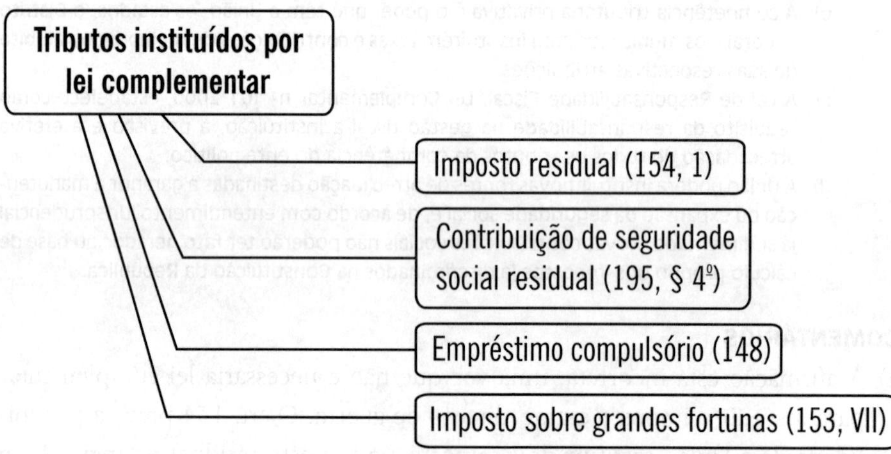

b) Assertiva incorreta. A competência tributária privativa é o poder que têm a União, os Estados, o Distrito Federal e os Municípios para instituírem **impostos** no âmbito de suas respectivas atribuições. A doutrina classifica a competência para criar taxas e contribuição de melhoria de competência tributária comum. A competência para criar empréstimo compulsório é exclusiva (somente a União pode criar). A tabela abaixo apresenta as modalidades de competência tributária lembradas pela doutrina:

Competência tributária privativa	Impostos
Competência tributária comum	Taxas e Contribuição de Melhoria
Competência tributária exclusiva da União	Empréstimo Compulsório
Competência tributária cumulativa do DF	O DF cumula os impostos estaduais e municipais
Competência tributária cumulativa da União	Em Território Federal a União tem competência dos impostos estaduais e, se o Território não for dividido em Municípios, dos impostos municipais

c) **A Alternativa "C" é a correta**. Dispõe o art. 11 da Lei Complementar nº 101/2000 (Lei de Responsabilidade Fiscal):

> *Art. 11. Constituem* ***requisitos essenciais da responsabilidade na gestão fiscal a instituição, previsão e efetiva arrecadação de todos os tributos da competência constitucional do ente da Federação****.*
> *Parágrafo único. É vedada a realização de transferências voluntárias para o ente que não observe o disposto no* caput, *no que se refere aos impostos.* (destaquei)

Observe que a doutrina sempre afirmou que a Competência Tributária é uma faculdade do ente político. Entretanto, a LRF estipula que a instituição, previsão e arrecadação dos tributos é condição de responsabilidade fiscal e estipula uma rigorosa sanção para o ente que não observe o disposto no *caput*, no que se refere aos impostos.

Entendo que esse artigo da LRF é inconstitucional, eis que vulnera o princípio federativo. Entretanto, a regra está valendo e é cobrada em prova.

O CESPE, no concurso para Procurador do Tribunal de Contas do Estado de Pernambuco, considerou correta a seguinte assertiva: "Se determinado governante federal não instituiu o imposto sobre grandes fortunas sua gestão deve ser classificada, sob a ótica da LRF, como irresponsável".

Observe que existe uma tendência de tentar impor a criação de todos os tributos.

A Emenda Constitucional nº 41/2003 alterou a redação do § 1º do art. 149 basicamente para trocar a expressão "**poderão instituir contribuição**" por "**instituirão contribuição**". Veja a redação antes da EC nº 41 e após a Emenda.

> §1º *Os Estados, o Distrito Federal e os Municípios* ***poderão instituir contribuição****, cobrada de seus servidores, para o custeio, em benefício destes, de sistemas de previdência e assistência social.* (Redação Anterior à EC nº 41)
>
> § 1º *Os Estados, o Distrito Federal e os Municípios* ***instituirão contribuição****, cobrada de seus servidores, para o custeio, em benefício destes, do regime previdenciário de que trata o art. 40, cuja alíquota não será inferior à da contribuição dos servidores titulares de cargos efetivos da União.* (Redação dada pela Emenda Constitucional nº 41, 19/12/2003)

A interpretação literal do § 1º do art. 149 pode conduzir ao absurdo de obrigar a criação de um regime próprio de previdência a pequenos Municípios que não tenham a menor condição financeira e atuarial de criar e manter um sistema previdenciário próprio.

Atualmente, entretanto, a maioria dos pequenos Municípios não dispõe de um regime previdenciário próprio. Nesse caso, os servidores desses municípios permanecem vinculados ao Regime Geral de Previdência Social (RGPS).

d) Alternativa incorreta. A questão trata das contribuições de seguridade social residuais que estão previstas no § 4º do art. 195 da CF: "*§ 4º – A lei poderá instituir outras fontes destinadas a garantir a manutenção ou expansão da seguridade social, obedecido o disposto no art. 154, I*".

> O § 4º faz referência ao art. 154, I, da CF que trata do imposto residual:
>
> Art. 154. A União poderá instituir:
>
> *I – mediante lei complementar, impostos não previstos no artigo anterior, desde que sejam não-cumulativos e não tenham fato gerador ou base de cálculo próprios dos discriminados nesta Constituição;*

Interpretando o § 4º combinado com o art. 154, I, o STF entendeu que uma nova contribuição social não pode adotar fato gerador ou base de cálculo próprios de outras contribuições sociais já criadas, mas pode adotar fato gerador e base de cálculo próprios de impostos já criados. **A alternativa, portanto, está incorreta.**

Explicaremos agora o imposto residual com a seguinte fábula:

"Imagine que um Município se dirige para a Constituição e pergunta: 'quais impostos eu posso criar?' A CF responde para o Município: 'Município, você pode criar o IPTU, o ISS e o ITBI'. O município então indaga à CF: 'eu não posso criar nenhum imposto novo diferente desses três?' A CF responde: 'não'".

"Agora, imagine que um Estado se dirige para a Constituição e pergunta: 'quais impostos eu posso criar?' A CF responde para o Estado: 'Estado, você pode criar o IPVA, o ICMS e o ITCD'. O estado então indaga à CF: 'eu não posso criar nenhum imposto novo diferente desses três?' A CF responde: 'não'".

"Agora, imagine que a União se dirige para a Constituição e pergunta: 'quais impostos eu posso criar?' A CF responde para a União: 'União, você pode criar o II, IE, IOF, IPI, IR, ITR, IGF'. A União então indaga à CF: 'eu não posso criar nenhum imposto novo diferente desses já relacionados?' A CF responde: 'sim, você pode criar um imposto diferente desses relacionados. Você pode criar um imposto para financiar a guerra externa e você pode criar um novo imposto, que tem de ser diferente de todos esses impostos já relacionados na CF. Você é o único ente da federação brasileira que pode usar a criatividade para criar um imposto distinto, um imposto cujo fato gerador e a base de cálculo sejam diferentes desses impostos relacionados por mim. Essa sua possibilidade de criar um imposto novo denomina-se competência residual'. E a CF continua falando: 'esse novo imposto terá de ser criado por lei complementar, precisa ser não-cumulativo e não poderá ter fato gerador e base de cálculo próprios dos já discriminados'".

O gráfico seguinte resume as principais características do imposto residual:

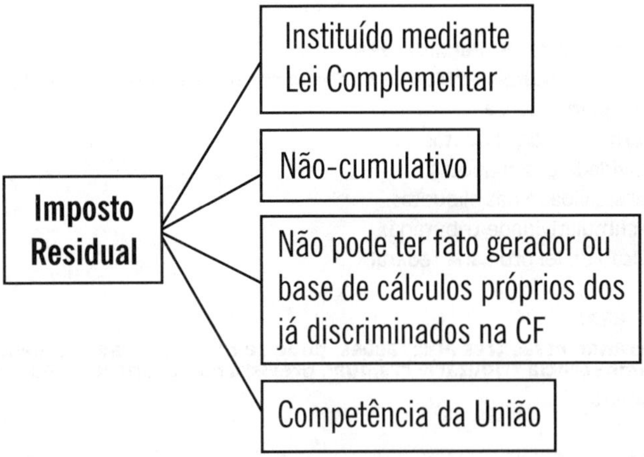

A tabela seguinte compara as características do imposto residual com as das contribuições sociais residuais:

IMPOSTO RESIDUAL (Art. 154, I, CF)	CONTRIBUIÇÃO SOCIAL RESIDUAL (195, § 4º, CF)
Competência da União	Competência da União
Instituído por Lei Complementar	Instituído por Lei Complementar
Não pode ter fato gerador ou base de cálculo próprios dos **impostos já criados**	Não pode ter fato gerador ou base de cálculo próprios de **outras contribuições sociais já criadas**
É não-cumulativo	Existe uma polêmica sobre a necessidade da contribuição social residual obedecer ao critério da não-cumulatividade. Entretanto, o STF julgou constitucional a Lei Complementar nº 84/1996 que criava nova contribuição social com base na competência residual (art. 195, § 4º) sem obedecer ao critério da não cumulatividade.[1].

Encerrados os comentários da questão do CESPE, apresento duas questões sobre a competência residual da União para criar impostos:

(Juiz Federal Substituto – 5ª Região/1999)

Os impostos residuais SOMENTE poderão ser instituídos em nosso país com observância do princípio da

a) uniformidade de alíquotas.
b) seletividade das alíquotas.
c) progressividade das alíquotas.
d) não-cumulatividade tributária.
e) previsão de lei ordinária federal.

(AFTN/set/94 – ESAF)

Considerando essas três afirmações, pode-se dizer que são, respectivamente:

I A competência tributária residual, prevista na Constituição Federal, é privativa da União.

1 A seguridade social compreende um conjunto de ações destinadas a assegurar os direitos relativos à saúde, à previdência e à assistência social. Se a base governista conseguir aprovar o projeto de lei complementar que criará a CSS (Contribuição Social para a Saúde) incidente sobre a movimentação financeira, teremos uma contribuição de seguridade social criada com base na competência residual que não obedecerá ao princípio da não-cumulatividade. Nesse caso, certamente um partido de oposição ingressará com uma ADIn no STF que, então, se manifestará novamente sobre o tema.

II Os impostos, taxas e contribuições de melhoria que não tenham fato gerador ou base de cálculo próprios dos discriminados na Constituição podem ser instituídos, mediante lei complementar, com fundamento na competência tributária residual.

III Mediante emenda à Constituição Federal, os Estados podem instituir competência tributária residual a ser exercida mediante lei complementar estadual

a) verdadeira, verdadeira e falsa
b) falsa, falsa e verdadeira
c) verdadeira, falsa e falsa
d) verdadeira, falsa e verdadeira
e) falsa, verdadeira e verdadeira

Como se deduz facilmente, o gabarito da prova de Juiz Federal é a letra "D" (não-cumulatividade) e da prova de Auditor Fiscal é a letra "C".

Questão 88

Com relação às normas de repartição das receitas tributárias, assinale a opção incorreta.

a) No sistema tributário brasileiro, a repartição das receitas tributárias abrange os impostos e a contribuição de intervenção no domínio econômico relativa às atividades de importação ou comercialização de petróleo e seus derivados, gás natural e seus derivados e álcool combustível (CIDE-combustíveis).
b) Ao Distrito Federal pertence a metade do produto do imposto de renda incidente na fonte sobre os rendimentos pagos, a qualquer título, por ele, por suas fundações públicas e autarquias.
c) Se determinado município optar por fiscalizar e cobrar o imposto sobre a propriedade territorial rural (ITR), de competência da União, este não poderá implicar redução do imposto ou qualquer outra forma de renúncia fiscal, e a integralidade do produto de sua arrecadação caberá ao município.
d) A Constituição Federal determina que metade dos recursos do fundo para os programas de financiamento ao setor produtivo das regiões Norte, Nordeste e Centro-Oeste que forem destinados à região Nordeste será assegurada ao semi-árido nordestino.

COMENTÁRIOS

a) A alternativa "A" está correta. A redação original da Constituição Federal (CF) de 1988 previa a repartição de receitas tributárias apenas para os impostos. Atualmente os impostos (não são todos os impostos que estão submetidos a regras de repartição de suas receitas) e a **CIDE**-Combustíveis (Contribuição de Intervenção no Domínio Econômico) estão sujeitos a repartição de suas receitas.

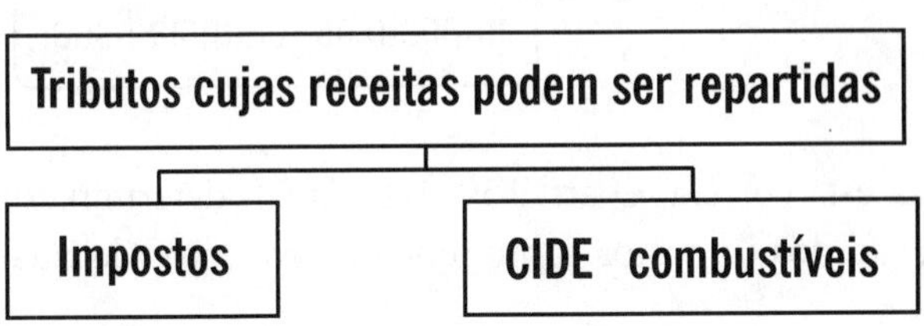

b) **A alternativa "B" é a opção incorreta**. O imposto de renda retido na fonte pertence integralmente ao ente político responsável pela retenção na fonte. Assim, se o Distrito Federal paga R$ 20.000,00 a um Auditor Fiscal do Distrito Federal e retém R$ 6.000,00 de imposto de renda, o valor retido de imposto de renda (R$ 6.000,00) pertencerá integralmente ao Distrito Federal. Essa mesma lógica aplica-se aos Estados e Municípios.

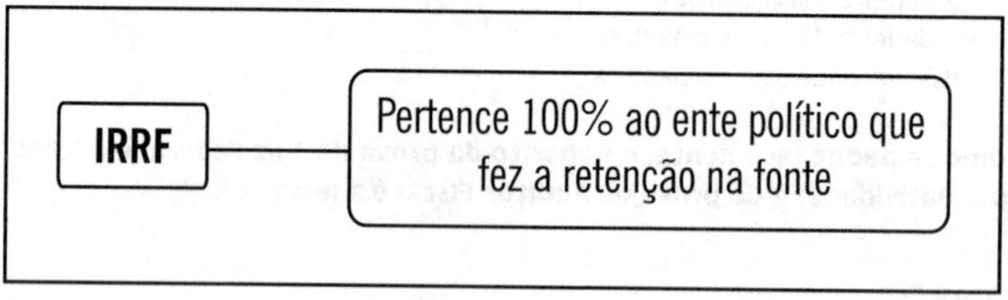

c) A alternativa está correta. Observe que após a emenda constitucional nº 42/2003 o município pode ficar com 50% (percentual que já estava previsto na redação original da CF de 1988) ou 100% da arrecadação do ITR (art. 158, II, CF). O município ficará com a totalidade da arrecadação se optar por fiscalizar e cobrar o imposto sobre a propriedade territorial rural (ITR). Destaque-se que a opção do município não poderá implicar a redução do imposto ou qualquer forma de renúncia fiscal.

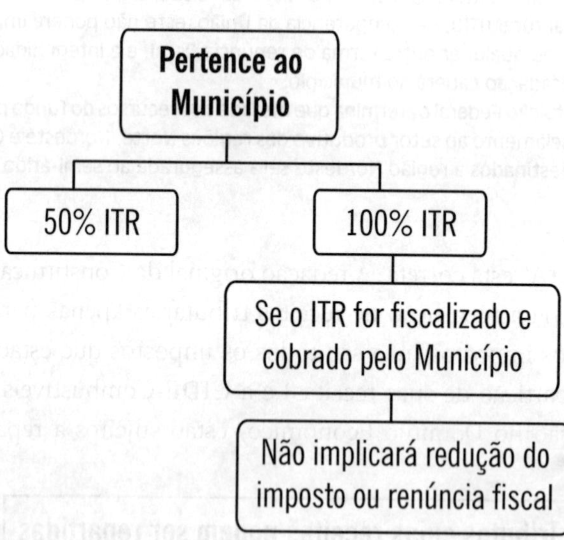

d) A alternativa está correta. O art. 159, I, *c*, da CF determina que do produto da arrecadação dos impostos sobre renda e proventos de qualquer natureza e sobre produtos industrializados, 3% são destinados para aplicação em programas de financiamento ao setor produtivo das Regiões Norte, Nordeste e Centro-Oeste, através de suas instituições financeiras de caráter regional, de acordo com os planos regionais de desenvolvimento, assegurando ao semiárido do Nordeste a metade dos recursos destinados à Região, na forma que a lei estabelecer. Assim, a metade dos recursos assegurados à região Nordeste será destinado ao semi-árido nordestino.

Questão 89

Acerca da legislação tributária, assinale a opção correta.

a) As decisões provenientes dos Conselhos de Contribuintes do Ministério da Fazenda a que a lei atribuir eficácia normativa entrarão em vigor trinta dias após a data de sua publicação.

b) Deverá obediência ao princípio da anterioridade tributária a revogação de isenção não onerosa concedida para promover o desenvolvimento de precária região brasileira.

c) Estão sob reserva de lei complementar as matérias atinentes à concessão de isenções, à disposição sobre parcelamento do crédito tributário e à autorização de dações em pagamento.

d) A disciplina da integração da legislação tributária determina que o emprego do princípio da eqüidade não pode resultar na dispensa do pagamento de penalidade pecuniária.

COMENTÁRIOS

a) **O CESPE considerou a alternativa "A" correta**. Prescreve o art. 103, II, combinado com o art. 100, II, ambos do Código Tributário Nacional (CTN), que, salvo disposição em contrário, as decisões dos órgãos singulares ou coletivos a que a lei atribua normativa entram em vigor 30 dias após a sua publicação. Considerando-se que o Conselho de Contribuintes do Ministério da Fazenda é um órgão coletivo de jurisdição administrativa, pode-se afirmar que, salvo disposição em contrário, as decisões provenientes dos Conselhos de Contribuintes do Ministério da Fazenda a que à lei atribuir eficácia normativa entrarão em vigor trinta dias após a data de sua publicação.[2]

---

2 A medida provisória nº 449, de 3 de dezembro de 2008, criou o **Conselho Administrativo de Recursos Fiscais**, o qual competirá o julgamento de processos em segunda instância sobre a aplicação da legislação referente a tributos administrativos pela Secretaria da Receita Federal do Brasil. A criação do Conselho Administrativo de Recursos Fiscais está no art. 25 da MP e resultou da unificação do Conselho de Contribuintes e da Câmara Superior de Recursos Fiscais, conforme prevê o art. 43 da mencionada MP.

Observe que a questão não foi precisa, visto que não fez referência à ressalva *salvo disposição em contrário* escrita no *caput* do art. 130 do CTN. Elaborando questão com esse tipo de imprecisão, a banca deixa o aluno mais preparado completamente desnorteado, sem saber se a banca esqueceu a ressalva ou se a banca espera que o candidato considere a assertiva errada pela falta da ressalva.

É importante o candidato conhecer as regras sobre vigência temporal da legislação tributária resumidas no seguinte gráfico:

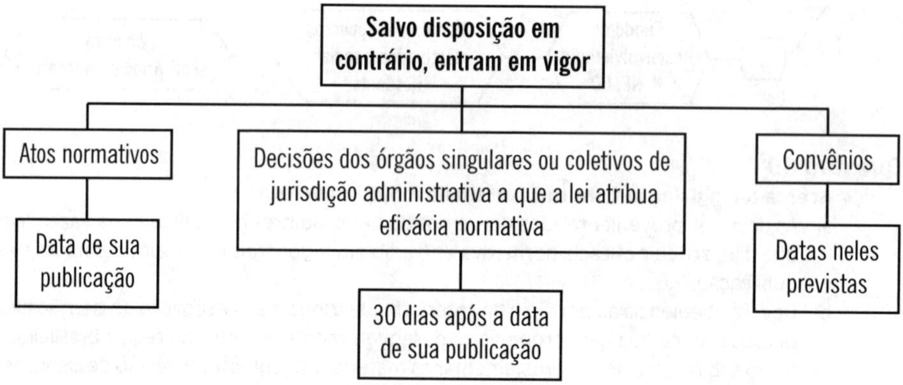

No que concerne aos convênios o Código cometeu um deslize. Ora, as regras construídas no art. 103 aplicam-se somente na hipótese de não haver previsão de quando a lei entra em vigor, daí a expressão "salvo disposição em contrário". Não tem sentido estipular que os convênios entrarão em vigor, se não houver previsão, na data neles previstas.

Procurando suprir essa lacuna, parte da doutrina aponta que caso não haja previsão, os convênios seguirão a regra geral da Lei de Introdução ao Código Civil. Aceitando-se essa tese, os convênios entrariam em vigor, caso não houvesse previsão, 45 dias depois de sua publicação.

b) A alternativa "B" afirma que "Deverá obediência ao princípio da anterioridade tributária a revogação de isenção não onerosa concedida para promover o desenvolvimento de precária região brasileira". O CESPE considerou a alternativa incorreta baseado na jurisprudência do STF. Antes de ingressar no mérito da questão vamos entender o significado do famoso princípio da anterioridade. O princípio da anterioridade veda a cobrança de tributos no mesmo exercício financeiro em que haja sido publicada a lei que os instituiu ou aumentou. Assim, por exemplo, se uma lei cria uma taxa em 2008, a cobrança dessa taxa somente poderá ser efetivada em 2009. Da mesma forma, se uma lei aumenta um imposto, a cobrança majorada desse imposto somente poderá ser efetivada em 2009[3]. O conteúdo do princípio da anterioridade está explicitado no art. 150, III, *b*, da CF.

O princípio da anterioridade e o princípio da noventena (a Emenda Constitucional nº 42 de 2003 adicionou a alínea *c* ao art. 150, III, para introduzir o princípio da noventena) estão sintonizados com a idéia da segurança jurídica e da não surpresa. Visam garantir ao contribuinte a possibilidade de se preparar em face da criação ou majoração de tributos. Ressalte-se que se garante um lapso temporal ao contribuinte em face da surpresa desagradável (normalmente os contribuintes vislumbram o aumento de tributos como uma surpresa desagradável). É lógico, portanto, que o princípio da anterioridade não se aplica para o caso de redução ou extinção de tributo.

A revogação de isenção implica um ônus adicional para o contribuinte. O contribuinte não estava pagando o tributo porque gozava de uma isenção e de repente uma lei revoga a isenção. Essa lei revogadora da isenção terá eficácia imediata ou terá de aguardar o 1º de janeiro do ano seguinte? Em síntese, a revogação da isenção obedece ao princípio da anterioridade?

De acordo com o art. 104, III, a revogação de uma isenção de impostos sobre o patrimônio ou a renda somente entram em vigor no primeiro dia do exercício seguinte àquele em que ocorra a publicação da lei. Por essa razão, a revogação da isenção, dentro da lógica do CTN, obedece ao princípio da anterioridade[4].

Entretanto, essa não é a posição defendida pelo STF. De acordo com o STF (RE 204.602), revogar isenção não equivale à criação de tributo, mas tão-somente deixar de dispensar o tributo devido. O STF baseou-se na velha lógica adotada por Rubens Gomes de Souza de que na isenção ocorre o fato gerador, nasce a obrigação tributária, mas a lei dispensa o tributo devido. A isenção é modalidade de exclusão do crédito tributário porque evita (exclui) a sua constituição.

Dentro dessa lógica adotada há muito tempo pela Suprema Corte a revogação de uma isenção não deve obediência ao princípio da anterioridade.

O CESPE explorou esse tema na prova realizada em 2002 para Advogado da União:

---

3 O princípio da anterioridade comporta as seguintes exceções: II, IE, IOF, IG (imposto de guerra), EC-DE (Empréstimo Compulsório para Despesa Extraordinária decorrente de calamidade pública, guerra externa ou sua iminência), IPI, ICMS-Comb, CIDE-Comb e Contribuição de Seguridade Social.

4 O princípio da anterioridade, previsto na CF de 1988, refere-se a tributos e não somente a impostos sobre o patrimônio e a renda, como dispõe o CTN. Ademais, o CTN impõe que a lei só comece a vigorar no exercício financeiro seguinte, ao passo que a Constituição Federal não fala em vigência. Assim, em virtude das diferenças apontadas, existe uma corrente minoritária que sustenta que o CTN previu uma outra garantia diferente do princípio da anterioridade.

(CESPE/Advogado da União/2002) Segundo o Código Tributário Nacional, os dispositivos de lei que revoguem isenções relativas a impostos sobre o patrimônio ou renda somente entram em vigor no primeiro dia do exercício seguinte àquele em que ocorra a sua publicação, salvo se a lei dispuser de maneira mais favorável ao contribuinte.

A assertiva está correta, porque está de acordo com o art. 104, III, do CTN, adiante transcrito:

Art. 104. Entram em vigor no primeiro dia do exercício seguinte àquele em que ocorra a sua publicação os dispositivos de lei, referentes a impostos sobre o patrimônio ou a renda:

(...)

III – que extinguem ou reduzem isenções, salvo se a lei dispuser de maneira mais favorável ao contribuinte, e observado o disposto no art. 178.

(CESPE/Advogado da União/2002) Conforme a jurisprudência do STF as isenções não condicionadas ou sem prazo definido podem ser revogadas a qualquer tempo por lei e, uma vez revogada a isenção, o tributo volta a ser imediatamente exigível, sendo impertinente a invocação do princípio da anterioridade. (A assertiva está correta, pois o posicionamento do STF é de que a revogação de uma isenção não equivale à criação de um tributo.)

Anote-se que nas duas assertivas para a prova de Advogado da União o CESPE fez referência ao CTN e ao STF tornando as alternativas claras. Nessa prova da OAB, entretanto, o CESPE simplesmente considerou errada a afirmação de que "deverá obediência ao princípio da anterioridade tributária a revogação de isenção não onerosa concedida para promover o desenvolvimento de precária região brasileira". Considerando-se a jurisprudência do STF, a alternativa realmente está errada. Entretanto, o CESPE não fez menção à jurisprudência do STF na assertiva, o que tornou a questão incompleta[5].

O gráfico evidencia o posicionamento do STF e o conteúdo do art. 104 do CTN no que diz respeito à revogação de isenção:

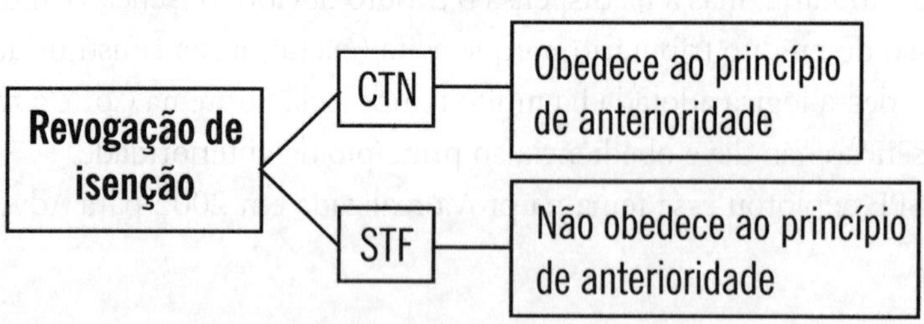

c) Alternativa "C" está incorreta. Não é necessário lei complementar para conceder isenção, parcelamento ou autorização de dação em pagamento. As maté-

5 Em defesa da questão, poderia se tentar argumentar que mesmo se fosse considerada a literalidade do CTN, a afirmativa estaria errada porque o art. 104 refere-se apenas a impostos sobre o patrimônio e a renda.

rias submetidas a lei complementar estão expressamente previstas no texto da Constituição Federal.

d) A alternativa "D" afirma que "A disciplina da integração da legislação tributária determina que o emprego do princípio da eqüidade não pode resultar na dispensa do pagamento de penalidade pecuniária". O CESPE considerou a alternativa incorreta. O § 2º do art. 108 do CTN dispõe que o emprego da eqüidade não poderá resultar na dispensa do pagamento **do tributo** devido. O CTN faz menção apenas ao tributo, não fazendo nenhuma referência a penalidade pecuniária (multa). Daí o CESPE ter considerado a assertiva falsa. Apesar da ausência de disposição expressa, parte da doutrina sustenta a impossibilidade da dispensa de multa pela autoridade administrativa mediante o emprego da eqüidade.

Comentada a questão, inseri um gráfico com as modalidades de integração da legislação tributária previstas no art. 108 do CTN. Veja que o CTN previu quatro modalidades de integração da legislação em ordem sucessiva e hierárquica, a saber: analogia, os princípios gerais do direito tributário, os princípios gerais do direito público e a eqüidade.

Observando as questões de concursos evidencia-se que as informações do art. 108 mais demandadas nas provas são as contidas no § 1º, que dispõe que o emprego da analogia não poderá resultar na exigência de tributo não previsto em lei, e no § 2º, que estabelece que o emprego da eqüidade não poderá resultar na dispensa de tributo devido.

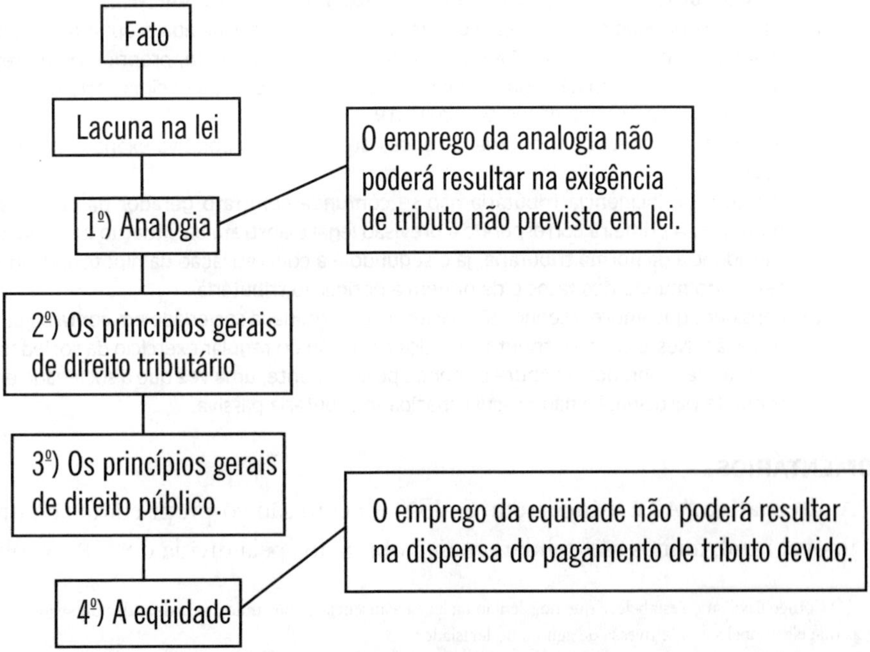

As formas de integração podem ser utilizadas quando existe uma situação, um fato, mas não existe norma para disciplinar aquela determinada situação. Nesse caso, ocorre o que a doutrina denomina de lacuna na lei.

O problema da lacuna da lei é discutido e analisado nos vários ramos do direito. A Lei de Introdução ao Código Civil Brasileiro, por exemplo, estabelece em seu art. 4º que quando a lei for omissa o juiz decidirá, de acordo com a analogia, os costumes e os princípios gerais do direito[6].

A denominada lacuna da lei existe porque a norma não consegue abranger todas as situações ocorridas no mundo real. A realidade é sempre mais complexa, ágil e inovadora do que as normas que existem para discipliná-la. O avião, por exemplo, surgiu antes da legislação aérea. Aliás, quando o brasileiro Alberto Santos Dumont cortou os céus de Paris com seu 14 Bis, ele não estava preocupado em infringir normas sobre o tráfego aéreo, uma vez que a extensa e abrangente legislação somente foi construída depois com o enorme desenvolvimento da aviação.

Assim, considerando-se que a realidade vem na frente, é comum emergirem litígios de determinadas situações sem que exista a correspondente norma disciplinadora. Nesse caso, o aplicador da lei deverá buscar as formas de integração da legislação para solucionar o litígio.

Questão 90

Assinale a opção incorreta, no que diz respeito à obrigação tributária.

a) Suponha que João e Bento sejam co-proprietários de determinada propriedade rural, sendo o primeiro dono de 10% do valor do imóvel e o segundo, proprietário do restante. Assim, a União não poderá cobrar de João mais do que a décima parte do valor devido em decorrência da incidência do ITR.

b) Havendo solidariedade tributária, a concessão de isenção objetiva exonera todos os devedores.

c) Hipótese de incidência tributária não se confunde com fato gerador da obrigação tributária. A primeira corresponde à previsão legal e abstrata da situação que implica a incidência da norma tributária, já o segundo é a concretização da hipótese de incidência no mundo dos fatos e dá origem à obrigação tributária.

d) Considere que André e Leonor são sócios de determinada sociedade em conta de participação. Nesse caso, os tributos devidos em razão do regular exercício da sociedade deverão ser cobrados de André e Leonor, pessoalmente, uma vez que a sociedade em conta de participação não possui capacidade tributária passiva.

COMENTÁRIOS

a) **A alternativa "A" é a incorreta**. Se João e Bento são co-proprietários de um imóvel rural, ambos são solidariamente obrigados pela dívida do ITR. A soli-

---

6 O Código Civil suíço estabelece que no silêncio da lei e na ausência de costume o juiz deve decidir segundo as regras que ele estabeleceria se tivesse de agir como legislador.

dariedade passiva caracteriza-se pelo fato de cada um dos devedores ser responsável pela dívida toda. Assim, nesse caso, João é responsável por 100% da dívida e Bento também é responsável por 100% da dívida. Isso significa que a União pode cobrar de qualquer um dos devedores solidários a dívida toda; nenhum deles pode alegar que só deve fração da dívida, tampouco argüir o benefício de ordem[7].

b) A alternativa "B" afirma que havendo solidariedade tributária, a concessão de isenção objetiva exonera todos os devedores. A alternativa está correta. É necessário distinguir a isenção objetiva da isenção subjetiva. A isenção objetiva exonera todos os obrigados. A isenção subjetiva ou pessoal exonera apenas o beneficiário da isenção, remanescendo a solidariedade quanto aos demais pelo saldo.

A mesma lógica da isenção aplica-se também no caso de remissão.

Configure-se o exemplo de três irmãos (Chico, Sebastião e Miguel), co-proprietários de um imóvel cujo valor venal é de R$ 14.000,00. Se todos são devedores solidários de uma dívida de IPTU de R$ 3.000,00, e o Município concede o perdão do crédito tributário constituído para os imóveis cujo valor venal não ultrapasse R$ 15.000,00 (quinze mil reais), essa remissão objetiva exonerará Chico, Sebastião e Miguel (exonerará todos os obrigados). Entretanto, se o Município concede o perdão apenas para os portadores de Aids, e somente Miguel é soropositivo, apenas Miguel será beneficiário da remissão, remanescendo a dívida de IPTU quanto aos demais pelo saldo (se cada irmão possui a mesma parcela do imóvel, Chico e Sebastião remanesceram com uma dívida de R$ 2.000, que é o saldo da dívida após retirar a parte da dívida de Miguel).

As informações discutidas estão resumidas no gráfico seguinte:

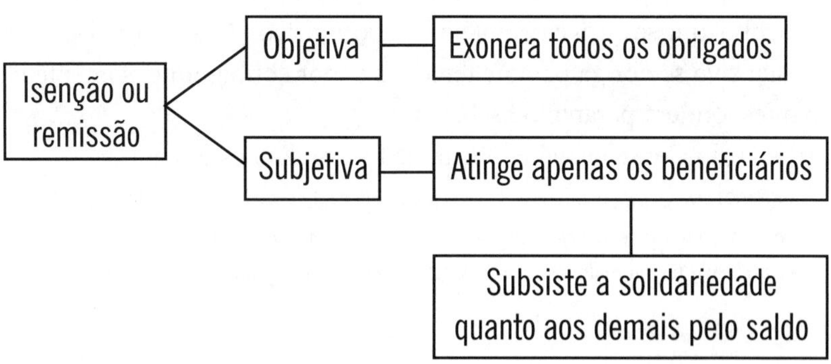

7 O benefício de ordem é a possibilidade de um devedor alegar que a dívida deve ser cobrada primeiro de um outro devedor. A solidariedade tributária não comporta benefício de ordem porque o sujeito ativo pode cobrar de qualquer um dos devedores solidários a dívida toda, sem precisar obedecer a uma ordem.

c) A alternativa "C" está correta. A assertiva explica corretamente a velha distinção doutrinária entre hipótese de incidência e fato gerador. De fato, hipótese de incidência é a previsão abstrata da lei e o fato gerador[8] a materialização no mundo dos fatos da hipótese de incidência.

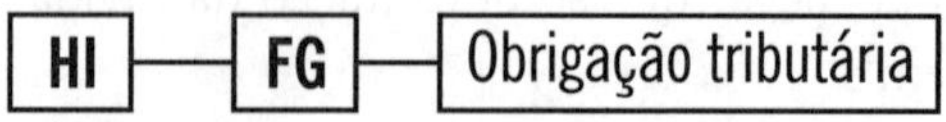

d) O CESPE considerou a alternativa "D" correta. Essa assertiva merece uma análise especial porque demanda o conhecimento de um tema do direito comercial. Inicialmente reproduzirei o art. 126 do CTN, que trata de capacidade tributária passiva:

> *Art. 126. A capacidade tributária passiva independe:*
> *I – da capacidade civil das pessoas naturais;*
> *II – de achar-se a pessoa natural sujeita a medidas que importem privação ou limitação do exercício de atividades civis, comerciais ou profissionais, ou da administração direta de seus bens ou negócios;*
> *III – de estar a pessoa jurídica regularmente constituída, bastando que configure uma unidade econômica ou profissional.*

Baseado no art. 126 é comum dizer que a capacidade tributária passiva independe de qualquer coisa. Entretanto, no caso da sociedade em conta de participação prevalece o entendimento de que a sociedade em conta de participação não tem capacidade tributária passiva. Isso ocorre porque a sociedade em conta de participação só existe internamente entre os sócios, mas não existe perante terceiros (na sociedade em conta de participação existe o sócio ostensivo, que é sócio que aparece e obriga-se perante terceiros, e o sócio participante, antigamente designado de sócio oculto, que se obriga perante o sócio ostensivo). Nessa sociedade somente o sócio ostensivo se obriga perante terceiros e, por conseguinte, somente o sócio ostensivo responderá perante o fisco.

O art. 991 do Código Civil explicita de forma clara essa regra:

> *Art. 991. Na sociedade em conta de participação, a atividade constitutiva do objeto social é exercida unicamente pelo sócio ostensivo, em seu nome individual e sob sua própria e exclusiva responsabilidade, participando os demais dos resultados correspondentes.*

8 Geraldo Ataliba denomina o fato gerador de fato imponível; Alfredo Augusto Becker utiliza a expressão hipótese de incidência realizada; Paulo de Barros Carvalho prefere a expressão fato jurídico tributário e Pontes de Miranda, suporte fático. Apesar das críticas e sugestões feitas por renomados tributaristas, a expressão fato gerador é de longe a mais utilizada. Destaque-se, entretanto, que é importante conhecer que fato imponível, hipótese de incidência realizada, fato jurídico tributário ou suporte fático são expressões que apresentam o mesmo significado de fato gerador.

> *Parágrafo único.* ***Obriga-se perante terceiro tão-somente o sócio ostensivo; e, exclusivamente perante este, o sócio participante, nos termos do contrato social.*** (destacamos)

Assim, o parágrafo único fixa a idéia de que somente o sócio ostensivo responde perante terceiros.

Pode-se identificar com base nesses conhecimentos preliminares que a redação da questão é defeituosa. A questão afirma que André e Leonor são sócios de determinada sociedade em conta de participação e que os tributos devidos em razão do regular exercício da sociedade deverão ser cobrados de André e Leonor pessoalmente. Observe que os tributos deverão ser cobrados de André e Leonor pessoalmente se André e Leonor forem sócios ostensivos. Entretanto, essa informação inexiste na questão, o que a torna incompleta. O examinador, após um longo rodeio, queria apenas afirmar que a sociedade em conta de participação não possui capacidade tributária passiva. Se tivesse construído a afirmativa de forma direta, a questão estaria imune a críticas.

Questão 91

Acerca da responsabilidade tributária, assinale a opção correta.

a) Ocorre a substituição tributária regressiva na hipótese de recolhimento do imposto antes da ocorrência do fato gerador, como no caso em que as indústrias automobilísticas recolhem o ICMS no momento da saída dos automóveis de seus estabelecimentos.

b) A pessoa que tenha adquirido bem imóvel em hasta pública, tendo sido a aquisição levada a efeito no curso de processo de execução fiscal, não será responsável pelo pagamento de eventuais ônus tributários incidentes sobre o bem arrematado, mesmo que o preço pago seja insuficiente para cobrir o débito tributário.

c) O contribuinte que deixar de emitir nota fiscal somente poderá ser responsabilizado pela infração tributária mediante a demonstração de dolo ou culpa.

d) A dissolução de sociedade limitada em débito com o fisco acarreta a responsabilização pessoal do sócio-gerente, mesmo quando observados os procedimentos legais e contratuais aplicáveis à hipótese.

COMENTÁRIOS

a) A assertiva "A" está incorreta. Na hipótese de recolhimento do imposto antes da ocorrência do fato gerador ocorre a denominada **substituição tributária progressiva ou para frente**. Assim, por exemplo, quando a indústria automobilística recolhe o ICMS relativo à saída do veículo (o ICMS normal) e o ICMS concernente a todas as operações posteriores (recolhe o ICMS de operações que ainda vão ocorrer no futuro, ou seja, recolhe o ICMS substituído) ocorre o fenômeno da substituição tributária progressiva.

A substituição tributária progressiva está prevista no § 7º do art. 150 da CF:

> *§ 7º A lei poderá atribuir a sujeito passivo de obrigação tributária a condição de responsável pelo pagamento de imposto ou contribuição, cujo fato gerador deva ocorrer posteriormente, assegurada a imediata e preferencial restituição da quantia paga, caso não se realize o fato gerador presumido. (Incluído pela Emenda Constitucional nº 3, de 1993)*

A substituição tributária progressiva ocorre com freqüência uma vez que facilita a arrecadação e fiscalização do tributo. É muito mais fácil, por exemplo, concentrar o controle da arrecadação do ICMS em uma grande indústria de bombons do que controlar a arrecadação em milhares de varejistas finais.

É importante destacar que os Estados já adotavam a substituição tributária progressiva mesmo antes da Emenda Constitucional nº 3/1993. A EC nº 3 foi feita com o propósito de superar as intermináveis controvérsias judiciais que existiam em torno da possibilidade de se cobrar antecipadamente o imposto cujo fato gerador ainda não tivesse ocorrido.

Na **substituição tributária regressiva ou para trás** o sujeito passivo que ocupa posição posterior na cadeia de produção e circulação substitui o sujeito passivo que ocupa posição anterior na mesma cadeia. Assim, por exemplo, ocorre a substituição tributária regressiva quando a indústria recolhe o imposto relativo a operações anteriores.

Configure-se a seguinte ilustração:

Produtor rural ⟶ Indústria

Se não houvesse a previsão de substituição tributária, o produtor rural deveria recolher o imposto devido cujo fato gerador é a saída da mercadoria para a indústria. Entretanto, se a lei prevê que o recolhimento é de responsabilidade da indústria, ocorre o fenômeno da substituição tributária regressiva.

A substituição tributária regressiva também é denominada diferimento, uma vez que o pagamento do tributo é diferido (adiado) para uma etapa posterior do processo de produção e circulação.

b) **A alternativa "B" é a correta,** uma vez que em conformidade com o parágrafo único do art. 130 do CTN. O *caput* do art. 130 determina, em síntese, que os créditos tributários relativos a impostos cujo fato gerador seja a propriedade de bens imóveis sub-rogam-se na pessoa dos respectivos adquirentes, salvo quando conste do título a prova de sua quitação. A regra de o adquirente responder não se aplica no caso de aquisição em hasta pública. O parágrafo único do art. 130 do CTN dispõe que, no caso de arrematação em hasta pública, a sub-rogação ocorre sobre o respectivo preço.

c) A alternativa afirma que o contribuinte que deixar de emitir nota fiscal somente poderá ser responsabilizado pela infração tributária mediante a demonstração de dolo ou culpa. A alternativa está incorreta, uma vez que contribuinte que deixar de emitir nota fiscal está suscetível de ser penalizado com multa, independentemente de dolo ou culpa. No direito tributário, ao contrário do direito penal, a responsabilidade por infrações à legislação, como regra, é objetiva. O conteúdo do art. 136 do CTN consagra a regra da responsabilidade objetiva do direito tributário quando dispõe que: "*Salvo disposição de lei em contrário, a responsabilidade por infrações da legislação tributária independe da intenção do agente ou do responsável e da efetividade, natureza e extensão dos efeitos do ato*".

Aliás, a regra da responsabilidade objetiva no direito tributário é quase uma imposição prática. Imagine se o contribuinte pudesse alegar que não cumpriu a obrigação tributária porque surgiu um imprevisto de última hora. Ou, por exemplo, que não entregou a declaração do imposto de renda porque teve um repentino mal-estar. Essa possibilidade praticamente inviabilizaria a aplicação de penalidades.

Destaque-se, entretanto, que é comum a lei estipular uma multa de ofício mais pesada quando a autoridade administrativa identificar a existência de dolo. No plano federal, por exemplo, o art. 44 da Lei nº 9.430/1996 duplica a multa de ofício no caso de sonegação, fraude ou conluio.

d) A alternativa "D" está incorreta. Como regra o gerente não responde pelas dívidas da sociedade. A responsabilidade pessoal do sócio-gerente pelas dívidas da sociedade somente existe se houver dolo ou fraude. A simples inadimplência do tributo não acarreta a responsabilidade pessoal do sócio-gerente. Essa é a interpretação do STJ ao art. 135 do CTN abaixo transcrito.

> *Art. 135. São pessoalmente responsáveis pelos créditos correspondentes a obrigações tributárias resultantes de atos praticados com excesso de poderes ou infração de lei, contrato social ou estatutos:*
>
> *I – as pessoas referidas no artigo anterior;*
>
> *II – os mandatários, prepostos e empregados;*
>
> *III – os diretores, gerentes ou representantes de pessoas jurídicas de direito privado.*

Questão 92

Assinale a opção incorreta, acerca de crédito e lançamento tributários.

a) O imposto sobre a renda e proventos de qualquer natureza é tributo sujeito ao lançamento por homologação, procedimento em que o contribuinte antecipa o pagamento do tributo, e a autoridade tributária, posteriormente, o homologa.

b) No caso de tributo definitivamente constituído em janeiro de 2006, a pretensão da Fazenda Pública à execução do respectivo crédito tributário prescreverá em janeiro de 2011.

c) Considere que, em fevereiro, determinado contribuinte prestou serviços sujeitos à incidência do imposto sobre serviços (ISS), à alíquota de 1%. Em março, foi publicada lei que majorou a alíquota do imposto para 2%. Nesse caso, sendo o lançamento efetivado em abril, a alíquota utilizada para cálculo do tributo deverá ser de 1%.

d) Sendo o sujeito passivo da obrigação tributária regularmente notificado quanto ao lançamento, este somente poderá ser alterado por força de decisão judicial, assegurando-se ao contribuinte o contraditório e a ampla defesa.

COMENTÁRIOS

a) A alternativa "A" está correta. Existem três modalidades de lançamento: o lançamento de ofício, o lançamento por declaração e o lançamento por homologação. O IR é sujeito ao lançamento por homologação uma vez que o contribuinte antecipa o pagamento do imposto e fica submetido a uma homologação posterior do fisco. O assunto modalidades de lançamento está explicado na questão 86 da prova 2007-3.

b) A alternativa "B" está correta. O prazo de prescrição é de 5 (cinco) anos contados da constituição definitiva do crédito tributário. Considerando-se que o tributo estava definitivamente constituído em janeiro de 2006, a prescrição ocorrerá em janeiro de 2011. O assunto está disciplinado no art. 174 do CTN: *"A ação para a cobrança do crédito tributário prescreve em cinco anos, contados da data da sua constituição definitiva"*.

Explicado o quesito, vamos falar um pouco de prescrição. A prescrição ocorrerá quando o contribuinte não promover a ação de cobrança do crédito tributário no prazo de cinco anos contados de sua constituição definitiva. Observe que enquanto a decadência ocorre devido à não-constituição do crédito tributário no prazo, a prescrição se consumará devido à não-cobrança do crédito que já está definitivamente constituído.

c) A alternativa "C" está correta. O lançamento se rege pela lei da época do fato gerador. O fato gerador do ISS ocorreu em fevereiro e a alíquota foi de 1%. Sendo o lançamento efetivado em abril, a alíquota utilizada deverá ser de

1%, independentemente da alteração da lei ocorrida em março. O art. 144 do CTN explicita essa regra: *"O lançamento reporta-se à data da ocorrência do fato gerador da obrigação e rege-se pela lei então vigente, ainda que posteriormente modificada ou revogada"*.

O gráfico a seguir ilustra essa regra

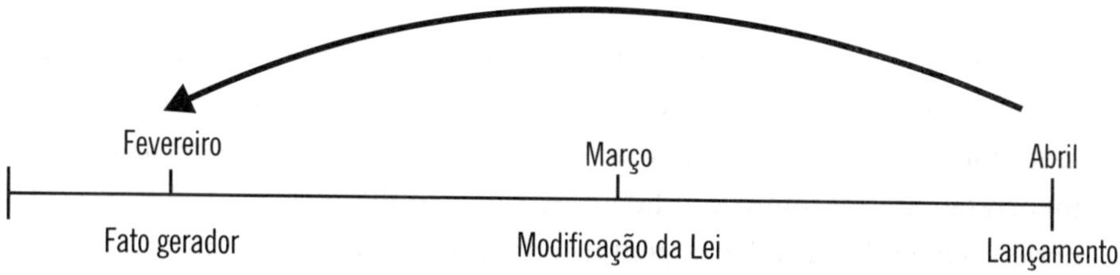

Conto a seguinte história para ilustrar a regra de que o lançamento se rege pela lei da época do fato gerador[9]:

Depois de uma longa espera na fila dos aprovados e não nomeados, um candidato, em 1995, foi nomeado Auditor Fiscal de um estado da federação e recebeu um livro que continha a lei do ICMS e o regulamento do ICMS. No primeiro ano o novo Auditor trabalhou apenas em atividades internas. Em junho de 1997, o auditor recebeu um livro novo e encadernado que continha a lei e o regulamento aprovado naquele ano. Adepto da teoria japonesa designada de cinco S's, o auditor tinha uma obsessão em manter tudo organizado e sempre jogava no lixo tudo o que julgava desnecessário. Ao receber o novo regulamento, o auditor virou-se para o seu colega de trabalho e disse: "Gonzaga, vou colocar a lei e o regulamento velhos no lixo". Pensando tratar-se de uma brincadeira, Gonzaga respondeu: "fique à vontade".

Após jogar o livro antigo no lixo, o auditor recebeu um telefonema do Delegado para entregar-lhe uma ordem de serviço para fiscalizar o ano calendário de 1994 de uma determinada empresa. Ainda com a ordem de serviço na mão o auditor indagou ao seu colega: "meu amigo Luís de Gonzaga, quais os artigos que mais utilizarei nesse regulamento para fiscalizar o ano calendário de 1994?" O seu colega Gonzaga respondeu "Como se trata do ano calendário de 1994 e considerando que o lançamento se rege pela lei da época do fato gerador, você deverá utilizar a lei e o regulamento que estavam em vigor no ano calendário de 1994. Assim, você precisará daquele livro velho que você jogou no lixo" O auditor, então, foi ao

9 Essa história é fruto da minha imaginação, qualquer semelhança com um fato real é mera coincidência.

lixo e encontrou o livro velho todo sujo de queijo, pregado de chiclete e melado com melancia podre.

Moral da história: se o Auditor fiscaliza o ano-calendário de 1994, deverá utilizar a lei que estava em vigor na época do fato gerador, mesmo que essa lei já esteja revogada na época em a fiscalização for efetuada.

d) **A alternativa "D"** afirma que sendo o sujeito passivo da obrigação tributária regularmente notificado quanto ao lançamento, este **somente** poderá ser alterado por força de decisão judicial. A palavra **somente** torna essa **alternativa incorreta.** Até mesmo o candidato que não conhecesse o art. 145 do CTN poderia concluir que o lançamento, como procedimento administrativo que é (ou como ato administrativo, como preferem muitos doutrinadores), pode ser alterado em decorrência de uma decisão judicial ou administrativa superveniente.

O art. 145 do CTN dispõe que o lançamento regularmente notificado só pode ser alterado em virtude de impugnação do sujeito passivo, recurso de ofício ou iniciativa de ofício da autoridade administrativa ou nos casos previstos no art. 149.

É importante inicialmente entender que quando o contribuinte é notificado do lançamento o crédito tributário está constituído, mas o crédito tributário não está ainda definitivamente constituído na esfera administrativa. O contribuinte terá oportunidade de exercer o contraditório no âmbito administrativo e, se ao final do litígio administrativo prevalecer a tese do contribuinte, o lançamento será alterado em virtude de decisão administrativa.

Configure-se o seguinte exemplo para ilustrar o que pode ocorrer após a notificação do lançamento. Imagine que João foi autuado por um Auditor da Receita Federal do Brasil por supostamente ter omitido rendimentos tributáveis. Diante da notificação, João pode seguir vários caminhos distintos:

1) João pode pagar o valor exigido e extinguir o crédito tributário.
2) João pode permanecer inerte. Nesse caso, a Receita Federal encaminhará o crédito tributário para a PFN (Procuradoria da Fazenda Nacional), que inscreverá o crédito na Dívida Ativa e executará o contribuinte com base na Lei de Execução Fiscal (Lei nº 6.830/1980).
3) João pode ingressar na Justiça Federal com uma ação anulatória fiscal objetivando desconstituir o lançamento.
4) João pode impugnar administrativamente o Auto de Infração. Nesse caso a DRJ (Delegacia Regional de Julgamento) é o órgão administrativo competente

para julgar o auto de infração. Se a DRJ julgar favorável ao contribuinte a impugnação do sujeito passivo, estará alterando o lançamento. É possível, ainda, que diante do julgamento favorável ao contribuinte o órgão julgador remeta de ofício os autos à segunda instância administrativa (**Na esfera federal compete ao Conselho Administrativo de Recursos Fiscais o julgamento dos processos em segunda instância**[10]). O recurso de ofício apresenta a mesma lógica da remessa oficial existente no processo civil (art. 475, CPC).

5) É possível ainda que a própria autoridade administrativa, identificando um erro no lançamento, decida de ofício promover sua alteração (iniciativa de ofício da autoridade administrativa).

Questão 93

A respeito de suspensão, extinção e exclusão do crédito tributário, assinale a opção correta.

a) Será extinto o crédito tributário de contribuinte que promover o depósito integral do montante exigido pela fazenda pública, tanto administrativa quanto judicialmente.
b) A isenção e a anistia, causas suspensivas do crédito tributário, pressupõem a existência de lançamento do respectivo tributo.
c) Se determinado contribuinte, pretendendo compensar créditos tributários, impetrar mandado de segurança, com pedido de provimento jurisdicional liminar, o juízo competente poderá declarar o direito à compensação tributária, mas, ao deferir a medida liminar, estará impedido de conceder a efetiva compensação dos créditos.
d) Constituem hipóteses de extinção do crédito tributário as decisões administrativas irreformáveis, favoráveis ou contrárias ao contribuinte, proferidas em sede de processo administrativo fiscal.

COMENTÁRIOS

a) A alternativa "A" está incorreta. O depósito integral do montante exigido pela fazenda pública é modalidade de suspensão da exigibilidade do crédito tributário prevista no art. 151 do CTN. Assim, é incorreto afirmar que o depósito extingue o crédito tributário.

b) A alternativa "B" está incorreta. A isenção e a anistia são modalidades de exclusão do crédito tributário. Esses institutos evitam que o crédito tributário se constitua pelo lançamento. Na isenção e anistia, portanto, não ocorre o lançamento. Assim, é incorreto afirmar que a isenção e a anistia são causas suspensivas do crédito tributário.

---

10 Conforme já noticiamos na correção da questão 89, a medida provisória nº 449, de 3 de dezembro de 2008, criou o Conselho Administrativo de Recursos Fiscais.

As modalidades de suspensão da exigibilidade do crédito tributário previstas no art. 151 do CTN são as seguintes: moratória; o depósito do seu montante integral; as reclamações e os recursos, nos termos das leis reguladoras do processo tributário administrativo; a concessão de medida liminar em mandado de segurança; a concessão de medida liminar ou de tutela antecipada, em outras espécies de ação judicial e o parcelamento.

Assim, por exemplo, se o juiz concede uma tutela antecipada em favor do contribuinte determinando que a Fazenda Pública se abstenha de promover qualquer ato de cobrança, essa tutela antecipada configura uma modalidade de suspensão da exigibilidade do crédito tributário, uma vez que a possibilidade de exigir o crédito, de promover atos de cobrança, fica suspensa enquanto a Tutela Antecipada estiver produzindo efeitos. Obviamente, se a Fazenda Pública interpõe um recurso (agravo de instrumento) e o tribunal revoga a tutela concedida, o crédito tributário volta à condição de exigível.

c) **A alternativa "C" é a correta**. Dispõe o art. 170-A do CTN: *"É vedada a compensação mediante o aproveitamento de tributo, objeto de contestação judicial pelo sujeito passivo, antes do trânsito em julgado da respectiva decisão judicial"*.

A redação do art. 170-A foi dada pela Lei Complementar nº 104/2001, após um longo período de controvérsias judiciais. O contribuinte alega, por exemplo, que pagou Cofins com base em uma lei inconstitucional e ingressa na justiça postulando a compensação do suposto pagamento indevido com um débito de PIS.

Muitas vezes, o juiz autorizou em sede de tutela antecipada ou medida cautelar que o contribuinte compensasse o valor pago de Cofins com o valor devido de PIS. Observe que se criava uma situação de perplexidade jurídica: compensava-se um valor devido de PIS com um crédito de Cofins que ainda estava sendo discutido na Justiça.

Assim, buscando solucionar esse problema, a redação do art. 170-A[11] somente autoriza a compensação do valor supostamente pago de forma indevida, quando transitar em julgado a decisão judicial que considerar o pagamento indevido.

d) A alternativa "D" está incorreta. Apenas a decisão administrativa irreformável favorável ao contribuinte extingue o crédito tributário. O seguinte exemplo esclarece a assertiva: um Auditor da Receita Federal lavrou um auto de infração em desfavor do contribuinte. O contribuinte impugnou o auto de infração

11 A jurisprudência do STJ já havia consagrado esse entendimento na Súmula nº 212. Estabelece a súmula: *"A compensação de créditos tributários não pode ser deferida em ação cautelar ou por medida liminar cautelar ou antecipatória"*.

na Delegacia Regional de Julgamento (DRJ). A DRJ julgou desfavorável ao contribuinte. O contribuinte deixou transcorrer o prazo sem interpor o recurso cabível para o Conselho Administrativo de Recursos Fiscais. Nesse caso, obviamente, a decisão administrativa irreformável favorável à Fazenda Pública não extingue o crédito tributário.

Conheço um candidato que apenas decorou a literalidade do CTN e erroneamente imaginou que essa assertiva estivesse correta.

Dispõe o art. 156, inciso IX do CTN: *Art. 156. "Extinguem o crédito tributário: (...) IX – a decisão administrativa irreformável, assim entendida a definitiva na órbita administrativa, que não mais possa ser objeto de ação anulatória".*

Como já explicamos, apesar de o CTN não explicitar, é evidente que apenas a decisão administrativa irreformável favorável ao contribuinte extingue o crédito tributário.

Analisada a questão, cabe finalmente destacar que o CESPE tem sempre demandado em suas provas a identificação das modalidades de suspensão da exigibilidade do crédito tributário, as modalidades de extinção e as modalidades de exclusão do crédito tributário.

A tabela abaixo demonstra as modalidades de suspensão da exigibilidade do crédito tributário, de extinção de crédito tributário e de exclusão do crédito tributário, previstas nos arts. 151, 156 e 175 do Código Tributário Nacional:

CRÉDITO TRIBUTÁRIO

SUSPENSÃO (Art. 151)	EXTINÇÃO (Art. 156)	EXCLUSÃO (Art. 175)
Moratória	Pagamento	Anistia
Depósito de seu montante integral	Pagamento antecipado e posterior homologação	Isenção
Reclamações e Recursos	Consignação em pagamento	
Concessão de liminar em Mandado de Segurança	Conversão do depósito em renda	
Tutela antecipada	Compensação	
Parcelamento	Transação	
	Remissão	
	Prescrição e a Decadência	
	Decisão administrativa irreformável	

	Decisão administrativa passada em julgado	
	Dação em pagamento em bens imóveis	
Não dispensa OTA*		**Não dispensa OTA***
Interpretam-se literalmente		**Interpretam-se literalmente**

* OTA: Obrigação Tributária Acessória

É importante destacar as seguintes informações contidas no quadro acima:

1) As modalidades de suspensão da exigibilidade do crédito tributário e de exclusão do crédito tributário não dispensam o cumprimento das obrigações tributárias acessórias. Assim, por exemplo, o contribuinte pode ser isento e está obrigado a cumprir inúmeras obrigações acessórias. O contribuinte pode vender uma mercadoria isenta e ter obrigação de emitir a nota fiscal, o contribuinte pode ser isento do imposto de renda e está obrigado a entregar a declaração de isenção.
2) As modalidades de suspensão da exigibilidade do crédito tributário e de exclusão do crédito tributário interpretam-se literalmente, conforme estabelece o art. 111 do CTN.
3) As modalidades de suspensão da exigibilidade do crédito tributário começam com as iniciais (MO, DE, RE, CO, TU, PARCE-). As modalidades de exclusão do crédito tributário começam com as iniciais (A, I).

Questão 94

Com relação à administração tributária, assinale a opção incorreta.

a) Somente mediante ordem judicial fundamentada, os tabeliães devem prestar todas as informações às autoridades tributárias de que disponham concernentes a bens, negócios ou atividades de terceiros.
b) Não constitui violação ao princípio do sigilo fiscal a divulgação de informações, pelos agentes fazendários, relativas a representações criminais para fins penais.
c) Recursos provenientes da cobrança de preço público constituem, entre outros, a dívida ativa não-tributária.
d) A dívida ativa tributária regularmente inscrita goza de presunção relativa de certeza e liquidez.

COMENTÁRIOS

a) **A alternativa "A" é a incorreta**. Os tabeliães estão obrigados a prestar as informações à autoridade tributária com a devida intimação da própria autoridade tributária. A ordem judicial não é imprescindível. Esse é o conteúdo do art. 197, I, do CTN, abaixo transcrito:

> *Art. 197. **Mediante intimação escrita**, são obrigados a prestar à autoridade administrativa todas as informações de que disponham com relação aos bens, negócios ou atividades de terceiros:*
>
> I - **os tabeliães**, escrivães e demais serventuários de ofício; (destacamos)

Portanto, não é correto afirmar que os tabeliães estão obrigados a prestar todas as informações às autoridades tributárias somente se for mediante ordem judicial fundamentada.

b) A alternativa "B" está correta. De fato não constitui violação ao princípio do sigilo fiscal a divulgação de informações pelos agentes fazendários, relativas a representações fiscais para fins penais. O sigilo fiscal está previsto no art. 198 do CTN, que veda a divulgação, por parte da Fazenda Pública ou de seus servidores, de informação obtida em razão do ofício sobre a situação econômica ou financeira do sujeito passivo ou de terceiros e sobre a natureza e o estado de seus negócios ou atividades. Entretanto, o § 3º do art. 198 dispõe que não é vedada a divulgação de informações relativas a representações fiscais para fins penais, tornando, portanto, a assertiva correta.
Colacionei abaixo o *caput* e o § 3º do art. 198 do CTN:

Sigilo fiscal

> *Art. 198. Sem prejuízo do disposto na legislação criminal, é vedada a divulgação, por parte da Fazenda Pública ou de seus servidores, de informação obtida em razão do ofício sobre a situação econômica ou financeira do sujeito passivo ou de terceiros e sobre a natureza e o estado de seus negócios ou atividades.*

Não estão protegidas pelo sigilo fiscal

> *§ 3º Não é vedada a divulgação de informações relativas a:*
>
> *I – representações fiscais para fins penais;*
>
> *II – inscrições na Dívida Ativa da Fazenda Pública;*
>
> *III – parcelamento ou moratória.*

O gráfico abaixo evidencia as informações que podem ser divulgadas:

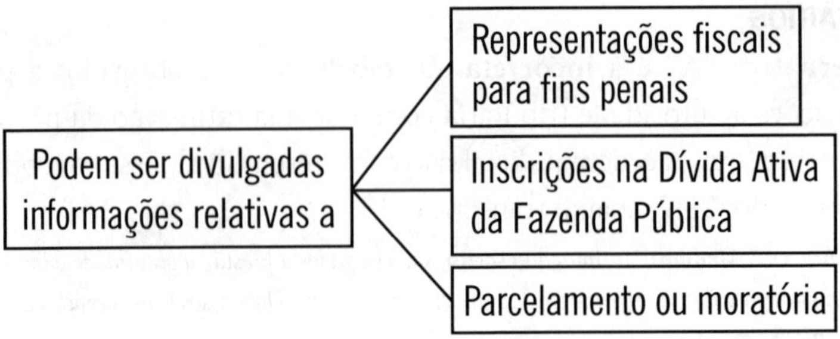

c) A alternativa "C" está correta. De fato é correto afirmar que recursos provenientes da cobrança de preço público constituem, entre outros, a dívida ativa não-tributária.
A dívida ativa pode ser classificada em tributária e não-tributária. Os recursos provenientes da cobrança de preço público constituem, entre outros, dívida ativa não-tributária. O conceito legal de dívida ativa tributária e não-tributária está no § 2º do art. 39 da Lei nº 4.320/1964. Reproduzi abaixo o § 2º da mencionada lei.
§ 2º – ***Dívida Ativa Tributária*** *é o crédito da Fazenda Pública dessa natureza, proveniente de obrigação legal relativa a tributos e respectivos adicionais e multas, e* ***Dívida Ativa Não-Tributária*** *são os demais créditos da Fazenda Pública, tais como os provenientes de empréstimos compulsórios, contribuições estabelecidas em lei, multas de qualquer origem ou natureza, exceto as tributárias, foros, laudêmios, aluguéis ou taxas de ocupação, custas processuais, preços de serviços prestados por estabelecimentos públicos, indenizações, reposições, restituições, alcances dos responsáveis definitivamente julgados, bem assim os créditos decorrentes de obrigações em moeda estrangeira, de sub-rogação de hipoteca, fiança, aval ou outra garantia, de contratos em geral ou de outras obrigações legais.* (Parágrafo incluído pelo Decreto-lei nº 1.735 de 20/12/1979) (destacamos)

d) A alternativa "D" está correta. A assertiva reproduz o conteúdo do art. 204 do CTN. A inscrição em dívida ativa gera uma presunção relativa de certeza e liquidez. É a denominada presunção *juris tantum*. Obviamente, se o sujeito passivo demonstrar que a inscrição em dívida ativa foi indevida, essa presunção é afastada.
Colacionei abaixo o art. 204 do CTN:

> *Art. 204. A dívida regularmente inscrita goza da presunção de certeza e liquidez e tem o efeito de prova pré-constituída.*
>
> *Parágrafo único. A presunção a que se refere este artigo é relativa e pode ser ilidida por prova inequívoca, a cargo do sujeito passivo ou do terceiro a que aproveite.*

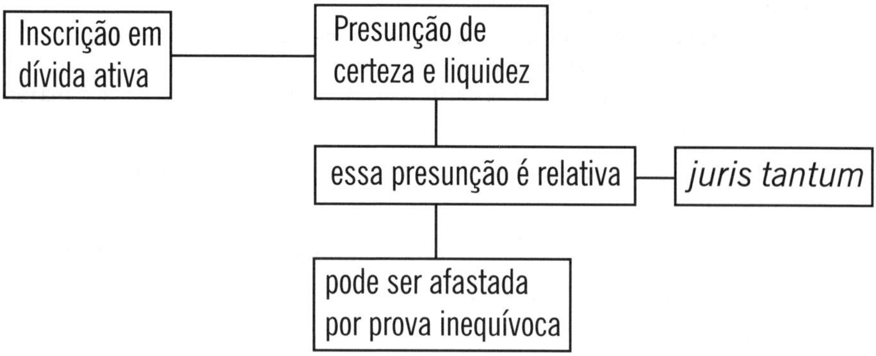

Questão 95

Assinale a opção correta sobre o ICMS e o imposto de renda.

a) Os profissionais liberais sem vínculo empregatício, que percebam rendimentos de outras pessoas físicas e não se enquadrem nas hipóteses de isenção do imposto de renda, devem efetuar o recolhimento desse referido imposto apenas anualmente.

b) Caracteriza hipótese de incidência do imposto de renda a percepção de indenização por danos morais.

c) Nos restaurantes, o fornecimento simultâneo de mercadorias e serviços exclui o ICMS, incidindo apenas o ISS.

d) O ICMS não incidirá sobre o deslocamento de mercadorias, feito por pessoa jurídica, de sua matriz para sua filial.

COMENTÁRIOS

a) A alternativa "A" está errada. Os profissionais liberais sem vínculo empregatício, que percebam rendimentos de outras pessoas físicas e não se enquadrem nas hipóteses de isenção do imposto de renda, devem efetuar o recolhimento **mensal** obrigatório, conforme dispõe o art. 106 do RIR (Decreto nº 3.000, de 26/03/1999).

b) O CESPE considerou errada a alternativa "B", que diz que caracteriza hipótese de incidência do imposto de renda a percepção de indenização por danos morais. O gabarito do CESPE, entretanto, contrapõe-se à disciplina legal e baseou-se apenas em jurisprudência não unânime do STJ.
Reproduzo o entendimento da Secretaria da Receita Federal sintetizado no perguntas e respostas do imposto de renda da pessoa física[12]

12 Podem-se localizar o perguntas e respostas no *site* da Secretaria Receita Federal.

Indenização por danos morais

207 — Qual o tratamento tributário da indenização recebida por danos morais?

Essa indenização, paga por pessoa física ou jurídica, em virtude de acordo ou decisão judicial, é rendimento tributável sujeito à incidência do imposto sobre a renda na fonte e na declaração de ajuste.

(Decreto nº 3.000, de 26 de março de 1999 – Regulamento do Imposto sobre a Renda – RIR, art. 718)

Talvez o CESPE tenha extraído a questão de uma decisão da Segunda Turma do STJ, proferida no REsp 402035/RN, de 9 de março de 2004, cujo trecho da ementa transcrevi:

"Recurso Especial. Responsabilidade civil. Ação de reparação por dano moral. Sentença condenatória transitada em julgado. Retenção de Imposto de Renda na Fonte pela entidade pagadora. Impossibilidade. Parcela cuja natureza é indenizatória. Não-incidência do tributo.
Recurso improvido.
A incidência de tributação deve obediência estrita ao princípio constitucional da legalidade (art. 150, inciso I). O Código Tributário Nacional, com a autoridade de lei complementar que o caracteriza, recepcionado pela atual Carta Magna (art. 34, § 5º, do Ato das Disposições Constitucionais Transitórias), define o conceito de renda e o de proventos de qualquer natureza (art. 43, incisos I e II).
Não há como equiparar indenizações com renda, esta entendida como o fruto oriundo do capital e/ou do trabalho, tampouco com proventos, estes tidos como os demais acréscimos patrimoniais, uma vez que a indenização torna o patrimônio lesado indene, mas não maior do que era antes da ofensa ao direito. Não verificada a hipótese de incidência do imposto de renda previsto no art. 43 do CTN. **Reconhecida a alegada não-incidência do tributo em debate sobre as verbas da reparação de danos morais, por sua natureza indenizatória, não há falar em rendimento tributável,** o que afasta a aplicação do art. 718 do RIR/99 na espécie em comento.
Recurso especial ao qual se nega provimento".

Destaque-se, entretanto, que a decisão acima não era na época da prova unânime no âmbito do STJ. Colacionei trechos da ementa de uma decisão da 1ª Turma (REsp 748868/RS), de 28 de agosto de 2007, que defende a tese de que a indenização por danos morais é tributável:

"Tributário. Imposto de Renda. Reparação por danos morais. Natureza. Regime tributário das indenizações. Distinção entre indenização por danos ao patrimônio material e ao patrimônio imaterial. Precedentes.

1. O imposto sobre renda e proventos de qualquer natureza tem como fato gerador, nos termos do art. 43 do CTN, os "acréscimos patrimoniais", assim entendidos os acréscimos ao patrimônio material do contribuinte.
2. O pagamento de indenização pode ou não acarretar acréscimo patrimonial, dependendo da natureza do bem jurídico a que se refere. Todavia, ocorre acréscimo patrimonial quando a indenização (a) ultrapassar o valor do dano material verificado (= dano emergente), ou (b) se destinar a compensar o ganho que deixou de ser auferido (= lucro cessante), ou (c) se referir a dano causado a bem do patrimônio imaterial (= dano que não importou redução do patrimônio material).
3. 'Se o objeto da indenização é o elemento moral, porque a ação danosa atingiu precisamente o patrimônio moral, não há dúvida de que o recebimento de indenização implica evidente crescimento do patrimônio econômico e, assim, enseja a incidência dos tributos que tenham como fato gerador esse acréscimo patrimonial' (Hugo de Brito Machado, Regime Tributário das Indenizações, obra coletiva, Coord. Hugo de Brito Machado, p. 109).
4. Configurando fato gerador do imposto de renda e não estando abrangido por norma isentiva (salvo quando decorrente de acidente do trabalho, o que não é o caso), **o pagamento a título de dano moral fica sujeito à incidência do tributo**".

Em síntese, a resposta do CESPE é contrária ao entendimento da Fazenda Pública e é respaldada apenas por decisões não unânimes do STJ. Na verdade, o mais coerente seria ter anulado a questão.

Cabe destacar, entretanto, que em 2008 a primeira seção do STJ, julgando o REsp 963.387, pacificou o entendimento no sentido de que **a indenização por dano estritamente moral recebido por pessoa física não é fato gerador do Imposto de Renda, pois se limita a recompor o patrimônio imaterial da vítima, atingido pelo ato ilícito praticado**.

c) A alternativa "C" afirma que nos restaurantes, o fornecimento simultâneo de mercadorias e serviços exclui o ICMS, incidindo apenas o ISS. Essa assertiva está errada, conforme se deduz da leitura do art. 2º da **Lei Complementar do ICMS** (LC nº 87/1996):

> *Art. 2º* ***O imposto incide sobre:***
> *I - operações relativas à circulação de mercadorias, inclusive o fornecimento de alimentação e bebidas em bares, restaurantes e estabelecimentos similares;* (destacamos)

Assim, é incorreto afirmar que nos restaurantes, o fornecimento simultâneo de mercadorias e serviços exclui o ICMS.

d) **A alternativa "D" é a correta.** O CESPE explorou nessa assertiva a conhecida Súmula nº 166 do STJ: "*Não constitui fato gerador do ICMS o simples deslocamento de mercadoria de um para outro estabelecimento do mesmo contribuinte*".

Gabarito da prova 2006-1

87. C	90. A	93. C
88. B	91. B	94. A
89. A	92. D	95. D

RESUMO GRÁFICO DAS PRINCIPAIS CARACTERÍSTICAS DOS IMPOSTOS

Encerrados os comentários da questão, apresentarei alguns gráficos que sintetizam as características constitucionais dos impostos mais explorados nas provas de concursos.

Iniciarei com um gráfico com as principais características constitucionais do ICMS e do IPI. Observem que o IPI e o ICMS são não cumulativos[13]. O IPI é obrigatoriamente seletivo e o ICMS poderá ser seletivo (apesar de a Constituição não impor a seletividade do ICMS, todos os estados e o DF adotaram o critério da seletividade). A seletividade consiste na variação da alíquota de acordo com a essencialidade do produto[14]. Com base nesse critério, quanto mais essencial for um produto menor deverá ser sua alíquota. Assim, por exemplo, com base na seletividade, os cigarros apresentam uma alíquota de IPI mais elevada do que os remédios. Na mesma linha de raciocínio, os fogos de artifício, os perfumes e o uísque apresentam uma alíquota mais elevada de ICMS do que a carne.

Outra característica comum do IPI e do ICMS é que ambos não incidem nas exportações. Cabe ainda enfatizar, em relação ao IPI, que a EC nº 42/2003 incumbiu a uma lei ordinária federal estabelecer critérios para redução do ônus tributário na aquisição de bens.

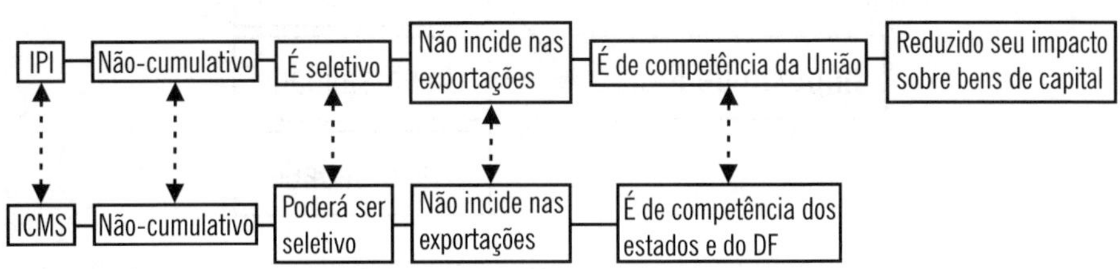

Apresento agora um gráfico com as principais características constitucionais do Imposto Territorial Rural (ITR):

13 O ICMS, o IPI e o imposto criado pela União no exercício da competência residual (Imposto Residual) são obrigatoriamente não-cumulativos. A não-cumulatividade consiste na possibilidade de compensar o que for devido em cada operação com o montante cobrado nas anteriores.

14 Os impostos sobre consumo são concentradores de renda. O pobre, em regra, consome toda a sua renda e o rico apenas um percentual de sua renda. Assim, quando se tributa o consumo está-se tributando a totalidade da renda do pobre e apenas um percentual da renda do rico. A seletividade é um critério que procura suavizar a tendência concentradora do imposto sobre o consumo, uma vez que diminui o ônus tributário dos produtos mais essenciais e os produtos mais essenciais participam em um percentual muito maior na renda do pobre. Assim, produtos como iates, jóias, uísque, perfumes são como regra geral consumidos por pessoas de elevada capacidade contributiva. Ao contrário disso, produtos como arroz, feijão, farinha de mandioca, óleo diesel e carne participam de maneira mais expressiva da cesta de bens de pessoas com baixa capacidade contributiva.

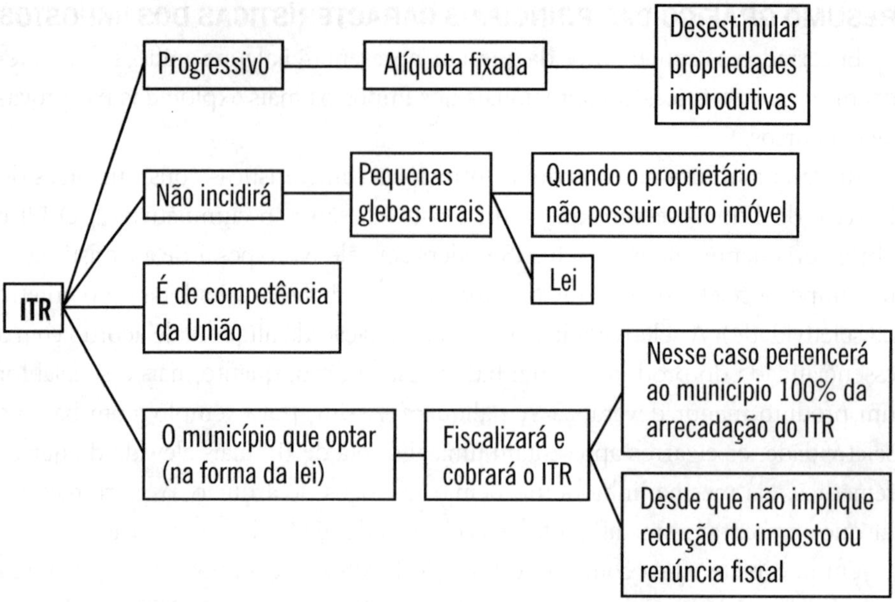

O gráfico seguinte apresenta os três critérios que informam o Imposto de Renda:

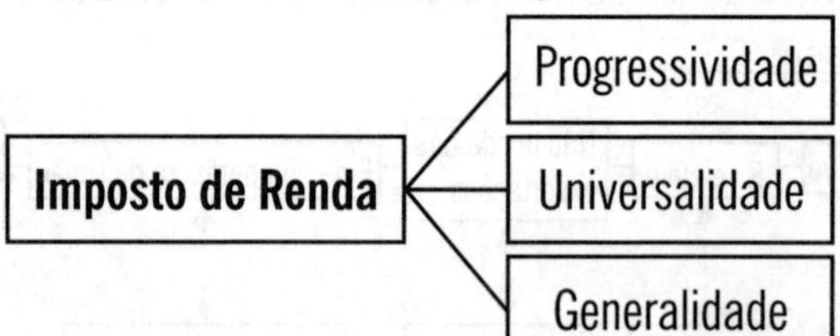

Apresentamos agora o resumo gráfico do imposto residual de competência da União:

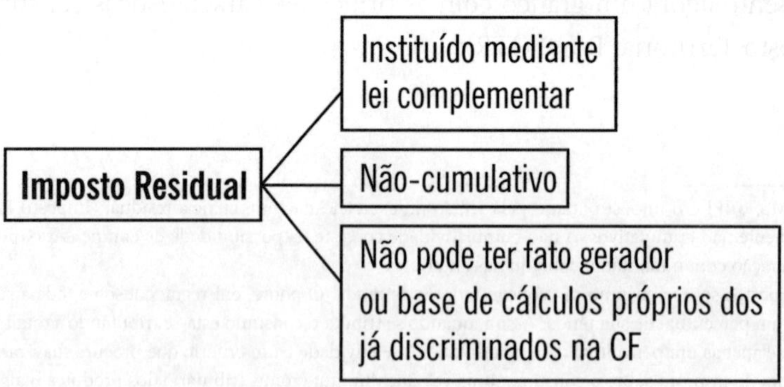

Os estados membros têm competência para criar e legislar sobre três impostos: o ICMS, o ITCD e o IPVA.

Os gráficos seguintes evidenciam a grande participação do Senado Federal[15] na fixação das alíquotas dos impostos estaduais, particularmente as alíquotas máximas e mínimas.

Ressalte-se que no caso do ICMS a fixação das alíquotas internas mínimas e máximas é uma faculdade do Senado Federal. Entretanto as alíquotas interestaduais devem obrigatoriamente ser fixadas por resolução do Senado Federal.

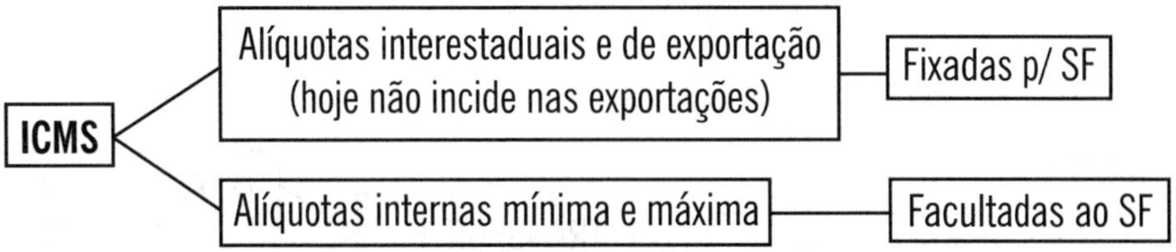

Demonstra-se a seguir que a alíquota mínima do IPVA é fixada pelo Senado Federal (essa característica foi introduzida pela EC nº 42 para evitar a guerra fiscal entre os Estados) e que as alíquotas do IPVA podem oscilar em função do tipo e utilização. Quando a lei, por exemplo, diminui a alíquota do IPVA para veículos populares, está estabelecendo alíquotas diferenciadas em função do tipo, e quando a lei, por exemplo, diminui a alíquota do IPVA para veículos de transporte de passageiros, está oscilando a alíquota em função da utilização:

Em relação ao imposto sobre transmissão *causa mortis* (herança) e doação cabe ao Senado Federal fixar a alíquota máxima[16].

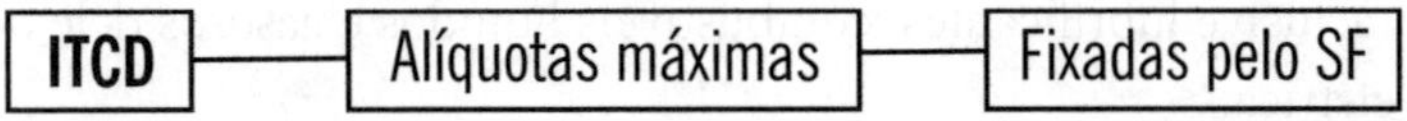

Demonstrada a participação do Senado Federal na fixação das alíquotas de impostos estaduais (particularmente as alíquotas máximas e mínimas), sintetizaremos no gráfico seguinte o campo de incidência do ICMS.

---

15 É importante lembrar que o Senado Federal representa os Estados e o Distrito Federal (cada Estado e o DF elegerão três senadores), daí a CF ter atribuído ao SF uma importante participação na fixação de alíquotas máximas e mínimas dos impostos estaduais e das alíquotas interestaduais do ICMS.

16 O SF fixou (Resolução 09/1992) em 8% a alíquota máxima do imposto sobre herança e doação.

É importante destacar inicialmente que os serviços de transporte entre estados e entre municípios é de competência dos estados e os serviços de transporte dentro do município (intramunicipal) são tributado pelo ISS (imposto sobre serviços). Os serviços de comunicação são tributados pelo ICMS (como exemplo, temos o ICMS cobrado nas contas telefônicas[17]).

O gráfico seguinte ilustra o campo de incidência do ICMS.

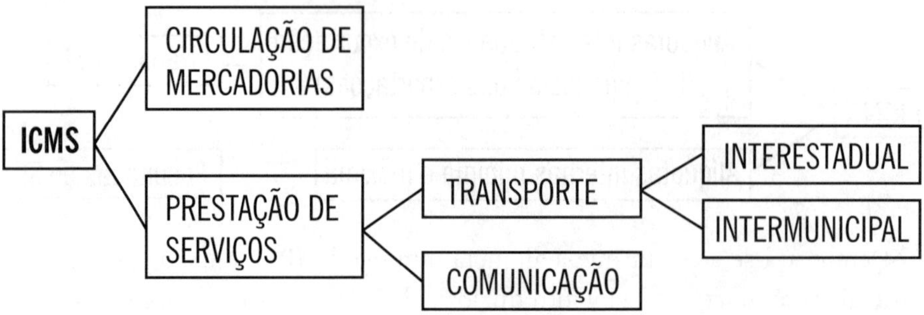

Visualizado o campo de incidência do ICMS, passo a apresentar um gráfico que demonstra as imunidades específicas do ICMS:

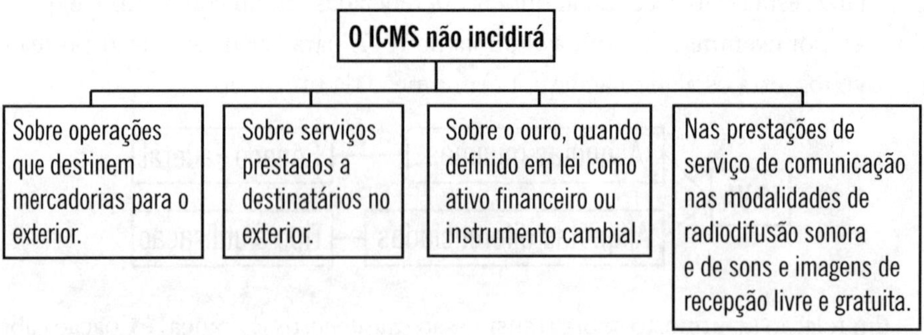

O ICMS também não incidirá sobre operações que destinem a outros Estados petróleo, inclusive lubrificantes, combustíveis líquidos e gasosos dele derivados, e energia elétrica.

Outra característica do ICMS é a não-cumulatividade. A não-cumulatividade consiste na possibilidade de compensar o que for devido em cada operação com o montante cobrado nas anteriores. Vamos aos exemplos:

1) Considerando-se uma alíquota de 17%, se um estabelecimento comercial compra uma mercadoria por R$ 1.000,00 (na nota fiscal vem destacado R$ 170,00 de ICMS, gerando um direito para esse estabelecimento de R$

17 Destaque-se que a Súmula nº 350 do STJ, de 11/06/2008, esclarece que "*o ICMS não incide sobre o serviço de habilitação de telefone celular*". Anote-se ainda que a Súmula nº 334 do STJ, de 13/12/2006, esclarece que "*o ICMS não incide no serviço dos provedores de acesso à Internet*".

170,00) e vende essa mercadoria por R$ 1.000,00 (na venda ocorrerá o fato gerador do ICMS e gerará uma obrigação de R$ 170,00), no final do mês o valor devido de 170 reais será compensado com o direito que o contribuinte obteve na aquisição da mercadoria, de tal forma que o contribuinte não recolherá absolutamente nada de ICMS. (naturalmente, considerando-se a hipótese heróica de o contribuinte efetuar durante todo o mês apenas essa operação de compra e venda. O normal, entretanto, é o contribuinte efetuar várias compras e vendas durante o mês e no final fazer a apuração de acordo com o conjunto de créditos gerados pelas compras e o conjunto de débitos oriundos das vendas.)

2) Considerando-se uma alíquota de 10% (exemplifico com uma alíquota de 10% para facilitar o aprendizado), se um estabelecimento compra uma mercadoria por R$ 1.000,00 (gera um direito para o adquirente de R$ 100,00) e vende essa mercadoria por R$ 1.500,00 (na saída da mercadoria ocorre o fato gerador do ICMS e gera-se uma obrigação de R$ 150,00), o contribuinte recolherá no final do mês, considerando apenas essas duas operações de compra e venda, o valor de R$ 50,00 (observe que 50 reais representa 10% de 500 reais, que é o valor que foi adicionado na circulação da mercadoria).
3) Considerando que se manteve a mesma alíquota na aquisição e na venda de mercadorias, se um estabelecimento comercial compra durante o mês R$ 50.000,00 de mercadorias e vende apenas R$ 10.000,00, esse estabelecimento não recolherá ICMS. Ao contrário, esse estabelecimento acumulará crédito naquele mês para ser compensado com eventuais débitos de meses posteriores.
4) Se, entretanto, um estabelecimento comercial apresenta durante vários anos um valor de crédito superior ao débito, significa provavelmente que esse estabelecimento comercial está omitindo receitas tributáveis. Ou seja, está vendendo mercadorias sem registrar na sua contabilidade. O fiscal do ICMS identificará rapidamente essa omissão de receitas mediante uma auditoria de estoque. Ora, se um estabelecimento comercial passa vários anos comprando mais do que vendendo, isso resulta em um acúmulo de estoque[18].

Explicado o significado da não-cumulatividade, apresento o resumo gráfico:

---

18 O fiscal normalmente faz duas perguntas quando identifica que na contabilidade do comerciante existe constantemente o registro de compras superiores ao de venda e portanto o estabelecimento nunca recolhe o imposto: 1) se você compra mais do que vende e acumula crédito de ICMS, onde está o estoque de mercadorias? 2) Se você compra mais do que vende, onde está o dinheiro para efetuar as compras dessas mercadorias?

A Constituição Federal traz duas regras sobre a não-cumulatividade do ICMS que merecem ser explicitadas:

A 1º regra dispõe que a isenção ou não-incidência, salvo determinação em contrário da legislação, não implicará crédito para compensação com o montante devido nas operações ou prestações seguintes.

Assim, por exemplo, quando o estabelecimento comercial compra uma mercadoria isenta (ou com não-incidência), essa operação não gera direito a crédito do estabelecimento adquirente. Configure-se o seguinte exemplo: o estabelecimento A comprou uma mercadoria isenta por R$ 1.000,00, essa operação de aquisição não gera direito a crédito para compensar com eventuais débitos das operações subseqüentes. Se ocorre a venda dessa mercadoria por R$ 1.500,00 e essa venda não é isenta, o estabelecimento recolherá R$ 150,00 de ICMS (considerando-se uma alíquota de 10%) porque a compra anterior não gerou direito a crédito.

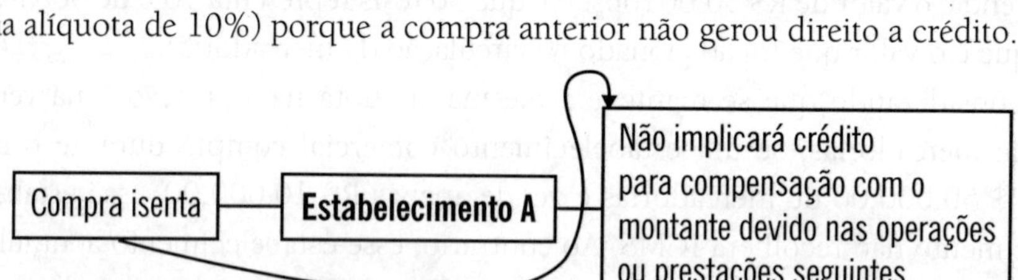

A segunda regra prescreve que, quando o estabelecimento vende com isenção ou não-incidência, salvo determinação em contrário da legislação, acarretará a anulação do crédito relativo às operações anteriores. Assim, quando o estabelecimento comercial compra uma mercadoria tributada e vende isenta (ou com não-incidência), a venda com isenção (ou com não-incidência) anulará o crédito das operações anteriores. O gráfico seguinte ilustra que a venda isenta anula o crédito das operações anteriores.

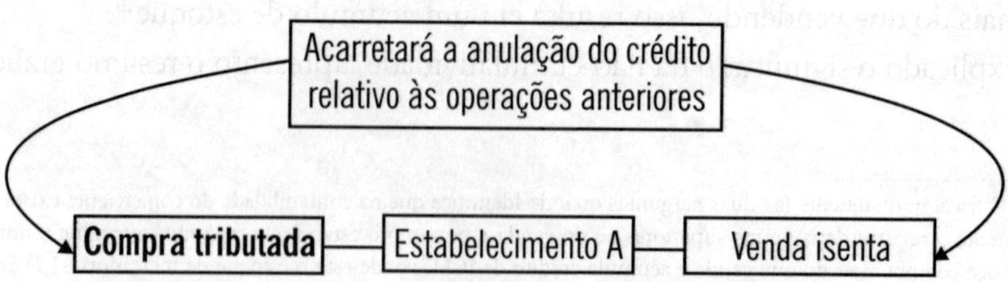

Anote-se, entretanto que apesar de o ICMS não incidir nas exportações, a venda de mercadorias para o exterior ou prestação de serviços para destinatários localizados no exterior não acarreta a anulação do crédito relativo às operações anteriores.

Por derradeiro, é importante ainda em relação ao ICMS destacarmos a Súmula nº 662 do STF, que autoriza a incidência do ICMS na comercialização de obras cinematográficas, gravadas em fitas de videocassete.

Súmula nº 662-STF: *"É legítima a incidência do ICMS na comercialização de exemplares de obras cinematográficas, gravadas em fitas de videocassete"*.

Resumiremos agora as principais características do **ITCD.** O imposto sobre transmissão *causa mortis* (herança) e doação incide sobre a transferência de bens imóveis e móveis.

Tratando-se de bens imóveis a competência será sempre do Estado da situação do bem, ou do DF.

Tratando-se de bens móveis a competência será do Estado onde se processar o inventário ou arrolamento, se for o caso de transmissão *causa mortis* (herança), e do Estado onde tiver domicílio o doador, se for o caso de doação.

Configure-se a seguinte questão: João faleceu e deixou os seguintes bens:

1) um apartamento no Distrito Federal
2) uma casa no Ceará
3) uma fazenda em São Paulo
4) três veículos licenciados no Rio de Janeiro.

Considerando que o inventário foi processado no Estado de Pernambuco, delimite a competência dos entes políticos relativa à herança dos bens relacionados. Nesse caso, ao DF competirá o ITCD do apartamento, ao Ceará competirá o ITCD incidente sobre a casa (o Ceará ficará com 100% da arrecadação do imposto sobre herança incidente sobre a casa, uma vez que inexiste repartição de receitas em relação ao ITCD, ou seja o Estado que legisla sobre o imposto sobre herança e doação fica com toda a arrecadação do imposto) e a São Paulo competirá o ITCD da fazenda. O ITCD dos veículos, entretanto, será de competência do Estado de Pernambuco, pois neste Estado é que se processou o inventário.

O Gráfico seguinte sintetiza as regras de competência sobre o ITCD:

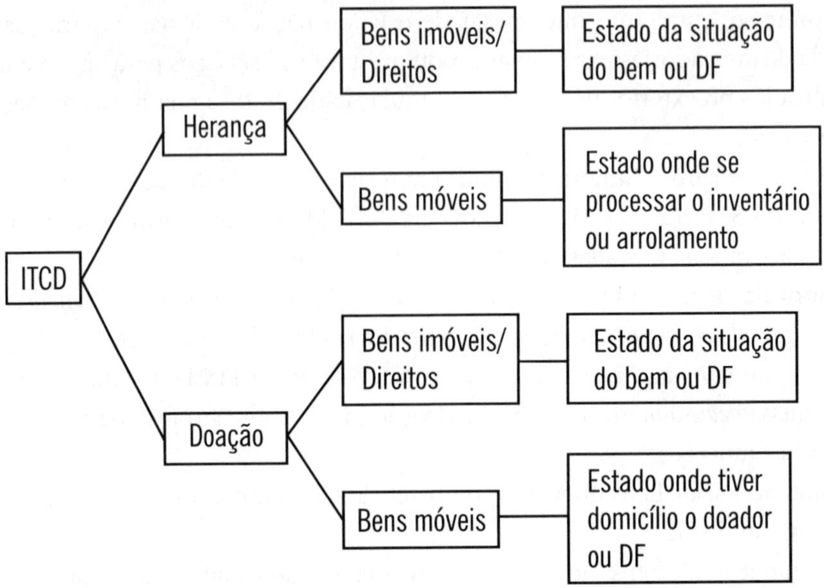

Analisadas as principais características dos impostos estaduais, é necessário anotar que apenas o ICMS e os impostos sobre o comércio exterior (imposto de importação e exportação) podem incidir sobre operações relativas a energia elétrica, serviços de telecomunicações, derivados de petróleo, combustíveis e minerais do País.

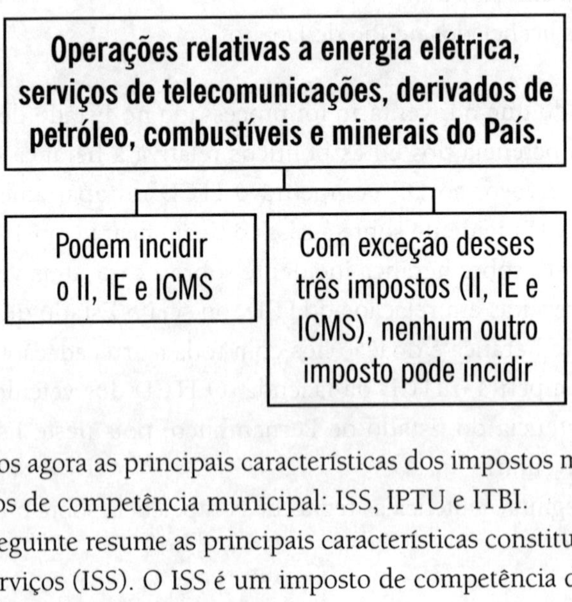

Resumiremos agora as principais características dos impostos municipais. São três os impostos de competência municipal: ISS, IPTU e ITBI.

O Gráfico seguinte resume as principais características constitucionais do Imposto sobre Serviços (ISS). O ISS é um imposto de competência dos municípios que incide sobre serviços não compreendidos na competência dos estados e do DF e que estejam definidos em lei complementar[19]. Ressalte-se que cabe ainda à lei complementar do ISS fixar as alíquotas máximas e mínimas do imposto, excluir da sua incidência exportações de serviços para o exterior e regular a forma e as condições como isenções, incentivos e benefícios fiscais serão concedidos e revogados.

Anote-se ainda que somente os serviços onerosos podem ser tributados pelo ISS. Certa vez um aluno me perguntou se o transporte de passageiro dentro do município realizado através da carona constituía fato gerador do ISS. Obviamente que a carona não pode constituir fato gerador do imposto, uma vez que não apresenta conteúdo econômico. Afasta também a incidência do ISS qualquer serviço prestado sob regime de emprego. Assim, jamais incide ISS sobre os serviços que o empregado presta ao empregador.

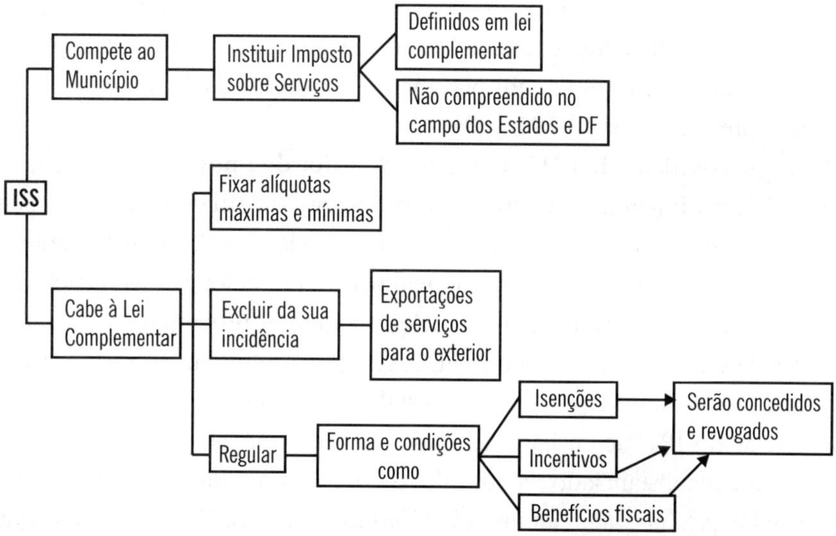

O gráfico seguinte trata basicamente da progressividade do IPTU.

Existem duas modalidades distintas de progressividade do IPTU. A progressividade extrafiscal (progressividade no tempo) prevista no § 4º do art. 182 da CF, e progressividade em razão do valor do imóvel, que se tornou possível com a Emenda Constitucional nº 29/2000.

A progressividade extrafiscal foi prevista no texto original da Constituição e estabelece a possibilidade de o Poder Público municipal penalizar aqueles

19 A Lei Complementar nº 116/2003 trata do ISS.

proprietários do solo urbano que não promoverem o adequado aproveitamento da propriedade com uma alíquota progressiva no tempo[20]. Assim, configure-se o seguinte exemplo: o proprietário de um terreno não utilizado na área urbana de Fortaleza pagou uma alíquota de 0,6% de IPTU em 2003. O proprietário é notificado pelo Poder Executivo municipal para utilização compulsória do solo urbano não edificado. O proprietário, entretanto, não atendendo à notificação do município deixa o seu terreno completamente abandonado e sem utilização. No ano seguinte, em 2004, o Poder Público municipal aplica uma alíquota de 1%. Em 2005, caso o proprietário continue desatendendo às obrigações definidas pelo município, a alíquota do IPTU é aumentada para 1,9%. Em 2006, fixa-se em 3% a alíquota. Assim, o Município procederá à aplicação do imposto sobre a propriedade predial e territorial urbana (IPTU) progressivo no tempo, mediante a majoração da alíquota pelo prazo de cinco anos consecutivos. Decorridos cinco anos de cobrança do IPTU progressivo sem que o proprietário tenha cumprido a obrigação de parcelamento, edificação ou utilização, o Município poderá proceder à desapropriação do imóvel, com pagamento em títulos da dívida pública, tudo conforme prevê a Lei nº 10.257/2001.

A progressividade do IPTU em razão do valor do imóvel foi expressamente autorizada pela Emenda Constitucional nº 29. Assim, atualmente, o município pode aumentar a alíquota para imóveis de maior valor venal.[21] É importante destacar que antes da Emenda Constitucional ocorreu uma longa divergência sobre a possibilidade de a lei municipal estabelecer alíquotas progressivas com base no valor venal do imóvel. O STF, entretanto, sufragou o entendimento da inconstitucionalidade da lei municipal que tenha estabelecido, antes da EC nº 29, alíquotas progressivas do IPTU com base no valor venal do imóvel. O entendimento do STF restou consubstanciado na Súmula nº 668: "*É inconstitucional a lei municipal que tenha estabelecido, antes da Emenda Constitucional 29/2000, alíquotas progressivas para o IPTU, salvo se destinada a assegurar o cumprimento da função social da propriedade urbana*".

Além de evidenciar a progressividade fiscal e extrafiscal do IPTU, o gráfico demonstra que o IPTU poderá ter alíquotas diferentes de acordo com a localização

20 Observe que, nesse caso, o Poder Constituinte estabeleceu um imposto com caráter punitivo, rompendo a clássica definição de tributo do art. 3º do CTN, que estabelece que o tributo não é sanção de ato ilícito.

21 Configure-se o seguinte exemplo de progressividade fiscal: a lei municipal prevê que um imóvel cujo valor venal é de R$ 40.000,00 paga uma alíquota de 0,3% e um imóvel cujo valor venal é de R$ 100.000,00 paga uma alíquota de 0,9%.

(alíquotas menores para determinados bairros, por exemplo) e o uso do imóvel (alíquotas maiores para imóveis comerciais, por exemplo).

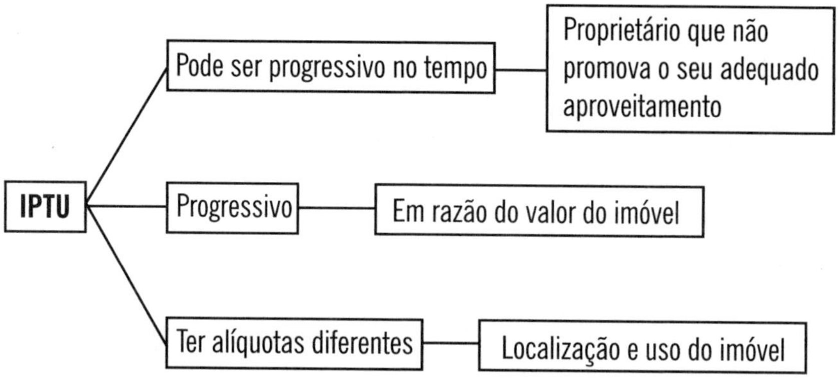

O ITBI é um imposto de competência municipal que incide sobre transmissão *inter vivos*, a qualquer título, por ato oneroso, de bens imóveis, por natureza ou acessão física, e de direitos reais sobre imóveis, exceto os de garantia, bem como cessão de direitos a sua aquisição.

Assim, por exemplo, se você é proprietário de um apartamento situado no município de São Paulo e vende esse imóvel, sobre essa transferência de bem imóvel incidirá o imposto sobre transmissão de bem imóvel (ITBI) de competência do município de São Paulo.

Da mesma forma se uma empresa vende um terreno para outra pessoa física ou jurídica, o ITBI incidirá sobre a transmissão do bem imóvel.

Duas informações importantes se destacam para caracterizar o ITBI: a primeira informação é que o ITBI somente incide na transferência de bens imóveis e a segunda é que a transferência precisa ser onerosa (a doação de um bem imóvel configura fato gerador do ITCD e não do ITBI).

A tabela seguinte apresenta as diferenças entre o ITCD e o ITBI:

ITCD	ITBI
Dos Estados e Distrito Federal	Dos Municípios e do Distrito Federal
Incide tanto na transferência *causa mortis* (herança) como na doação, de bens imóveis e bens móveis	Incide somente na transferência de bens imóveis
Incide sobre operações graciosas	Incide sobre operações onerosas

Tratando-se de bem imóvel, a competência será do Estado da situação do bem. (obviamente se o bem imóvel estiver localizado no DF, a competência será do DF)	Como o ITBI somente incide sobre bem imóvel, a competência será sempre do Município da situação do bem
Tratando-se de bem móvel, se for herança a competência será do Estado onde se processar o inventário ou arrolamento (obviamente se o inventário ou arrolamento se processar no DF, a competência será do DF)	Não incide ITBI na transferência de bem móvel
Tratando-se de bem móvel, se for doação a competência será do Estado onde tiver domicílio o doador (obviamente se o doador estiver domiciliado no DF, a competência será do DF)	Não incide ITBI na transferência de bem móvel

Observe que a competência do ITBI será sempre do Município em que estiver localizado o bem imóvel, independentemente do domicílio do comprador e do vendedor. Assim, por exemplo, se o comprador está domiciliado em Fortaleza-CE e o vendedor em Porto Alegre-RS e trata-se de ato de compra e venda de um imóvel localizado em Belo Horizonte-MG, nesse caso o imposto sobre transmissão *inter vivos*, a qualquer título, por ato oneroso (ITBI) será devido ao município de Belo Horizonte, uma vez que o bem está localizado em Belo Horizonte.

ITBI — **Compete ao Município da situação do bem**

A Constituição Federal (CF) prevê algumas imunidades específicas do ITBI.

O ITBI não incide na transmissão de bens ou direito incorporados ao patrimônio de pessoa jurídica em integralização de capital. Assim, por exemplo, se Fulano e Beltrano resolvem abrir uma sociedade Ltda e Fulano integraliza R$ 100.000,00 em dinheiro e Beltrano integraliza uma casa, ou seja, transfere um bem imóvel para a sociedade, sobre essa transferência de bem imóvel de Beltrano para a sociedade não haverá incidência do ITBI. Se a sociedade é dissolvida depois de seis anos, e Fulano fica com a casa, sobre essa transferência também não incidirá o ITBI.

O ITBI também não incide na transmissão de bens decorrentes de fusão, incorporação, cisão ou extinção de pessoa jurídica. Assim, por exemplo, se duas grandes cervejarias que possuem dezenas de bens imóveis se fundem para formar uma única nova cervejaria, sobre essa transferência de bens imóveis não incidirá ITBI.

A CF, entretanto, faz uma ressalva em relação à não incidência desses eventos societários. O ITBI incidirá se o adquirente apresentar como atividade preponderante a compra e venda desses bens ou direitos. Assim, por exemplo, se uma imobiliária incorpora outra, haverá incidência do ITBI.

Além das imunidades nos eventos de integralização de capital e nos decorrentes da fusão, incorporação, cisão ou extinção de pessoa jurídica, a CF estipulou no § 5º do art. 184 uma imunidade de impostos nas operações de transferência de imóveis desapropriados para fins de reforma agrária.

É válido transcrever o § 5º do art. 184 da CF: "*São isentas de impostos federais, estaduais e municipais as operações de transferência de imóveis desapropriados para fins de reforma agrária*".

Observe que o texto constitucional fala em isenção, entretanto, esse vocábulo há de ser entendido como imunidade[22]. A isenção é oriunda da lei e a imunidade, da CF. A isenção pode ser concedida e revogada pelo ente político que tem competência para legislar sobre o tributo. A imunidade é concedida pela CF e o ente político não pode modificá-la.

A imunidade em questão apresenta como finalidade assegurar ao expropriado a integralidade da indenização e não é extensível aos terceiros que negociam com títulos da dívida agrária, conforme entendimento firmado pelo STF (RE 168.110). Assim, o benefício da imunidade alcança tão-somente o expropriado.

Ainda sobre o ITBI é importante destacar a famosa Súmula nº 656 do STF, que afirma a inconstitucionalidade de lei que estabeleça a progressividade do imposto com base no valor venal do imóvel: "*É inconstitucional a lei que estabelece alíquotas progressivas para o imposto de transmissão 'inter vivos' de bens imóveis – ITBI com base no valor venal do imóvel*".

---

22 O § 7º do art. 195 da CF dispõe que são isentas de contribuição para a seguridade social as entidades beneficentes de assistência social que atendam às exigências estabelecidas em lei. Da mesma forma o STF (ADIn 2.028) assevera que se deve tratar como imunidade a referência a isenção prevista no § 7º da CF.

BIBLIOGRAFIA

ALEXANDRE, Ricardo. *Direito tributário esquematizado*. 2. ed. São Paulo: Método, 2008.

ALEXANDRINO, Marcelo; PAULO, Vicente. *Manual de Direito Tributário*. 3. ed. Niterói: Impetus, 2006.

AMARO, Luciano. *Direito tributário brasileiro*. 14. ed. São Paulo: Saraiva, 2008.

ATALIBA, Geraldo. *Hipótese de incidência tributária*. 6. ed. 9. tir. São Paulo: Malheiros, 2008.

ÁVILA, Alexandre Rossato da Silva. *Curso de Direito Tributário*. 4. ed. Porto Alegre: Verbo Jurídico, 2008.

ÁVILA, Humberto. *Sistema constitucional tributário*. São Paulo: Saraiva, 2004.

BALEEIRO, Aliomar. *Direito tributário brasileiro*. 11. ed. Atualizada por Misabel Abreu Machado Derzi. Rio de Janeiro: Forense, 1990.

BARREIRINHAS, Robinson Sakiyama. *Manual de direito tributário*. São Paulo: Método, 2006.

BASTOS, Celso Ribeiro. *Curso de direito financeiro e de direito tributário*. 9. ed. São Paulo: Saraiva, 2002.

BECKER, Alfredo Augusto. *Teoria geral do direito tributário*. 3. ed. São Paulo: Lejus, 2002.

BORGES, José Souto Maior. *Lei complementar tributária*. São Paulo: Revista dos Tribunais, EDUC, 1975.

CAETANO, Marcelo. *Manual de direito administrativo*. v. II, Coimbra: Lisboa, 1973.

CARRAZZA, Roque Antônio. *Curso de direito constitucional tributário*. 16. ed. São Paulo: Malheiros, 2001.

CARVALHO, José dos Santos. *Manual de direito administrativo*. 17 ed. Rio de Janeiro: Lumen Juris, 2007.

CARVALHO, Paulo de Barros. *Curso de direito tributário*. 20. ed. São Paulo: Saraiva, 2008.

COÊLHO, Sacha Calmon Navarro. *Curso de direito tributário brasileiro*. 9. ed. Rio de Janeiro: Forense, 2008.

DI PIETRO, Maria Sylvia Zanella. *Direito administrativo*. 19 ed. São Paulo: Atlas, 2006.

DINIZ, Maria Helena. *Norma constitucional e seus efeitos*. 2. ed. São Paulo: Saraiva, 1992.

FREITAS, Vladimir Passos de (Coord.). *Código tributário nacional comentado*. São Paulo: RT, 2005.

HARADA, Kiyoshi. *Direito financeiro e tributário*. 17. ed. São Paulo: Atlas, 2008.

IBRAHIM, Fábio Zambite. *Curso de Direito Previdenciário*. 11. ed. Niterói: Impetus, 2008.

MACHADO, Hugo de Brito. *Curso de direito tributário*. 29. ed. São Paulo: Malheiros, 2008.

MIRANDA, Pontes. *Comentários à Constituição de 1967*. 2. ed. São Paulo: RT, 1973.

MARTINS, Ives Gandra. *Curso de direito tributário*. 10. ed. São Paulo: Saraiva, 2008.

MEIRELLES, Hely Lopes. *Direito administrativo brasileiro*. 33. ed. São Paulo: Malheiros, 2007.

MORAES, Bernardo Ribeiro de. *Compêndio de direito tributário*. 4. ed. Rio de Janeiro: Forense, 1995.

MOTTA, Sylvio; DOUGLAS, William. *Direito constitucional*. 16 ed. Rio de Janeiro: Elsevier, 2005.

NOGUEIRA, Rui Barbosa. *Curso de direito tributário*. 14. ed. São Paulo: Saraiva, 1995.

PASCOAL, Valdecir. *Direito financeiro e controle externo*. 2. ed. Rio de Janeiro: Impetus, 2002.

PAULSEN, Leandro. *Curso de Direito Tributário*. Porto Alegre: Livraria do Advogado, 2008.

_____. *Direito tributário*. Constituição e Código Tributário à luz da doutrina e da jurisprudência. 10. ed. Porto Alegre: Livraria do Advogado, 2008.

ROCHA, João Marcelo. *Direito tributário*. 5. ed. Rio de Janeiro: Ferreira, 2007.

ROSA JÚNIOR, Luiz Emygdio F. da. *Manual de direito financeiro e direito tributário*. 20. ed. Rio de Janeiro: Renovar, 2007.

SILVA, José Afonso da. *Aplicabilidade das normas constitucionais*. São Paulo: RT, 1982.

VELLOSO, Andrei Pitten. *Constituição tributária interpretada*. São Paulo: Atlas, 2007.

Este livro foi impresso nas oficinas gráficas da Editora Vozes Ltda.,
Rua Frei Luís, 100 – Petrópolis, RJ,
com papel fornecido pelo editor.